教育部人文社科项目"上市公司高管薪酬商法规制研究"（编号：09YJA820025）成果

上市公司
高管薪酬的商法规制

官欣荣 著

·广州·

内容简介

上市公司高管薪酬的公平与效率问题为一世纪性难题，亦被我国广为聚焦。在法学、经济学、管理学领域对高管薪酬的诸多讨论中，重视商法规制的独特价值与功效，其是值得拓垦的一块富矿。本书在商法视野下进行研究，在对上市公司、高管、薪酬内涵界定基础上，讨论了上市公司高管薪酬商法规制的基础、理念、原则，薪酬的决定机制、披露制度、股东控制、司法介入以及高管股权激励等问题，提出了相关制度完善建议，强调既要充分尊重公司自治、激励高管勤勉尽责、积极开拓经营，促进公司利润最大化；又要适当约束高管，完善程序控制，摆脱行政规制依赖，健全司法介入机制，实现薪酬安排的合规、合理，防止社会不公。

图书在版编目（CIP）数据

上市公司高管薪酬的商法规制/官欣荣著. —广州：华南理工大学出版社，2015.9
ISBN 978-7-5623-4764-4

Ⅰ.①上… Ⅱ.①官… Ⅲ.①上市公司－管理人员－劳动报酬－劳动法－研究－中国 Ⅳ.①D922.514

中国版本图书馆 CIP 数据核字（2015）第 220119 号

上市公司高管薪酬的商法规制

官欣荣 著

出 版 人：	韩中伟
出版发行：	华南理工大学出版社
	（广州五山华南理工大学 17 号楼，邮编 510640）
	http://www.scutpress.com.cn E-mail:scutc13@scut.edu.cn
	营销部电话：020-22236185 87113487 87111048（传真）
责任编辑：	陈小丹 吴翠微
印 刷 者：	广东省农垦总局印刷厂
开 本：	787mm×960mm 1/16 印张：15.75 字数：336 千
版 次：	2015 年 9 月第 1 版 2015 年 9 月第 1 次印刷
定 价：	45.00 元

版权所有 盗版必究 印装差错 负责调换

目 录

第一章 导论 ... 1
第一节 研究背景 ... 1
第二节 高管薪酬的理论基础 ... 15
第三节 主要研究方法 ... 19
第四节 国外研究的发达与国内研究的方兴未艾 ... 21
一、国外的研究 ... 21
二、国内的研究（以2008年金融危机为界） ... 26
第五节 本书的内容结构与研究意义、创新之处 ... 30
一、内容结构 ... 30
二、研究意义 ... 31
三、本书创新之处 ... 31

第二章 上市公司高管薪酬商法规制的基础、理念与原则 ... 34
第一节 上市公司高管薪酬商法规制的基础 ... 34
一、上市公司高管薪酬商法规制的实践吁求：从美国到我国 ... 34
二、高管薪酬商法规制的理论解释：必要性的分析 ... 41
三、高管薪酬商法规制的功能分析 ... 46
第二节 上市公司高管薪酬商法规制的理念 ... 47
一、提高效率 ... 47
二、维护秩序 ... 48
三、实现公平 ... 49
第三节 上市公司高管薪酬商法规制的原则 ... 51
一、在法定范围内尊重公司自治的原则 ... 52
二、合法化与合理性审查相结合的原则 ... 54
三、司法限制主义与能动主义相结合的原则 ... 55

第三章 上市公司高管薪酬的决定制度：谁在制造薪酬奶酪 … 59
第一节 国外上市公司高管薪酬决定权配置模式 … 59
一、上市公司高管薪酬决定权配置的四种模式——针对执行董事而言 … 59
二、董事兼任经理的薪酬决定权配置模式 … 64
三、小结 … 66
第二节 国外薪酬委员会的构成、设置、职权及运作程序 … 66
一、国外薪酬委员会的构成 … 67
二、薪酬委员会在各国的设置 … 68
三、薪酬委员会的主要职责 … 74
四、薪酬委员会的运作程序 … 75
五、小结 … 77
第三节 我国上市公司高管薪酬的决定制度 … 78
一、对我国上市公司高管薪酬决定的"双轨制"的分析 … 78
二、我国薪酬委员会（薪酬与考核委员会）的现行规定 … 83
三、我国薪酬委员会（薪酬与考核委员会）存在的问题分析 … 84
四、我国薪酬委员会（薪酬与考核委员会）制度的完善 … 87
五、提高职工，尤其是国有企业上市公司职工在高管薪酬问题上的参与决策权 … 95

第四章 上市公司高管薪酬的信息披露：把薪酬清单曝在阳光下 … 97
第一节 上市公司高管薪酬信息披露概述 … 97
一、上市公司高管薪酬信息披露的内容 … 97
二、上市公司高管薪酬信息披露的原则 … 98
三、上市公司高管薪酬信息披露的重要意义 … 102
四、上市公司高管薪酬信息披露的副效应及局限性 … 103
第二节 国外高管薪酬信息披露的立法改革 … 106
一、美国高管薪酬信息披露与时俱进的制度沿革 … 106
二、其他国家薪酬信息披露不甘人后的立法改革：硬法软法并进 … 113
三、小结 … 116
第三节 我国上市公司的高管薪酬信息披露 … 117
一、我国上市公司高管薪酬信息披露制度的现行规定 … 117
二、中美比较视野下我国高管薪酬信息披露制度的缺陷 … 118

三、中国式上市公司高管薪酬信息披露制度的完善 …………………… 120

第五章　上市公司高管薪酬的股东控制：重塑民主监督机制 ………… 124
　第一节　股东控制高管薪酬的学说基础 ………………………………… 125
　　一、两权分离学说 ………………………………………………………… 125
　　二、委托代理学说 ………………………………………………………… 125
　　三、股东民主学说 ………………………………………………………… 126
　　四、利益相关者学说 ……………………………………………………… 127
　　五、小结 …………………………………………………………………… 127
　第二节　国外高管薪酬的股东控制 ……………………………………… 128
　　一、股东对高管薪酬的直接控制 ………………………………………… 128
　　二、股东对高管薪酬的间接控制 ………………………………………… 147
　第三节　我国上市公司高管薪酬的股东控制 …………………………… 148
　　一、我国高管薪酬的股东控制现状与问题 ……………………………… 148
　　二、完善我国股东对高管薪酬的措施 …………………………………… 154

第六章　上市公司高管薪酬的司法介入：寻找合理性审查的边界 …… 162
　第一节　司法介入高管薪酬的不同观点 ………………………………… 163
　　一、国外的观点介绍：对高管薪酬合理性审查的不同主张 …………… 163
　　二、我国学者的观点 ……………………………………………………… 164
　　三、笔者的分析 …………………………………………………………… 165
　第二节　司法如何介入高管薪酬：美、英、澳大利亚的实证及比较 … 166
　　一、美国高管薪酬正当性审查的三大标准：基于T&M研究的再分析 … 166
　　二、其他国家高管薪酬的司法介入实践：从英国到澳大利亚 ………… 174
　　三、进一步的分析与比较 ………………………………………………… 176
　第三节　我国上市公司高管薪酬司法介入模式的构建 ………………… 181
　　一、我国公司高管薪酬规制状况 ………………………………………… 181
　　二、我国高管薪酬规制的缺陷 …………………………………………… 184
　　三、我国高管薪酬的混合型司法审查模式的构建 ……………………… 187

第七章 上市公司高管股权激励问题：激励与约束并重 ……… 205
第一节 股权激励概述 ……… 205
一、股权激励的定义 ……… 205
二、股权激励的分类 ……… 206
三、实施股权激励制度的价值 ……… 208
第二节 股权激励制度的沿革 ……… 209
一、西方国家股权激励制度的发展 ……… 209
二、我国股权激励制度的演进 ……… 215
第三节 我国上市公司高管股权激励存在的问题及完善对策 ……… 219
一、我国上市公司高管股权激励存在的问题 ……… 219
二、完善上市公司高管股权激励制度的对策 ……… 229

参考文献 ……… 239

后记 ……… 246

第一章 导 论

第一节 研究背景

公司高管薪酬（Corporation Executive Compensation）问题历久而弥新，关乎人类社会一直追求的效率与公平。从公司经营的内部视角看，高管薪酬与经济效益密切相关，反映公司治理的水平，高管薪酬是否能够产生有效激励，对公司乃至整体经济运行影响重大；从社会层面的外在标准看，高管薪酬牵涉公平正义，是社会财富分配的重要一环，涉及高管与股东及普通员工的利益平衡，乃至整个社会分配是否公正公平。

（一）国外金融危机引发的高管薪酬"限薪令"

2008年华尔街金融危机时期，金融机构的高管们拿到了高达184亿美元的分红，相当于2004年金融业鼎盛时期的水平。美国"房利美"（Federal National Mortgage Association，简称Fannie Mae）和"房地美"（Federal Home Loan Mortgage Corp，简称Freddie Mac）公司为两大住房抵押贷款巨头，两家公司的首席执行官为了牟取个人超额收益而激进扩张业务，他们2007年的年收入总计约3000万美元，但两家公司同期因次贷危机遭受的损失达数以十亿美元计。再看美国富国银行（Wells Fargo），该银行接收了250亿美元救援金，却打算按多年传统拨出公费，安排员工到拉斯维加斯参加豪华旅游。美国保险业龙头美国国际集团（AIG）在接受联邦850亿美元的救助后，竟被曝出花费44万美元招待70位高层主管进行SPA之旅，在事件曝光之后，这些高管被骂得无地自容。通用汽车首席执行官（CEO）瓦格纳乘坐豪华私人飞机去华盛顿求援，被媒体讽刺为"从豪华飞机上走下的乞丐"。当大多数普通民众在金融危机下艰难度日时，华尔街高管们种种行为惹起了众怒，直至酿成2011年"占领华尔街"运动。在反思百年一遇的全球金融危机根源之际，高管巨额薪酬成为罪魁祸首之一。有学者指出，金融危机产生的原因之一就是金融机构高管的薪酬结构鼓励他们追求高风险的短期收益。[1] 痛定思痛，全球范围内掀起了一股"限薪潮"。美国政府针对华尔街高管拿着国家救援的资金分发高额奖金的失

---

[1] Jeremy Ryan Delman. Structuring Say on Pay: A Comparative Look at Global Variations in Shareholder Voting on Executive Compensation, 2010 Colum. Bus. L. Rev., 2010: 583-584.

控行为，公布了一系列对接受政府救助资金的企业高管薪酬的限制措施。这些措施主要体现在：

（1）颁行《2008年经济紧急稳定法案》（Emergency Economic Stabilization Act of 2008，EESA），该法案经美国国会参议院和众议院通过，并于2008年10月3日由总统布什签署。此法案授权美国财政部成立"金融稳定办公室"开展"不良资产救助项目"，政府可以动用多达7000多亿美元的资金购买处于困境之中的金融机构的资产，以恢复金融系统的流动性和稳定性，增强投资者信心。该法案还规定那些参与政府救助计划的公司要放弃某些税收优惠，在某些情况下还要限制其公司的高管薪酬。此外，法案还对高管的离职补偿金进行了限制，并要求他们返还不应得的奖金。

（2）签发限薪令。2009年2月4日，总统奥巴马在白宫宣布将对那些接受上述EESA援助计划的美国金融公司的高管年薪设定一个50万美元的最高限额（只相当于美国金融巨头高盛公司CEO在2007年度两天的收入），这项规定不但适用于在这之前已经接受政府援助的金融企业，它也同样适用于未来可能接受政府救助的企业。

（3）美国财政部任命一名特别代表（The Special Master，英国《金融时报》称之为"薪酬沙皇"）专门负责接受政府财务救助的公司高管薪酬监管事务，以确保这些公司的薪酬方案符合公众利益。特别代表享有五方面职权：一是审批接受财务救助的公司高管及其他20位高薪雇员的薪酬支付计划。二是审批接受财务救助的公司高管及其他100位高薪雇员的薪酬结构。如果薪酬结构不符合救助计划或公众利益，特别代表可以否决薪酬计划并要求公司修改后重新提交。三是如果发现公司的薪酬方案不恰当、不健全，水平过高，特别代表有权否决薪酬方案并要求修改后重新提交。四是明确规定对于任何公司高管或其他雇员，只要其年度总现金报酬不超过50万美元（不包括其他长期激励，如限制性股票收益），特别代表对其薪酬发放无须审核、自动批准。五是特别代表将使用一系列明确的准则来判定公司高管的薪酬计划是否能使股东利益最大化并保护纳税人的利益。这些准则包括风险控制、资金返还、配置适当、基于业绩的薪酬支付、可比较的薪酬、薪酬与贡献匹配等六个方面。①

（4）颁行《股东权利法案》（Shareholder Bill of Rights），该法案由参议员查尔斯·舒默（Charles Schumer）提出，旨在赋予股东在董事会选举中投反对票的权利，使之成为一种例行程序。股东将可以推举新的董事，而后者必须每年一次面对

---

① 苏海南，常风林，王霞. 高管薪酬"纠偏"：西方国家的四点启示 [N]. 21世纪经济报道，2009-07-06.

股东进行述职。该法案将要求董事长和首席执行官不能由同一人担任,并让股东作为所有者,对高管薪酬享有"话语权"。此法案试图增强股东的权利,以对抗过度冒险的高管薪酬。

与此同时,欧盟也开始鼓励各成员国借鉴美国的做法,对接受政府救助的金融机构高管薪酬进行限制。英国广播公司、路透社、《金融时报》《每日邮报》《星期日泰晤士报》《星期日电讯报》等多家媒体都对英国高管高薪状况进行了曝光。据报道,苏格兰皇家银行在金融危机期间接受了政府200亿英镑的救助,但首席执行官弗雷德·古德温(Fred Goodwin)爵士2007年的收入为410万英镑,其中2/3为分红,受全球性金融危机影响,他在2008年没有领取奖金,但仍领取了146万英镑的薪酬,同时该银行还宣布要给员工派发总额10亿英镑的年终奖。消息一传出,英国社会怨声一片,纷纷声讨银行不看实际和时机发奖金的做法。为平息民愤,英国首相布朗表示:政府必须坚决扫除金融业高管拿高薪的"传统"。内阁多数成员也一致赞成这一态度,这意味着金融企业高管高薪时代一去不复返,政府规定苏格兰皇家银行奖金发放上线限定为2.5万英镑。同时,英国苏格兰皇家银行和苏格兰哈利法克斯银行的两位高管都毫无保留地对自己的银行几近破产表示道歉,并承认现行的金融高管薪酬体系需要根本性的改变,高管高薪制度是导致银行危机的原因之一。接受政府170亿英镑援助的英国莱斯银行集团也修改了其分红政策,向社会承诺集团主管不接受任何奖金,只接受以股份形式的分红。此后,由英国政府委任英国金融服务管理局(FSA)主席Lord Tarner和英国投资银行家David Walker两位勋爵对英国银行业的公司治理和金融监管进行审查,形成了两篇报告:《特纳评估报告》和《沃克评估报告》。在长达120页的《特纳评估报告》中高管薪酬问题占了绝大部分篇幅,报告指出:在金融危机之前,银行业监管者的监管力度都不够大,包括对银行业高管的薪酬结构和"冒风险"的激励计划的潜在风险的监管。《沃克评估报告》则集中建议:改进金融部门的公司治理结构,加强董事会的力量和提升机构股东的参与力度。

在法国,2009年2月5日,总统萨科齐(Sarkozy)勒令两家汽车公司——雷诺和标致雪铁龙的高管必须放弃年终奖,并表示仿效美国的做法,在这个特殊的困难时期将严厉禁止继续给公司高管发放高工资。在法国政府颁布的新规定中,银行业发放的奖金至少有40%必须分三年支付,奖金额度越大,延期支付比例越高,最高可达60%,同时银行业高管50%的薪酬将以股票或其他形式的金融工具支付,而并非采用货币性薪酬。

在德国,规定除限制高管人员的工资外,对奖金、期权发放和行权、离职费也要进行限制,并对接受注资或出售问题资产银行的高管提出50万欧元的年薪上限和其他限制。民意调查显示德国九成公民赞成对企业高管薪酬设上限①。

瑞典政府也规定了受救助银行需接受高管限薪条款。此外,瑞士、冰岛和亚洲的印度等国都纷纷出台了相关政策,对高管限薪趋之若鹜。

(二) 中国版高管薪酬问题已触动顶层设计

在我国,公司经营实践中高管薪酬问题已呈与"国际接轨"之势,高管薪酬增长过快、自定薪价过高,加剧社会不公,如中国平安、格力电器等高管的"天价薪酬"风波不断。我国内地已公布的上市公司 2008 年年报显示,在金融危机冲击下,上市公司经营业绩普遍下降,截至 2009 年 4 月 13 日,946 家披露年报的公司 2008 年共实现净利润 6841.52 亿元,同比下降 8.89%,这些公司的高管年度薪酬总金额为 32.67 亿元,同比增长 16.25%。② 再以中国证券业的龙头老大国泰君安为例,2008 年薪酬总额达 32 亿元,人均 100 万元,而该年度的证券市场大盘下跌 60%,众多投资者在资本市场中血本无归、欲哭无泪。对于证券行业骇人听闻的天价薪酬,新浪财经进行了统计,人均测算显示,以招商证券 2008 年的 15.48 亿元的应付职工薪酬为例,根据公开信息,该公司拥有员工 1200 人,如果按照人均计算薪酬,招商证券 2008 年人均薪酬高达 129 万元。2008 年 2 月新浪网上公众投票"你怎么看待中国金融业高管的高薪"的调查中,认为"可耻"的高达 88.6%,共有 106609 票,认为"不好说"的占 6%,认为"应当的"占 5.4%。《南方日报》在 2009 年 2 月 6 日头版发表文章提出中国也需要"金融高管限薪令"。为此,各级政府、各行业监管机构不断颁发各类"限薪令",将高管薪酬作为政府层面的调控监管事项。财政部向有关单位印发了《金融类国有及国有控股企业负责人薪酬管理办法(征求意见稿)》,这份中国版"限薪令"明确规定:国有金融企业负责人最高年薪为 280 万人民币,且该薪酬为税前收入,要依法交纳个人所得税。随即,经国务院同意,人力资源社会保障部会同中央组织部、监察部、财政部、审计署、国资委等单位于 2009 年 9 月 16 日联合下发了《关于进一步规范中央企业负责人薪酬管理的指导意见》,以建立健全中央企业负责人收入分配的激励和约束机制。③

此外,连续几年的"两会"(全国人民代表大会和中国人民政治协商会议)均

---

① 德国民众也对企业高管享受的巨额待遇颇有怨言。2012 年,大众公司总裁文德恩因获得 1450 万欧元的收入而引起轰动。但大众公司称,文德恩的年薪加奖金原为 1750 万欧元,正是因为该公司监事会的干涉,其收入才下降到这个数字。因为文德恩的收入,德国引发了一场对企业高管所得是否正当的讨论。参阅黄霜红. 民调显示德国九成公民赞成企业高管薪酬设上限. 中国新闻网,2013 - 03.

② 唐宁玉. 高管薪酬:让人羡慕让人忧 [N]. 新民周刊,2009 - 04 - 22.

③ 张玮倩. 媒体报道对高管薪酬的治理作用研究 [D]. 西南财经大学博士学位论文,第 3 页. 载中国博士学位论文全文数据库.

将"调整分配收入，缩小阶层收入的差距"作为重要议题，尤其是在 2012 年"两会"上，温家宝在政府工作报告中明确指出要"严格规范国有企业、金融机构高管人员薪酬管理"。2012 年 11 月 9 日，党的十八大报告着重提出"要千方百计增加居民收入"，同时，"必须深化收入分配制度改革"。2013 年 2 月，国务院颁布《关于深化收入分配制度改革的若干意见》提出："加强国有企业高管薪酬管理，建立与企业领导人分类管理相适应、选任方式相匹配的企业高管人员差异化薪酬分配制度。"2013 年 11 月 12 日，党的十八届三中全会上《中共中央关于全面深化改革若干重大问题的决定》对进一步改革完善国企高管薪酬分配制度提出了总体要求。2014 年 8 月 28 日中共中央审议了《中央管理企业主要负责人薪酬制度改革方案》《关于合理确定并严格规范中央企业负责人履职待遇、业务支出的意见》等文件，其中强调要对不合理的偏高、过高收入进行调整，① 为进一步严格规范国有企业和金融机构高管薪酬管理加强了顶层设计。从社会舆论看，国企高管薪酬的合理性问题一直受到质疑，各类媒体报道与新闻事件不断曝出，更是引发了社会公众的群情激愤，将国企高管薪酬推向社会的对立面。② 可见，高管薪酬问题已为全球"传染性的病症"。如何兼顾效率与公平，构建恰当的激励与约束机制，是薪酬法律规制、完善公司治理的一道难题。本书正是在此背景下展开研究。

（三）上市公司、高管、薪酬及商法规制视角的几点说明

1. 关于上市公司

那么研究目光为何是投向上市公司高管薪酬呢？所谓上市公司，是指公司股票依法在证券交易所挂牌上市交易的股份有限公司。上市公司是国民经济的中坚力量。"中国的上市公司是中国企业中的绩优分子，是推动国民经济增长的细胞元。"③ 2009 年底，沪深 A 股市场总市值已达到 24.27 万亿元，较 2008 年增长 100.88%，成功超越日本，成为美国之后的全球第二大市值市场。④ 截至 2013 年，上市公司营业收入占 GDP 的 47.56%，缴纳税费占全国税收总额的 21%，上市公司在国民经济发展中的地位日趋重要。⑤ 上市公司与国计民生紧密相关，其通过吸收社会的闲散资金，聚集了庞大资本，投入到国家建设的急需领域，推动了经济快速

---

① 时超. 高管薪酬"纠偏"进行时 [N]. 经济导报，2014-08-28.
② 王允娟. 国企高管薪酬的困惑与出路 [J]. 董事会，2012 (8).
③ 曹凤岐，杨军. 上市公司董事会治理研究——九论社会主义条件下的股份制度 [J]. 北京大学学报，2004 (3).
④ 刘晓. 成功超越日本 深沪股市总市值跃居全球第二 [N]. 证券时报，2010-01-28.
⑤ 肖钢. 聚焦监管转型 着力抓好八项工作. http://www.cnstock.com/v_news/sns_bwkx/201501/3313504.htm，2015-01-16.

增长,解决了百姓就业问题,对国家财政贡献不菲。因而就上市公司地位、作用而言,上市公司不再是一个以营利为唯一目的的"扩大了的个人",而更是一个"缩小了的社会",承担着必要的社会责任。以上市公司为研究对象,还缘于上市公司以下三点特殊性的考虑。首先,所有权、经营权、监控权三权分离是上市公司权力版图的基本特征,如何降低必然产生的代理成本,约束高管薪酬成为公司治理的基本问题之一,上市公司高管薪酬的合理与否直接关系到公司股东对高管激励约束的效果。其次,上市公司经营涉及千千万万投资者的切身利益。按《中华人民共和国证券法》(以下简称《证券法》)规定,"申请股票上市公司股本总额不少于3000万元,公开发行的股份应达到公司股份总数的25%以上,公司股本总额超过4亿元的,公开发行股份的比例应为10%以上。"由此看出,上市公司股票公开发行会涉及广大投资者利益,面对公司高管滥用权力自定高薪,中小股东如何有效保护自身合法权益成为重中之重。如果高管拿的薪酬太多,必然影响甚至直接导致股东年终分红减少,势必侵害到股东利益。最后,上市公司的公众性决定了公司自治应受法律约束。公司自治是商法自治理念在《中华人民共和国公司法》(以下简称《公司法》)上的重要体现,但是上市公司关系国计民生,涉及广大股民利益,控股股东及公司高管打着"公司自治"的旗号容易肆意妄为,侵犯处于弱势地位的中小股民权益。因而,上市公司的自治需要法律适当介入加以有效约束,通过若干强制性规范的制定保障股民利益,确保上市公司规范运营。但需要强调的是,法律的介入必须是适当的,无视市场规律的硬性规定过分扼杀公司自治将适得其反,而通过在公司治理上的安排为各方公平谈判提供平台才是法律介入的合理路径。[①] 总之,上市公司作为公司的理想类型,兼具公共性与私有性的法律双重属性,这两个属性对上市公司高管薪酬的规制具有不同的要求。[②] 本书力图从商法的视角来加以探讨。

2. 关于公司高管

何谓公司高管(senior executives)?公司高管一般是指在公司内部专门从事管理职能的人员。高管诞生于现代企业,直至19世纪后期,几乎没有"高管"这一称呼。"管理者"是指那些不拥有公司所有权但是代表股东管理公司的人,在20世纪初,该词开始运用于商业领导者。[③]

在我国,虽然有多部法律法规对高管进行了不同表述,但是界定较模糊,对高

[①] 陈文琳. 上市公司经营者薪酬法律规制研究 [D]. 中国政法大学2010年硕士学位论文,第3页. 载中国优秀硕士学位论文全文数据库.
[②] 童列春,张娜. 论上市公司高管薪酬的法律规制 [J]. 行政与法,2011 (7).
[③] 梁琳. 论我国公司高管薪酬制度的法律构建 [D]. 华东政法大学2010年硕士学位论文,第6页. 载中国优秀硕士学位论文全文数据库.

管缺乏明确而统一的定义。如《企业会计准则——关联方关系及其交易的披露》指南中使用了"关键管理人员"的称呼,指"有权力并负责进行计划、指挥和控制企业活动的人员,包括董事长、董事、总经理、总会计师、财务总监、主管各项事务的副总经理,以及行使类似政策职能的人员"。其将董事会成员、总经理等高级管理人员、财务总监与总会计师等归为高管,而将监事、董秘排除在外。国务院《关于股份有限公司境外募集股份及上市的特别规定》中规定的高级管理人员乃指董事、监事、经理、财务负责人、董事会秘书和公司章程规定的其他高级管理人员。根据 2008 年 10 月 28 日通过、2009 年 5 月 1 日起施行的《中华人民共和国企业国有资产法》第 22 条的规定,"国企高管大致包括:国有独资企业的经理、副经理、财务负责人和其他高级管理人员;国有独资公司的董事长、副董事长、董事、监事会主席和监事;国有资本控股公司、国有资本参股公司的国有股董事、国有股监事。"而按照我国 2005 年修订的《公司法》的规定,"'高级管理人员'包括公司的经理、副经理、财务负责人,上市公司董事会秘书和公司章程规定的其他人员。"显然,我国《公司法》的"高级管理人员"范围比较狭窄,没有包括"董事"在内,这一概念相当于英、美、法上的"Executive"或"the Management"。至于国内学界,关于公司高管范围的界定分歧也大,张民安、刘云桂认为公司高管就是"公司高级管理人员"的简称,它是基于现代公司所有权和控制权分离、所有者和管理者分离而在公司内部专门从事管理职能的人员。一般而言,公司高级管理人员通常是指公司总经理、副总经理等。不过由于现代公司一般把董事会作为公司的法定代理人,并且个别董事可以执行董事会的决议,也从事具体的管理工作,因此也应该把公司的董事长、副董事长等一些参与公司管理的董事纳入高级管理人员之列。① 吴国基认为公司高管主要是指在公司领取薪酬的董事和经理。② 万媛媛等认为公司高管就是高层管理团队,指公司高层经理的相关小群体,包括 CEO、总经理、副总经理以及直接向他们汇报工作的高级经理。高层管理团队的成员来自企业最高层,属于企业的战略制定与执行层,负责整个企业的组织与协调,对企业经营管理拥有很大的决策权和控制权。③ 笔者认为,我国《公司法》赋予董事会较大权利,董事会拥有决策控制权和业务执行权;而实践中,董事兼任经理人员或者董事个人执行董事会的决议,从事公司具体管理工作,参与业务执行的情形非常普遍。

---

① 张民安,刘云桂. 商事法学 [M]. 广州:中山大学出版社,2002:160 - 161.
② 吴国基. 中国上市公司高管薪酬的公司法规制 [J]. 湖南农业大学学报:社会科学版,2004 (5).
③ 万媛媛,井润田,刘玉涣. 中美两国上市公司高管薪酬决定因素比较研究 [J]. 管理科学学报,2008 (11).

根据世界银行一项较早的调查,一半以上的董事在上市公司担任总经理、副总经理等高级管理职位,还有一部分担任总工程师等专业性职位。① 鉴于董事长往往直接参与公司日常经营决策,实际上成为公司的 CEO。因此,笔者认为,应该将董事长、副董事长等一些参与公司管理的董事即兼任 CEO 的董事归为高级管理人员之列。这些参与公司经营管理的董事,相当于美国所称的"management director"或英国所称的"executive director"。在美国,依《标准公司法》(Model Business Corporation Act)规定,"公司的高管是指由公司章程细则规定的高级职员或者董事会依照公司章程细则任命的高级职员。"从这个角度来看,高管的范围不仅应当包括公司的总经理、副经理、财务负责人、上市公司董事会秘书,而且还应囊括如首席执行官(CEO)、首席财务官(CFO)、首席运营官(COO)、首席技术官(CTO)、首席法务官(CLO)等经由公司章程自由设立的高阶公司经营管理岗位。② 澳大利亚会计准则将高管人员定义为直接或间接具有规划、管理或控制企业经营活动的权力与责任的人,包括公司董事。③ 总之,本文所称的我国上市公司的"高管"或者"高级管理人员",即在广义上使用这一概念,是公司高级管理人员或者高级管理者的简称,是基于现代公司所有权和控制权(经营权)分离、所有者和管理者分离而在公司内部专门从事经营管理职能的人员,主要包括执行董事、经理及《公司法》(2014 年版)第二百一十六条(一)款规定的高级管理人员(副经理、财务负责人、上市公司董事会秘书和公司章程规定的其他人员),但一般不包括独立董事和监事,因为他们并不参与公司经营管理,只是扮演监督的角色。

3. 关于薪酬

何谓薪酬?薪酬在英式英语里对应词为"remuneration",美式英语里对应词为"compensation",高管薪酬是指公司向高级管理人员支付的、作为其服务对价的现金、非现金等形式的酬劳。这里,薪酬是作为劳动的对价而存在的。正如有论者指出,"高管薪酬应建立在对价理论之上,即是说,股东委托高管运用自己的聪明才智管理公司,实现公司利益的最大化,并因此而支付给高管合理的薪酬。高管所付出的劳动与获得的报酬之间便形成一种对价关系。高管在获取高额薪酬的同时,并不能损害股东和公司的利益。"④

那么,薪酬的主要内容是什么呢?Gerge T. Milkovich 和 Jerry M. Newman 在其

---

① 斯道延·坦尼夫,张春霖. 中国的公司治理与企业改革:建立现代市场体制[M]. 张军扩,等译. 北京:中国财政经济出版社,2002:76.
② 刘俊海. 公司法[M]. 北京:中国法制出版社,2008:156.
③ Australian Accounting Standards Board (AASB) 124, 9.
④ 彭帆,聂颖. 上市公司高管薪酬制度的法学思考[J]. 法制与社会,2009 (10).

《薪酬管理》一书中指出："薪酬是指雇员作为雇佣关系中的一方所得到的各种货币收入,以及各种具体的服务和福利之和。"① 可见,现代公司的薪酬内容越来越丰富,与传统意义上的"工资+奖金"早已不可同日而语。"一个完整的高管薪酬体系应当包括基本薪水、激励性报酬和福利性报酬。"② 基本薪水主要是基薪(Base Salary);激励性薪酬包括年度奖金(Annual Bonus)、股票期权(Stock Option)、限制性股票(Restricted Stock)、特殊津贴(perquisites)、股票增值权(Stock Appreciation Rights,SARs)、虚拟股票(Phantom Stock)等;福利性薪酬主要是各种福利(如医疗、残疾、人寿等保险)、在职消费等。Towers Perrin 在研究了关于全球 20 多个国家与地区近年来的经营者总报酬金额后认为,经营者报酬可以划分为六类:①基本薪酬,是指年度基本工资和其他常规报酬(如与业绩无关的奖金);②非固定奖金,是指与个人业绩相关的现金报酬;③长期激励计划,包括年度赠与的股票和期权在赠与日的估价价值以及其他长期激励性奖励的价值;④法定公司补贴,是指公司需支付的社会保障、法定福利和法定离职补偿等;⑤公司自愿补偿,是指公司自愿提供个人退休计划、人寿保险、意外险和其他公司自愿提供的福利计划(包括经理人的养老金)等;⑥特殊津贴,包括年度健康检查、公司供车、俱乐部会员资格、额外假期、移动电话、娱乐补贴、低息贷款以及财务顾问等的年度现金价值。③

上述薪酬构成也可稍作简化,分为基本薪酬、奖金(可进一步分为短期奖金和长期奖金)、福利与服务三部分。

(1)基本薪酬。基本薪酬即基本工资,是公司与高管之间以协议的方式所确定的相对固定数量的薪酬。基本工资是对既定人力资本的一种认定,与公司绩效不太相关。一般基本薪酬占薪酬总额的 1/3 到 2/3 不等,管理者身居位置越高,所占比例则越低。

(2)奖金。短期奖金是对正常劳动超额部分给予的一种薪酬,是根据授予者创造了超过正常劳动定额之外的社会所需要的劳动成果所给予的物质补偿。公司一般根据一段时间的经营绩效以现金形式向高管支付短期奖金。

长期奖金属于薪酬后置部分,通常延期支付,是公司将部分薪酬(如年度奖

---

① Gerge T Milkovich,Jerry M Newman. 薪酬管理[M]. 6 版. 董克用,等译. 中国人民大学出版社,2002:5.

② [美]肯尼思金,诺夫辛格. 公司治理:中国视角[M]. 来若森,译. 中国人民大学出版社,2007:89.

③ 陈春苑. 上市公司经营者薪酬的法律规制[D]. 暨南大学 2008 年硕士学位论文,第 7 页. 载中国优秀硕士学位论文全文数据库.

金、股权激励收入等）按当日公司股票市场价格折算成股票数量，存入专设账户，在既定的期限或退休以后，再以公司股票形式或根据期满时的股票市场价格以现金方式支付给激励对象。它与公司组织的长期绩效紧密相连，激励高管关注公司的可持续发展。

（3）福利与服务。福利与服务在现代公司薪酬构成中主要指带薪休假、各式保险、退休保障（离职补偿）、旅游联谊等，越是高层管理者，越能得到名目繁多的福利与服务。其中占的比例最大的是退休福利，即公司解雇高管时向其提供的不菲的经济性补偿。

4. 关于商法规制

那么，什么是商法规制呢？"规制"一词对应英文"regulation"，该单词有"监管"等多种译法。但是，在与法律密切联系的层面上，"监管"和"规制"并无本质区别。① 规制原指政府为了解决市场失灵，而对市场加以干预或控制，主要表现为对市场主体行为的命令、要求或禁止。② 规制有其正当性基础，规制的范围和程度受此约束。在微观经济学看来，市场失灵的原因即公共产品、外部性、不完全竞争和信息不对称，这些构成了规制的正当性基础。此外，降低交易成本、创造和维护市场的基础性制度框架也成为较新的规制依据。法律规制是指法律规范对社会关系进行调整和引导，是法的功能和作用的重要体现，表明法律作为一种社会规范，其功能在于实现社会关系的一种有序状态即秩序（order）。Cheng 和 Indjejikian（2009）③ 的研究表明政府立法会影响企业高管薪酬的决定过程。④ 本文上市公司高管报酬的商法规制的内涵外延要比法律规制小一些。其一，不包括高管报酬的税法调整，如美国国会一直都将税法作为政府对过高薪酬进行规制的一种手段。1918年，税收法则条款允许对合理的薪酬进行税负减免。1984 年，美国《税收改革法》（The Tax Reform Act of 1984）开始对高管薪酬做出限制。该法第 208 节对"降落伞薪资"强加了双重约束：①征收 20% 的特许税；②对支付这些薪资的公司限制实施减免税政策。如果所获得的薪酬变化超过高管 5 年平均应征税收入的 3 倍以上，那么所有超过 5 年平均应征税收入 1 倍的部分都要进行处罚。但其实际效果是，企

---

① 徐晓松. 管制与法律的互动：经济法理论研究的路径和起点 [J]. 政法论坛，2006（5）.

② [英] 安东尼·奥格斯. 规制：法律形式与经济学理论 [M]. 骆梅英，译. 中国人民大学出版社，2008：1.

③ Cheng, R J Indjejikian. The Market for Corporate Control and CEO Compensation: Complements or Substitutes [J]. Contemporary Accounting Research, 2009, 6（3）. 转引自张玮倩. 媒体报道对高管薪酬的治理作用研究 [D]. 西南财经大学博士学位论文，第 40 页. 载中国博士论文全文数据库。

④ 徐民，方妙. 论国有企业高管薪酬规制的路径选择 [J]. 法商研究，2013（1）.

业的首席执行官一般能够获得特许权税的返计还原，而对高管征收的税成为股东不可免除的成本。同时，这些税收改革使得超过高管5年平均薪资3倍的"降落伞薪资"合法化。虽然这些税收返计还原数额看上去是良性的，但当返计还原因素既包括相当大的还原数额和特许权税，又包括不可免除的事实时，返计还原数额就变得很大了。1993年，美国国会对《国内税收法》（Internal Revenue Code）第162条（m）进行了修改，规定CEO和其他四名报酬最高的高管，年报酬超过100万美元以上的部分，均不得作为"普通和必要的商业费用"而进行税收扣减。"这些规制并没有取得预期效果，如税收限制对遏制高管薪酬几乎不产生作用，反而增加了高管的薪酬。规定薪酬的数量和幅度为标准之下的薪酬提供了自我辩护的效果，这一缺陷在信息不对称以及规制机关的特定偏好的作用下放大，导致规制失灵。"① 这些税法规制属于一种非私法的方法，不属于私法调整的商法规制内容，本书不作详细讨论。其二，本书讨论的高管薪酬问题不属于《中华人民共和国劳动法》（以下简称《劳动法》）（《中华人民共和国劳动合同法》，以下简称《劳动合同法》）调整内容，因而也不涉及劳动法如何规制的问题。我国《劳动法》（《劳动合同法》）属于社会法范畴，价值倾向是保护作为弱者的劳动者，在劳动关系中注重为弱势群体的劳动者提供特殊的保护，这对用人单位的义务与责任有所加重，通过维护劳动者的工作条件、工作环境、工资待遇，使劳动者不至于因工伤、失业、因年满法定年龄退休等情形而陷入生活窘境，从而保障劳动者正常的生活水准。实践中往往出现高管利用《劳动法》的倾斜性保护条款向企业索要高额的离职经济补偿金，这其实有悖《劳动法》倾斜保护普通劳动者的立法初衷，② 因为对于公司高管来说，其熟悉公司运营策略，具有丰富的管理经验，离职之后比较容易另谋高就，生活受此影响不大，而普通劳动者特别是蓝领阶层基于弱势的社会地位、文化知识水平不高、就业难度大、加之维权意识的淡漠反而导致离职之后应得之益难以保障，"这些差距使得社会的资源分配更加不均，造成'强者愈强，弱者愈弱'的失衡局面，违背《劳动法》立法本意。"③ 尽管高管薪酬与一般员工的薪酬具有共同的属性，两者都可以看作是劳动力价值的补偿，但高管与公司的关系与劳动合同关系又不相

---

① 黄勇斌. 对国企经营者薪酬的规制：权利结构的视角［J］. 企业研究，2012（2）.

② 在美国，即有根据不同劳动者身份做出不同立法保护的规定，"白领雇员不受有关最低工资和加班补偿的保护。"我国也有类似的规定，根据劳动部《关于企业实行不定时工作制和综合计算工时工作制的审批办法》（劳部发［1994］503号），企业中的高级管理人员可以实行不定时工作制。可见，对企业高管，我国主管部门也意识到，在法律适用上需要区别于普通劳动者。在司法判例中，我国法院对高管离职补偿纠纷案件是适用《商法》（《中华人民共和国合同法》）还是适用《劳动法》的规定做法不一。容本书在第六章"高管薪酬的司法介入"进一步阐述。

③ 李佳倩. 企业经营者与高管人员劳动法身份定位研究［J］. 经营管理者，2015（3）.

同，其为一种委托代理关系，委托代理理论表明高管和公司之间的关系是建立在委托代理合同的基础上，两者地位平等，属于《中华人民共和国合同法》（以下简称《合同法》）、《公司法》（商法）的范畴。北京百环房地产实业有限公司与李新社合同纠纷上诉案中法院将身为高管的李新社离职补偿金纠纷界定为商事合同纠纷，适用《合同法》的规定，排除了劳动争议纠纷的《劳动法》适用。① 在国外，大多数国家在公司法上明确了公司管理者与公司之间的委托代理关系，同时还对高管的解任（包括解任的程序、事由、通知期限）以及对不当解任的救济（应当承担的合理经济补偿）等方面进行了规定。这些规定与劳动法上的解雇保护制度是大相径庭的。而劳动合同关系表明两者的关系基于劳动合同，是劳动法（社会法）的范畴，其重心在于劳动者合法权益的保护，在立法价值取向上总是倾斜于劳动者一方。总之，建立在委托代理合同基础上的高管薪酬规制内容与建立在劳动合同关系基础上的劳动者薪酬调整内容大不相同，可谓"桥归桥、路归路"。劳动法立法精神对工资限低不限高，而针对高管薪酬则有限薪令颁行的必要性与可行性。劳动者解除劳动合同关系需要符合法定的情形，但高管解聘只要董事会作出决议，甚至不需要说明理由（2005年修订的我国《公司法》删除了原《公司法》中股东会不得无故解除董事职务的规定，这意味着股东会解除董事职务无须理由，对经理等高管之职的解除目前国内外法对此也尚无成文规定，可以类推董事无因解除的规定），总之，高管与普通劳动者身份不同，应适用有差别的薪酬制度，商法对高管薪酬实行有的放矢的专门规制大有用武之地。

进一步分析，本书既不涉及税法规制内容，也不同于劳动法对劳动者薪酬的调整内容，而是在商法的视野下进行展开的薪酬调整内容。商法是调整平等主体之间商事关系的法律规范的总称。其本质上乃是一个兼有公法性质的私法部门②，具有自治性、技术性、进步性、国际性等特征，其调整对象为私性的商事关系，而高管薪酬是公司向高管人员支付的作为其服务对价的酬劳，其本质上反映的也是一种私性的商事关系，决定高管薪酬的事项本质上属于公司自治的范畴，公司之外的任何人都不应该加以干预。只有公司自身的权力机关——股东会或董事会可以对高管薪酬做出决策，由此也决定了调整其薪酬的法律部门是一个私法部门，商法正是这样一个可以胜其所任的部门，其又主要分为具体的商事部门法（《公司法》《中华人民共和国证券法》（以下简称《证券法》））来予以调整。因此应该看到，本书所研究的高管薪酬乃是上市公司的高管薪酬问题，上市公司高管薪酬具备一般公司高管薪酬私有性的一面。薪酬制度在本质上是股东（委托人）与公司高管（代理人）

---

① 北京市第一中级人民法院民事判决书（2014）一中民终字第4906号。
② 夏雅丽，丁学军. 论商法的特征及基本原则［J］. 西北大学学报，2002（2）.

之间的激励合同。① 就高管薪酬服务合同的私有性而言，高管薪酬属于高管人力资本定价问题，而在市场经济条件下，薪酬定价水平应当主要由经理人市场的供（来自高管方面）求（来自公司方面）关系来决定，在市场竞争机制充分发挥作用的理想状态下——现实中尽管完全竞争的经理人市场几乎不存在，但有些市场也处于接近于竞争的状态——市场均衡形成的薪酬水平是在供需双方经讨价还价、充分协商基础上达成的一致接受的意愿价格（不是任何一方的一厢情愿），可以最大化同时满足双方的利益诉求，因而此种薪酬决定最富有效率。显然，此种薪酬亦是同公司绩效挂钩的合理化薪酬，能反映出高管的成绩和贡献。但是，实践中的市场机制并非一定能发挥有效作用。在公司（股东或董事会）同高管之间的薪酬议价形成过程中，可能存在一些影响交易公平的客观因素。例如，高管对薪酬委员会施加了不当影响，在此情形下炮制出的薪酬方案，或高管滥用权力自定薪酬，或粉饰业绩以欺诈方式取得薪酬，以损害其他主体利益的方式（利用垄断优势和操控股市提升自己业绩等）取得薪酬，等等。在这些情形下，正常的市场机制遭到扭曲，在此基础上形成的薪酬就会很不合理。

从本质上看，不合理薪酬就是不能真实反映高管的贡献、同企业绩效脱钩的薪酬。② 在市场派人士看来，不合理的薪酬可以通过市场机制得到矫正，这些市场包括经理人市场、公司控制权市场、资本市场和商品市场，其可以有效地使高管和股东的利益保持一致。在经理人市场中，高管如果表现好就可能获得内部晋升，表现不好则可能被解聘；在公司控制权市场中，业绩不佳的企业可能遇到恶意收购，进而造成撤换高管的结果，出于对恶意收购或代理权争夺的担心，高管会设计出使股东利益最大化的薪酬安排；在资本市场中，高管如果在薪酬安排上不能很好地自我约束，企业在资本市场上发行新股融资就会遭遇障碍；在商品市场中，高管过高的薪酬和松懈的管理将导致竞争上的劣势，这种低效率可能导致利润缩水、业务缩小，甚至企业经营的失败。③ 但是，市场力量对于我国经理人市场、公司控制权市场、资本和商品市场都不太健全的国情而言，其机制作用是十分有限的。④ 况且市场机制并非自治体系，市场中的利益集团可能过度追求局部、短期的利益，从而导

---

① ［荷］亨德里克斯. 组织的经济学与管理学：协调、激励与策略［M］. 胡雅美，等译. 中国人民大学出版社，2007：101.

② 蒋建湘. 国企高管薪酬法律规制研究［J］. 中国法学，2012（1）.

③ ［美］卢西恩·伯切克，杰西·弗里德. 无功受禄：审视美国高管薪酬制度［M］. 赵立新，等译. 北京：法律出版社，2009：46-51.

④ "尤其针对国有控股上市公司而言，管理层的产生和激励是非市场化的，经理市场没有得到有效的发展。因而经理市场没在薪酬决定中发挥有效作用"。参阅上海证券交易所研究中心：中国公司治理报告（2003年）［M］. 复旦大学出版社，2003：221.

致"市场失灵"。实践表明，外部市场力量是无法彻底抑制高管的怠惰、向自己支付高额的薪酬等侵占公司资产的行为。① 面对"市场失灵"和"问题薪酬"，商法采取的对策和措施是脱离以行政权制约权利的思路（如颁发限薪令），回归《公司法》的基本权利结构（即三权分立结构），通过强化中小股东、独立董事的权利等措施，引入和完善薪酬程序规制以及救济与责任机制（保障程序规制得以实施），正如 Damon Silvers 在美国国会听证时所指出的那样，如果没有有效的公司治理，机械的控制经理人员薪酬的措施都不可能成功，只要公司的首席执行官和他们的顾问控制着薪酬的决定过程，他们就能在和这些规则的较量中获胜。② 为此，本书主要是在《公司法》上围绕完善公司治理探讨高管薪酬的决定机制问题（包括薪酬委员会的构造及运作），在《证券法》上探讨高管薪酬信息披露问题，以及股东代位诉讼挑战高管薪酬的问题。

同时，上市公司高管薪酬问题不仅仅是一个简单的薪酬服务范畴问题，还涉及上市公司公共性的一面。上市公司最大的特点之一是公共性，在英美国家，上市公司被称为是公众公司。上市公司由于投资者众多，其经营与运作直接影响公众利益，比如普通员工、债权人、消费者等的利益。在企业内部它还影响到公司的法人治理、劳动关系、工会制度、公司雇员参与的企业民主管理等多个方面；在企业外部，上市公司高管薪酬所涉及的财富分配结构、社会公平和经济伦理问题，可能挑战全社会的平等观念，最终影响经济秩序和社会稳定发展。③ 上市公司高管薪酬的公共性决定了公权力介入规制的必要性与合理性，如政府限薪令的出台、薪酬决定程序的公开化、司法适度的审查。④

总之，本书是在后金融危机时代商法的视野下展开研究，商法是私法，但也有公法化的一面，其规制手段与上市公司高管薪酬的双重法律属性（私有性与公共性）是十分契合的，由此也决定本书涉足的内容既不同于一般法律规制高管薪酬的

---

① 罗培新. 公司高管薪酬：制度积弊及法律应对之限度——以美国经验为分析视角 [J]. 法学，2012（12）.

② CEO Compensation: Hearing Before the Senate Common Commerce, Sci. & Transp., 108th Cong. (2003), testimony of Damon Silvers, Associate General Counsel, AFL-CIO at http://commerce. senate. gov/hearings/witnessslist. cfm? id = 767. 转引自黄福宁. 上市公司经理人员薪酬的法律规制 [D]. 中国政法大学 2005 年博士学位论文，第 47 页，载中国博士学位论文全文数据库.

③ 童列春，张娜. 论上市公司高管薪酬的法律规制 [J]. 行政与法，2011（7）.

④ 我国针对上市公司管理层薪酬的实质立法干预也不乏其例，如（1）2008 年 10 月中国证监会发布《关于修改上市公司现金分红若干规定的决定》，要求上市公司应当在章程中明确现金分红政策；（2）2009 年我国修订后的《中华人民共和国保险法》规定，"破产保险公司的董事、监事和高级管理人员的工资，按照该公司职工的平均工资计算。"

宽泛议题，也不太限于纯粹公司自治（商人自治）高管薪酬的狭窄领域，而是强调了法律（司法）的适当干预（参见"本文内容结构"部分）。

第二节　高管薪酬的理论基础

关于高管薪酬，学界积淀了深厚的理论基础，形成了众多的理论流派。主要的理论流派如下：

1. 委托代理理论

最早关注现代公司股东与管理者的委托代理关系及利益冲突问题的是阿道夫·A. 伯利（Adolf A. Berle）和加德纳·C. 米恩斯（Gardiner C. Means），他们在所著的《现代公司与私有财产》（The Modern Corporation & Private Property）中提出，现代大众公司发展的一个结果是，拥有所有权的人未拥有相应的控制权，拥有控制权的人未拥有相应的所有权，公司所有权与经营权相分离，因而产生委托代理问题。委托代理的概念首次是由罗斯（S. Ross）于1973年正式提出，后来密尔里斯（J. Mirrless）和斯蒂利茨（J. E. Stiliz）进一步发展了委托代理理论。委托代理理论不仅关注到股东和高管利益冲突后果，也更加看重能够调解这种冲突的有效机制。根据迈克尔·詹森（Michael C. Jensen）和威廉·麦克林（William H. Meckling）对委托代理的定义："委托代理关系其实是一种契约关系，即一个人或一些人（委托人）委托其他人（代理人）根据委托人利益从事某些活动，并相应地授予代理人某些决策权的契约关系。其中，主动设计契约的人称为委托人，相应的，被动地接受契约的人称为代理人。"委托代理理论将两权分离、公司中所有者与经营者的关系解释为一种委托代理关系。詹森和麦克林提出了"代理理论"①，在代理理论中，他们指出，在所有权与控制权分离之后，由于信息不对称、合约不完全、监督成本过高、委托代理关系与道德风险（moral hazard）等因素，公司高管作为自利的经济人势必会在经营过程中损公肥私，因而要构建适当的引导或纠正经营者行为的机制，以防范偏离公司利润最大化的情况发生。这些机制包括：①将公司产出与代理人的激励相联系；②设计一个有效监控机制，能够防止代理人的行为和决策偏离所有者利益。

2. 人力资本理论

关于人力资本的概念，早期的经济学家如亚当·斯密（Adam Smith）、阿尔弗雷德·马歇尔（Alfred Marshall）以及本杰明·富兰克林（Benjamin Franklin）等人

---

① Michael C Jensen, William H Meckling. Theory of the Firm: Managerial Behavior, Agency Costs and Ownership Structure. Journal of Financial Economics, 1976, 3.

都有所阐述，但人力资本理论最早是由美国经济学家舒尔茨（Theodore Schultz）于1960年提出，经过舒尔茨、贝克尔（Becker）等人的研究，人力资本理论体系最终得以形成。该理论认为，人力资本在人的身上表现为体力、智力、能力等素质的总和，是一种值得开发的资源，可以带来利润，但也需要投入成本。在经济增长中人力资本的作用大于物质资本的作用。人口素质的提高是人力资本的核心，教育投资是人力投资的主要部分。在人力资本理论看来，高管薪酬的水平由其禀赋、能力决定。一个管理者若能力强并更能出色完成任务，给公司创造更多利润，就应该多得报酬。由于高管在知识技术和管理能力等方面都不同于一般员工，其除了具备人力资本一般拥有的专有性、异质性等特征外，还具有高风险性和高收益性等特点。高风险性：公司高管独立决策，自主性较强，很难对其进行监督，其价值的体现需要很长一段时间，这就造就了高管人力资本的高风险性。高收益性：高管不但拥有较高的人力资本存量，而且还拥有对公司资源的支配权和经营的决策权，能够对公司的经营业绩产生重大的影响，因此，对比一般的人力资本，高管的人力资本具有更高收益性（如像体育明星、歌星一样获得高额薪酬）。高管人力资本的特殊性要求公司所有者在为其建立有效的激励机制的同时也应建立完善的监督机制，以降低风险并提高收益。①

3. 期望理论

期望理论（Expectancy Theory）由著名心理学家和行为科学家维克托·弗鲁姆（Victor H. Vroom）于1964年在《工作与激励》（Work and Motivation）中提出。期望理论以三个因素反映需要与目标之间的关系。期望理论认为要激励员工，就必须让员工明确：①工作能提供给他们真正之所需；②他们欲求的东西是和绩效联系在一起的；③只要努力工作就能提高他们的绩效。

期望理论提出了设置目标与个人需求相统一，并假定个体是有思想的理性之人，对生活和事业抱有既定的信念和基本的预期。因此，在分析激励雇员的因素时，必须考察他们希冀从组织中获得什么以及他们如何能够实现自己的愿望。期望理论将定性分析和定量分析相结合，通过对各种权变因素的分析，发现人们通常是进行效用最大化的行为选择。

4. 保持距离合约理论

保持距离合约（arm's-length bargaining）理论又译作常规交易理论。该理论的核心价值在于：保持合理距离进行谈判，避免股东、高管之间的利益冲突。这种谈判距离的合理限度是以常规交易为标准。这个理论被金融经济学著作和法院判例广

---

① 孟德芳. 国有企业高管薪酬制度改革路径与模式选择 [D]. 东北财经大学2011年硕士学位论文，第8页. 载中国优秀硕士学位论文全文数据库.

泛认可。从理论上讲，保持距离合约模式下的高管薪酬设计可以抑制代理成本，调整高管和股东的利益分配，改善他们之间的利益关系。薪酬安排设计得适当与否的标准是看高管与股东间的代理成本是否实现最小化。理想的情形是董事和高管各就各位，各为其主，董事代表股东利益，高管代表经营者利益，双方在保持一定利益差距的情形下，进行薪酬谈判，董事为股东寻求最大利益，高管力图获得对自己最有利的交易，双方经过讨价还价达成薪酬计划，在认同保持距离合约模型的金融经济学家看来，这种情形是普遍有效的（而法院则普遍认同董事会的决定）。基于最优契约理论的视角，这种最优的高管薪酬合同必须具备以下三个方面的功能：其一，吸引并且留任能力强的高管；其二，向高管提供有效的激励使其能充分发挥能力并做出符合股东利益的决策；其三，总成本最小化。① 但保持距离合约理论只是理想化的图景，在实践中往往受到管理者权力（managerial power）的支配和影响。

5. 管理者权力理论

卢西恩·伯切克（Lucian A. Bebchuk）、杰西·弗里德（Jesse M. Fried）在《不看业绩付薪水》（Pay Without Performance）一书中首次提出管理者权力理论。董事受到管理者权力影响，会附和管理人员，对高管薪酬进行谈判丧失了足够的动力，或者干脆对薪酬不进行监督。因此，高管薪酬已大大超过了在董事忠于股东的利益、与高管保持应有距离情况下应达成的薪酬数额。卢西恩·伯切克、杰西·弗里德以常规交易理论为起点，建立了他们自己解决委托代理问题的理论。在常规交易模式下，管理的权力模型认为，所有权与经营权分离产生代理成本上升是公司治理的中心。然而，管理权力模式否认高管薪酬安排能解决委托代理问题，他们认为高管薪酬设计的过程加剧了代理费用问题。卢西恩·伯切克、杰西·弗里德并不认为有独特技能或是工作极其优秀的高管获得高薪会有人抱怨。人们不满的是高管高薪的所得是由于他所处的位置，而非由于他的能力。管理者权力理论认为：董事会虽然名义上独立于高管，但他们有着足够的理由去默许高管获得高薪（即获得在超过常规交易模式下应得的数额）。第一，董事往往是CEO挑选的。董事会中的董事由于报酬以及其他因素，通常非常希望寻求连任，由于CEO在选择董事会名单上有相当大的影响力，董事很有可能使自己站在CEO的那边。第二，董事与高层管理者在工作上有着紧密的联系，他们会发展出一种忠诚或者友谊。他们会产生团队精神，这使得董事进一步支持高管薪酬增加。而为股东利益考虑的少数董事处境艰难。全职管理人员和只有部分时间的独立董事之间固有的信息不对称，使后者处于相当不利的地位。因此，高管薪酬受到的制约在很大程度上是无效的。董事的股权

---

① Lucian A Bebchuk, Jesse M Fried, David I Walker. Managerial Power and Rent Extraction in the Design of Executive Compensation. University of Chicago Law Review, 2002, 69.

在股东和董事利益之间只能形成十分松散的联系。董事会的成员本身不希望由于反对高管薪酬而花费金钱成本和社会成本。管理者权力模式认为市场的资本、公司控制和管理劳动，是远远偏离"保持距离合约"情况下的水平的。主要制约管理者权力的因素被卢西恩·伯切克、杰西·弗里德称之为"公愤"。当一个董事会批准对高管有利的薪酬，将带来成本，这个成本的承受程度将取决于"对董事、高管有着重大影响的局外人的看法"。为了避免这个约束，高管和董事十分注意掩盖"高管薪酬的水平与业绩的敏感性"。单纯的管理权力模式下执行总裁获得的薪酬要高于其在保持距离合约模式下获得的薪酬，且薪酬与业绩的敏感度更低。管理者权力理论认为，管理者权力越大，高管层对薪酬决策的影响力也就越大。

当然，管理者权力理论也遭遇不少争议，有学者认为，管理者权利模式不能广泛运用到各种企业，控股股东允许管理者获得过高报酬而不用进行充分解释。最近的一项研究发现：在小企业或是对管理的酌情权制约因素较少的企业，高薪的 CEO 工作得更好。当有一个大股东监督的时候，薪酬和业绩的联系尤其强烈。①

6. 社会比较理论

社会比较理论是美国社会心理学家利昂·费斯廷格（Leon Festinger）于 1954 年提出的，是指个体自我评价喜欢用他人作为比较的尺度。亚当斯（Adams）从社会比较的角度提出了公平理论，认为人们不仅对于所得回报的绝对量表示关心，而且还要知道是否得到公平待遇。

具体针对公司高管的薪酬而言，薪酬是由薪酬委员会所决定，并由董事会所批准实施；而薪酬委员会的大部分成员是由其他公司的高管层组成，他们在给公司管理者制定薪酬的同时，难免以其自身的薪酬水平作为标准。薪酬水平设置不当，可产生明显的不公平，薪酬委员会将消除这种不公平，使其趋于公平。从这个角度来看，在设定公司高级管理者薪酬时，由于公司高管的业绩往往难以衡量而居于次要考虑地位，因此薪酬委员会会更多地运用社会比较方法，也就是说，高级管理者可以直接通过自己个人的社会影响力来影响薪酬委员会的薪酬决策。②

7. 锦标赛理论

锦标赛理论为拉齐尔（Lazear）和卢森（Rosen）1981 年提出，该理论可解释高管成员之间薪酬的差距增加。传统经济学理论认为，薪酬之间差距是由边际生产率的差异决定的，然而按照传统边际分析方法，却很难对这种现象做出合理解释。即"一

---

① Daines, Robert, Nair, Vinay B, Kornhauser et al. The Good, the Bad and the Lucky: CEO Pay and Skill. U of Penn, Inst. for Law & Econ. Research, 2005: 5 – 7. NYU, Law and Economics Research, 4 – 35. http://ssrn.com/abstract = 622223.

② 张天翼，田贝贝. 上市公司高管薪酬理论综述 [J]. 合作经济与科技, 2012 (11).

旦某人从副经理晋升到总经理，薪酬数额在很短的时间内可能成倍增加，但这个人的能力很难短时间内成倍增加"。如果将代理人看作是晋升竞赛中的比赛者，赢者将获得全部奖金，该现象就得到了合理的解释。① 该理论有三个论点：第一，薪酬是基于代理人的边际产出排序，而非具体的边际产出，它的排序要比产出的准确度量更简单，可以降低监控成本；第二，锦标赛理论暗示了公司内部薪酬差距对组织绩效有影响力；第三，企业外部环境不确定程度越大，竞赛者所投入的边际成本会越高。通过该理论我们得知：当企业的委托人对代理人监控的难度增大时，拉大 CEO 与其他高管人员之间的薪酬差距可减少监控成本并且能让高管与委托人利益一致。②

8. 群体动力理论

群体动力理论以学者多尔夫（Dorff）为代表，该理论认为董事会是一个群体决策机构，群体决策有其固有缺陷，一是当个体或群体对某项决策缺乏必要信息时，他们就会依赖领导人的行为，即"群体思维"。而董事会对于有效的报酬安排信息是有限的，惯性思维的存在使他们不太可能去质疑常规的报酬机制，也不会考虑一开始大家都反对的报酬机制，甚至放弃咨询外部专家的机会；二是当一项决策正确与否没有明确的答案时，人们会相信群体总是会比个体拥有更多的信息，从而忽视自己拥有的信息，即"社会串联"。群体动力理论着眼于报酬的决策过程，认为报酬机制失效的原因来自于董事会集体决策过程的内在缺陷：群体构成及决策过程中的一些特点阻碍了群体决策发挥本可胜于个人决策发挥的优势。③

上述理论各有一定解释力，尤其是委托代理理论、管理者权力理论、群体动力理论。这三种理论为解释法律为何介入薪酬规制提供了依据，特别是管理者权力理论，该理论说明了当董事会并不能完全控制高管薪酬契约的设计，而管理层却有动机和能力运用其权力进行寻租，操控薪酬，此为法律积极介入进而矫正不合理薪酬提供了正当性基础。

第三节　主要研究方法

高管薪酬问题是一个跨学科的研究领域，很多学者从法学、经济学、管理学等诸多学科的角度对其进行研究。本书主要运用以下方法展开讨论。

---

① 张天翼，田贝贝. 上市公司高管薪酬理论综述 [J]. 合作经济与科技，2012 (11).
② 包瑞妮. 高管薪酬的理论研究 [J]. 经济视角，2012 (3).
③ 转引自杜晶. 上市公司管理报酬法律制度的理论与现实 [J]. 清华法学，2009 (3).

1. 比较分析方法

比较分析方法在法学研究方法中占有重要的一席之地，尤其是在地方性色彩和政治文化因素相对淡化的《公司法》《证券法》等商法领域。不过，法律毕竟在一定程度上与一国固有的经济、政治、社会制度、文化传统等息息相关，因此我们绝不可盲目移植国外法律，而应在深入研究本国实践的基础上，合理借鉴。本书在考察高管薪酬决定模式，高管薪酬的股东控制尤其是股东薪酬话语权制度（Say on Pay），美国、英国、澳大利亚的司法介入高管薪酬的制度和经验等章节中运用了比较分析，指出了其值得借鉴之处。

2. 历史分析法

历史在照亮了过去的同时，也照亮了未来。历史分析法即运用发展、变化的观点分析客观事物及其发展规律。一切皆变，事物发展不仅有其不同阶段，而且不同阶段有其不同的特点，因而要把它们加以联系和比较，才能弄清其实质，揭示其发展趋势。如运用历史分析方法了解西方薪酬信息披露规则的演变及发展趋势，可以为我国相应的制度完善提供启示和借鉴。再者，在司法介入方面，探讨美国等西方国家上市公司高管薪酬司法审查的演变历程，可以作为我国未来立法修正的参考依据。

3. 法社会学研究方法

法社会学研究方法又称"实证科学的研究方法"，由自然科学移植而来。这种方法认为社会研究的逻辑是假设演绎，科学假说的陈述必须由经验事实来检验，理论仅当得到经验证据的完备支持时才是可接受的。法学研究中运用的实证科学方法主要包括：①历史文献方法，即从历史文献中寻找经验材料，从而使法学理论具有历史根据；②调查，主要指对现状的调查，调查可以分为抽样调查和普查，抽样调查的效果通常取决于样本数量和样本的代表性；③观察，即借助于观察者的眼、耳、鼻、身等感官，直接感受研究对象的特点；④实验。①

高管薪酬是一个关于公司治理的法律问题，同时也是经济学、管理学、社会学上的一个重要问题，目前已有很多国内外经济、管理学界文献对高管薪酬做了大量实证研究。实证研究可以避免法学理论与实践脱节，使理论研究能解决实际问题。本书将尽量收集并利用关于高管薪酬的实证研究资料、数据及其结论，以增强论述的说服力，使本书内容得到实证的支撑。如本书在分析美国司法介入高管薪酬现状时就是基于 Randall S. Thomas 和 Kenneth J. Martin 关于美国公司高管薪酬诉讼（1912—2000 年）的 124 例样本研究②来加以展开的。

---

① 朱景文. 法学研究的社会学方法：应用、局限及其克服 [J]. 法学研究, 2011 (6).
② Randall S Thomas, Kenneth J Martin. Litigating Challenges to Executive Pay: An Exercise in Futility? [M]. 79 Washington University Law Quarterly, 2001: 576.

4. 法律经济分析法

法律经济分析法是二十世纪五六十年代产生于美国并得到迅猛发展的一种研究方法，其新颖之处就在于经济方法对传统法律方法的替代。法律经济分析法主张运用经济学的理论和方法如成本－效益分析法分析、评论法律制度和法律活动，朝着实现最大经济效益的目标改革法律制度。"法律制度中的许多原则和制度最好被理解和解释为促进资源有效率配置的努力。"① 在高管薪酬商法规制研究中大有用武之地。本书以法律经济分析的观点和方法来讨论高管薪酬商法规制的议题，从降低代理成本的目的出发，探讨何种制度下能有效降低代理成本，寻求股东利益最大化，重思我国理论与实务中高管薪酬现行商法规制中不合理之处，并提出完善之道；在分析高管薪酬的信息披露制度时运用"禀赋效应""棘轮效应"（ratchet effects）"沃比根湖症"（Lake Wobegon syndrome）等经济术语来分析薪酬信息披露诱发高管薪酬攀比之风的副效应。

5. 新闻学学科方法

本书在约翰·奈斯比特（John Naisbitt）"新闻洞"理论②指导下摘取薪酬数据及案件实例（如迪斯尼天价遣散费案、格拉索案），以此取材展开分析，从而大大增添了文本的可分析性价值，因为经过新闻报道了的案例及数据，其数据新颖性、典型性超乎寻常案件，具有明显的时代特征及代表意义。

第四节　国外研究的发达与国内研究的方兴未艾

一、国外的研究

近几十年以来，"高管薪酬"一直是美国公司法上最为炙手可热的话题和研究领域，"薪酬"在美国一般用 compensation 表述，在英国和其他欧洲国家一般用 remuneration 表述。戴少刚通过 LexisNexis 数据库检索发现，自 1980 年以来，美国及加拿大各大学 Law Reviews and Journals 上以"高管报酬"（executive compensation，

---

① ［美］波斯纳. 法律的经济分析［M］. 蒋兆康，林毅夫，译. 北京：中国大百科全书出版社，1997：27.

② "新闻洞"指的是实质新闻所占版面，它是一个封闭系统。报纸的新闻版面大小是相对稳定的，新的事物出现时，必有部分事物被忽略或减少报道篇幅，要先删减才能增添，这是封闭系统内的强迫选择原则。

executive pay，executive remuneration，managerial remuneration）为题的论文，就多达80余篇。在著名社会科学研究网站 SSRN（Social Science Research Network，www.ssrn.com）上以"executive compensation"为关键词可检索到643篇文献（SSRN收录的论文不限于法学论文，还包括经济学界、管理学界等学者撰写的论文）。① 譬如，美国法学界主要对高管薪酬的确定问题做了研究：是股东、董事会还是经理阶层来确定高管薪酬？在美国，高管薪酬主要是指经理阶层（executives or the management）的报酬。按照美国各州公司法的规定，高管报酬应该由董事会决定。美国法律要求大型公众公司的董事会都必须设置薪酬委员会，经理阶层的报酬应由薪酬委员会提出建议，并提交董事会决定。但是在实践中，由于90%以上的大型公司中，首席执行官均兼任董事会主席，经理阶层基本上控制了公司和董事会，所以实际上，是经理阶层自行确定其报酬。相当多的文献研究分析了这种实践与法律规定的脱节，并且探讨了法律对策。如卢西恩·伯切克等剖析了"无功受禄"的症状、成因并提出了"增强透明度和董事会责任感"等解决之策。② 还有许多学者主张加大股东在高管报酬确定中的作用，如加强"股东民主"，加大股东选任董事的权力，防止管理层影响董事的选任，取消交叉董事，允许股东提案（shareholder proposal），允许股东就高管报酬进行表决，甚至要求高管报酬须经股东批准等。但也有不少学者反对，他们认为没有理由相信加强股东控制能给公司治理带来重大好处。在法律是否介入高管薪酬规制问题上，Randall S. Thomas，Nathan Knutt，John E. Core，Wayne R. Guay 等认为法律不应介入高管薪酬问题，市场会自行对高管的薪酬进行调整，因此，高管薪酬应由市场自身决定，法律不应当进行干预。关于高管薪酬的司法审查，Randall S. Thomas 和 Kenneth J. Martin 基于美国公司高管薪酬诉讼（1912—2000年）的124例样本进行了研究，③ 股东质疑高管薪酬提起的诉讼主要是作为公司内部监督失灵的补充救济手段而存在、启动的，而且已形成了审查薪酬正当性的三大标准。也有学者提出两类诉由："浪费财产"和"违反了以善意

---

① 戴少刚. 上市公司高管报酬之法律规制：美国经验及其比较借鉴 [D]. 清华大学2007年法学硕士论文，第6页. 载中国优秀硕士学位论文全文数据库.

② 卢西恩·伯切克，杰西·弗里德. 无功受禄：审视美国高管薪酬制度 [M]. 赵立新，等译. 北京：法律出版社，2009.

③ Randall S Thomas. Explaining the International CEO Pay Gap：Board Capture or Market Driven？[J]. Vanderbilt Law Review, 2004, 57. Nathan Knutt. Executive Compensation Regulation：Corporate America, Heal Thyself [J]. Arizona Law Review, 2005, 47. John E Core, Wayne R Guay, Randall S Thomas, et al. CEO Compensation Inefficient Pay without Performance？[J]. Michigan Law Review, 2005, 103. Randall S Thomas, Kenneth J Martin. Litigating Challenges to Executive Pay：An Exercise in Futility？[J]. 79 Washington University Law Quarterly, 2001：576.

(good faith) 和适当的注意方式 (with due care) 行动的义务"。①

关于高管薪酬法律制度的比较法研究,有学者对澳大利亚、德国、瑞士、美国高管薪酬展开了探讨,② 例如,Jennifer G. Hill, Charles M. Yablon, Kym Sheehan, Randall S. Thomas 等人就对不同时期澳大利亚的高管薪酬监管法律制度进行了研究,这些研究主要涉及澳大利亚高管薪酬监管中的信息披露、薪酬顾问、薪酬决定程序等制度。③ Brian R. Cheffins 研究了德国在高管薪酬方面的相关法律制度,并讨论了德国在高管薪酬问题上可能产生的新的治理模式。④ Rashid Bahar 则详尽分析了瑞士的高管薪酬监管框架,并指出了这一框架的弊端。在批评了瑞士将信息披露作为不当薪酬救济手段的同时,他认为由股东对高管薪酬进行投票才是制衡高管薪酬的有效做法。⑤ Janice Kay McClendon 分析了"安然事件"之后美国国会、证券交易委员会,以及自律监管组织有关高管薪酬监管的一些改革举措。他认为这些举措并不能改变高管薪酬的决定程序,而且也不能对高管为个人利益操纵公司短期业绩的行为起到有效的威吓作用,因此,有必要对美国高管薪酬监管制度进行进一步的改革。⑥ Simone M. Sepe 则对美国 2010 年颁布的《多德－弗兰克法案》(Dodd-Frank Act)中有关高管薪酬监管的部分规定进行了分析。他指出监管制度对改善美

---

① 当然,这是以没有"自我交易"和无利益相关董事在符合正常程序下所作的薪酬安排之假定为前提. 参阅 John Murrey. Excessive Compensation in Publicly Held Corporations: Is the Doctrine of Waste Still Applicable?[J]. bepress Legal Series, 2005: 726. http://law.bepress.com/expresso/eps/726.

② 转引自施廷博: 上市公司高管薪酬监管法律制度研究[D]. 华东政法大学博士论文,第 11 页.

③ Jennifer G Hill. What Reward Have Ye? Disclosure of Director and Executive Remuneration in Australia [J]. Company and Securities Law Journal, 1996, 14. Jennifer G Hill, Charles M Yablon. Corporate Governance and Executive Remuneration: Rediscovering Managerial Positional Conflict [J]. University of New South Wales Law Journal, 2002, 25. Kym Sheehan. The Regulatory Framework for Executive Remuneration in Australia [J]. Sydney Law Review, 2009, 31. Randall S Thomas. Lessons from the Rapid Evolution of Executive Remuneration Practices in Australia: Hard Law, Soft Law, Boards and Consultants. http://papers.ssrn.com/sol3/papers.cfm? abstract_id = 1777229 (Last visited on Oct. 16, 2011).

④ Brian R Cheffins. The Metamorphosis Of "Germany Inc.": The Case of Executive Pay [J]. American Journal of Comparative Law, 2001, 49.

⑤ Rashid Bahar. Executive Compensation: Is Disclosure Enough? Conflicts of Interest: Corporate Governance and Financial Markets, Kluwer Law International, 2008.

⑥ Janice Kay McClendon. Bringing the Bulls to Bear: Regulating Executive Compensation to Realign Management and Shareholders' Interests and Promote Corporate Long-Term Productivity [J]. Wake Forest Law Review, 2004, 39.

国公众公司组织结构上的无效率是有效的，但是《多德－弗兰克法案》有关高管薪酬监管的规定并不能真正实现最优的薪酬安排，所以，相关的规定还有待进一步的修正与完善。① 有的学者则同时对多个国家的法律制度进行比较法研究，例如 Jennifer G. Hill 研究了 2007 年金融危机之后美国、英国与澳大利亚对高管薪酬监管做出的不同回应。她比较分析了三个国家危机之前的高管薪酬监管制度以及危机之后各国所采取的不同改革举措，在此基础上，她指出了未来全球高管薪酬监管制度改革的发展趋势。② Guido A. Ferrarini, Niamh Moloney, Maria Cristina Ungureanu 等人则比较分析了欧盟国家不同的高管薪酬制度。尽管他们认为由欧盟主导的公司治理改革应当审慎进行，但是他们肯定了信息披露制度在高管薪酬监管方面的积极作用，并且主张应当从执法层面进一步强化薪酬披露制度。③

还有的学者从全球化的视角来进行研究，例如 Brian R. Cheffins 与 Randall S. Thomas 提出了高管薪酬的全球化（美国化），即全球高管薪酬实践正在趋同于美国模式。他们不仅讨论了监管制度、自律规则以及国家文化等因素是如何对国际薪酬实践产生影响的，而且还在此基础上指出了各国监管者在促进这种全球化时可能遇到的障碍。但是，他们并没有对这种全球化的利弊进行必要的分析。④ Sang-Il Moon 则指出，为了建立合理的高管薪酬制度，美国采用了美国证券交易委员会（SEC）披露规则和《萨班斯－奥克斯利法案》（Sarbanes-Oxley Act）取回条款规定，然而，这些监管方法要有效地调节薪酬有其固有的局限性，从这个角度看，许多评论家都强调，应该采取更根本的改革措施，如改革董事制度和采用股东薪酬话语权制度。在相同的情况下，EESA 和 ARRA 法案（The American Recovery and Reinvestment Act of 2009）也实施了更有效的改革来解决在公司治理改革中遇到的高管薪酬问题。由

---

① Simone M Sepe. Making Sense of Executive Compensation [J]. Delaware Journal of Corporate Law, 2011, 36.

② Jennifer G Hill. New Trends in the Regulation of Executive Remuneration [J]. Directors in Troubled Times, Ross Parsons Centre of Commercial, Corporate and Taxation Law, 2009.

③ Guido A Ferrarini, Niamh Moloney. Executive Remuneration and Corporate Governance in the EU: Convergence, Divergence and Reform Perspectives [J]. European Company and Financial Law Review, 2004, 1. Guido A Ferrarini, Niamh Moloney. Executive Remuneration in the EU: The Context for Reform [J]. Oxford Review of Economic Policy, 2005, 21. Guido A Ferrarini, Niamh Moloney, Maria Cristina Ungureanu. Executive Remuneration in Crisis: A Critical Assessment of Reforms in Europe [J]. Journal of Corporate Law Studies, 2010, 10.

④ Brian R Cheffins, Randall S Thomas. The Globalization (Americanization) of Executive Pay [J]. Berkeley Business Law Journal, 2004, 1. Randall S Thomas. International Executive Pay: Current Practices and Future Trends [M]. Labor and Employment Law and Economics, Edward Elgar Publishing, 2009.

于得到广泛的认可,韩国薪酬制度不要求详细地披露关于企业总裁/董事的薪酬。尽管企业高管们拒绝了这种基于个人信息保护的披露制度,然而为了提高股东和投资者的价值,公平和透明的薪酬系统是必不可少的元素,我们应注意到对于投资者而言,这些信息是至关重要的投资信息。此外,我们应该实行一定的监管方法,以减少控股股东及 CEO 对薪酬决定过程的影响。根据韩国《商法典》(Commercial Code) 目前的规定,董事薪酬必须在年度股东大会上获股东批准。然而,在实践中,股东大会的方向会受控股股东影响。从这个角度来看,美国和欧盟国家当前的改革努力为我们提供了有益的启示。①

在对高管薪酬具体制度的分析上,有学者从股东薪酬话语权的角度进行研究,例如,Randall S. Thomas 与 Kenneth J. Martin 详尽分析了股东提案对公司高管薪酬水平的影响,并且指出可以将股东提案作为监督高管薪酬过高的一种重要手段。② Brian R. Cheffins 与 Randall S. Thomas 研究了美国股东在高管薪酬决定过程中所发挥的作用。他们发现,在美国,提高股东在高管薪酬决策程序中的参与度并没有引发类似于英国的负面效应,尽管如此,他们还是认为单纯扩大股东的薪酬话语权并不能解决当前所面临的高管薪酬问题。③ Stephen M. Bainbridge 则指出了薪酬话语权制度的三个基本前提:畸高的高管薪酬水平、联邦法介入的必要性、联邦立法的介入是有效的。在对美国的相关制度进行分析的基础上,他认为,《多德-弗兰克法案》在引入薪酬话语权制度时并没有完全满足上述三个基本前提,因此,这一制度在实践中将会遇到许多的问题。④ 而 Andrew Lund 也对《多德-弗兰克法案》中的薪酬话语权制度可能产生的问题进行了分析,他认为解决这些问题的一个有效途径是把对高管薪酬的咨询性投票由现在的事后表决改为事前表决。⑤ Sandeep Gopalan 则比较分析了信息披露和薪酬话语权制度在美国、英国、澳大利亚等国的高管薪酬监管中的不同作用。⑥ 也有学者对高管薪酬的追回制度做了研究,例如 Jesse M. Fried 与 Nitzan Shilon 就分析了薪酬追回制度的理论与现实依据,他们认为《多

---

① Sang-Il Moon. Recent Improvements in Corporate Governance Through Executive Compensation Reform, 2011. http://ssrn.com/abstract=1758664.

② Randall S Thomas, Kenneth J Martin. The Effect of Shareholder Proposals on Executive Compensation [J]. University of Cincinnati Law Review, 1999, 67.

③ Brian R Cheffins, Randall S Thomas. Should Shareholders have a Greater Say over Executive Pay? [J]. Learning from the US Experience, Cambridge University Corporate Law, 2001, 1.

④ Stephen M Bainbridge. Is 'Say on Pay' Justified? [J]. Regulation, 2009, 32.

⑤ Andrew Lund. Say on Pay's Bundling Problems [J]. Kentucky Law Journal, 2011, 99.

⑥ Sandeep Gopalan. Say on Pay, and the SEC Disclosure Rules: Expressive Law and CEO Compensation [J]. Pepperdine Law Review, 2007, 35.

德-弗兰克法案》中有关薪酬追回制度的规定有助于大部分公司改善其薪酬安排,与此同时,他们也指出了薪酬追回制度未来改革的方向。①

二、国内的研究(以2008年金融危机为界)

就我国学界研究来看,高管薪酬问题一般被认为属于经济学、管理学的领域,而在法律界的主流研究中被大大疏忽掉了。近来准确说是我国法学界有学者做了一些讨论,②但至2008年金融危机爆发之前对高管薪酬的研究基本处于起步阶段,代表性的研究如郁光华教授在《从代理理论看高管报酬的规范》一文中运用了法经济学的研究方法,具体分析了美国的信息披露制度与税法对高管薪酬不同的干预作用和效果。郁光华教授主要是运用代理成本理论分析公司高管报酬问题,提出应当通过市场机制促使企业增强高管报酬和企业业绩的相关性,因此,相比较而言,高管薪酬的信息披露制度是更为有效且符合市场经济规律的方法。《从代理理论看高管报酬的规范》一文对法律规制的必要性和可行性基本持反对立场,对美国薪酬研究中颇有市场的"管理权力"理论没有涉及。正如有论者指出,国内法学界对高管报酬,尤其是其相关法律规制,基本没有研究,高管报酬的法律规制可说是公司法学的一块处女地。③与法学界的早先冷清不同,经济学界、管理学界对高管报酬有很多的讨论,相关译著不少,而且国内的研究文献也不少。经济学界主要是把高管报酬视为公司激励的一种手段或者人力资源管理的一部分来进行研究,注重对高管报酬制度的具体设计,如报酬数额的计算和确定、报酬的成分、报酬与公司绩效的联系的实证分析等方面的研究,对高管报酬的法律规制较少涉及。2008年金融危机爆发后,高管薪酬才被我国法律界学者关注,并呈方兴未艾之态势。朱羿锟教授在

---

① Jesse M Fried, Nitzan Shilon. Excess-Pay Clawbacks [J]. Journal of Corporation Law, 2011, 36.

② 对此从法学上进行深入研究并较早对高管报酬法律问题有所涉及的是张开平所著的《英美公司董事法律制度研究》(法律出版社,1998年版,第282－291页),根据笔者在中国期刊网的检索,同时以"管"字和"酬"字为篇名关键词,自1980年至2007年,共检索到80篇文章,但其中仅有5篇为法学类文章:1.张荣健.国有股份公司经营者薪酬的法律规制 [J].山东理工大学学报:社会科学版,2004,20 (3). 2. 黄国崇,李博明.上市公司CEO薪酬法律问题浅析 [J].商场现代化,2006 (468). 3. 郁光华.从代理理论看对高管报酬的规范 [J].现代法学,2005,27 (2). 4. 吴国基.上市公司:高管薪酬的公司法规制 [J].经营与管理,2004 (6). 5. 吴国基.中国上市公司高管薪酬的公司法规制 [J].湖南农业大学学报:社会科学版,2004, 5 (2).

③ 戴少刚.上市公司高管报酬之法律规制:美国经验及其比较借鉴 [D].清华大学2007年硕士学位论文,第5页.载中国优秀硕士学位论文全文数据库.

《论高管"问题薪酬"的董事问责》一文中指出,在高管薪酬安排中,董事可能基于互惠和群体思维等情景以及单纯接触效应和框定效应下的生物本能,无意识地"董董相护"。高管"寻租"如愿以偿,自应对董事问责。理性回路下的注意路径不能对情感回路下的"董董相护"对症下药,实际上是放纵了高管"问题薪酬"。以诚信路径予以涵摄,则可以不枉不纵①。是否构成"董董相护",需借助于高管薪酬的合理性进行推论。基于高管薪酬合理性边界的模糊性,拿捏高管薪酬的合理性,需以企业价值最大化为指针,借助于高管薪酬的标准、水平和结构的合理性,厘定相应的参照系。② 之后朱羿锟教授在其专著《高管薪酬:激励与控制》中从内生决策的微观视角与外部引导监督机制的宏观视角出发,较为系统地探讨了企业高管薪酬的包容性增长机制、企业高管薪酬决策的正当程序机制、企业高管薪酬的信息披露机制、企业高管薪酬的董事问责制、企业高管薪酬的税收调节机制、企业高管薪酬的政府监管机制。③ 还有论者分析指出,高管薪酬机制既是资本市场辉煌的动力,也是全球性经济危机的诱因。金融危机背景下"正面我赢,反面你输"的单向保护高管利益的扭曲薪酬机制面临反思。在薪酬机制从现金薪酬向股权薪酬过渡,股权薪酬与业绩脱钩,高管薪酬公平议价面临质疑之际,行政强制的限薪措施只是一种临时的激进措施,以程序合理化与信息公开化为基石的公司治理是解决高管薪酬的方向。④ 还有论者指出,金融危机使高管天价薪酬再次成为社会公众关注的焦点,同时也为高管薪酬规制提出了新的挑战。这些论者认为可以在检讨分析传统高管薪酬规制方法的基础上,借鉴台湾地区肥猫条款模式⑤,探讨高管薪酬规制的新方法,以期对金融危机背景下我国高管薪酬规制制度完善有所裨益。⑥ 也有论者探讨了金融危机背景下肥猫条款和公司社会责任的关系,提出了公司"肥猫"负有对公司雇员、对公司债权人、对消费者的社会责任,因而有必要对高薪董事进行处理与限制:一是建立董事薪酬公开机制,二是建立金融危机等特殊时期董事薪酬限制机制,进行政府的积极干预。⑦ 还有学者基于法律干预的有限性立场重点阐述了高

---

① 朱羿锟. 论高管"问题薪酬"的董事问责 [J]. 现代法学,2010 (4).
② 朱羿锟. 论高管"问题薪酬"的董事问责 [J]. 现代法学,2010 (4).
③ 朱羿锟,等. 高管薪酬:激励与控制 [M]. 北京:法律出版社,2014.
④ 傅穹,于永宁. 高管薪酬的法律迷思 [J]. 法律科学,2009 (6).
⑤ 2009 年初,中国台湾地区公司法增设了"肥猫条款",即公司有第 156 条第七项的情形者,专案核定的主管机关应要求参与政府专案纾困方案的公司提出自救计划,并可限制其发给经理人报酬或其他必要的处置或限制;其办法由中央主管机关定之,同时,董事准用前述规定。
⑥ 陈南男. 金融危机背景下高管薪酬法律规制新论 [J]. 特区经济,2009 (9).
⑦ 李华,童超. "肥猫条款"与公司社会责任——金融危机背景下董事报酬的处理 [M] //中国商法年刊 (2009). 商法视野中的社会责任,北京:知识产权出版社,2010:65.

管薪酬的税收规制和强制披露制度，兼有论及司法有限审查。① 罗培新教授则以美国经验为分析视角，指出积弊重重的公司高管薪酬安排核心问题并不在于薪酬之高，而在于薪酬与公司绩效之间关联度低下，而且缺乏有效的程序来制约董事会的恣意。另外，过高的薪酬吸引着大量有天赋的人才涌入商学院，未能从事其他社会价值更高的行业，从而减损了社会福利。然而，市场自身力量理论、最优合同理论、管理层权力理论等均无法全面解释高管薪酬之高企。事实上，公司的自我拉抬偏差、商事判断规则（Business Judgment Rule）对高管薪酬安排之庇护、法院因无力对高管薪酬的妥当性予以事后裁断而不愿介入相关纷争、谋求政治资本最大化的立法者的机会主义心理，以及有关公司法律的"信任型"特征，均使公司高管薪酬的制约力量极度弱化。由于诸多因素极不确定，要求以确定性和规范性为特征的法律在这些方面做出应对，其限度甚为明显。② 还有论者针对美国上市公司高管薪酬追回制度和美国上市公司股东的薪酬建议权（薪酬话语权）制度分别作了专题性讨论，前者对高管薪酬追回制度的法律规定、司法实践以及理论学说，为合理解释和谨慎完善我国高管薪酬追回制度以及将来可能出现的诉讼纠纷提供借鉴③；后者阐述了美国《2010 年华尔街改革和消费者保护法案》，该法案又称《多德－弗兰克华尔街改革与消费者保护法》（Dodd-Frank Wall Street Reform and Consumer Protection Act），赋予上市公司股东薪酬建议权，即股东有权在公司的股东年会上对公司在上一年度支付给高管的薪酬进行建议性投票，意在控制高管薪酬的绝对数量并且增强薪酬与公司业绩之间的联系，英国经验为此提供了依据。反对意见认为薪酬建议权侵害了州和董事会的正当权利，并产生了"绑定"和投票顾问"过大影响力"等问题。该文还指出，美国学者们提出了改变薪酬建议权事后性，让股东选择适用以及规定薪酬建议权仅适用于大型公司等改进建议。④ 也有论者将"say on pay"制度翻译为"股东咨询性投票制度"，从经济学代理理论切入，对原有薪酬制定机制难以有效抑制管理层薪酬过高的原因加以探讨，详细介绍了欧美等国相关法律条文，强调在进行该制度的移植时，应充分考虑到我国上市公司目前"一股独大"的国情。这些论者认为不妨将股东投票的结果按股东种类（如分成控股股东、机构投资者、中小股东三类）加以分析统计，并分别公布各类型股东的投票结果。这种分别

---

① 李建伟. 高管薪酬规范与法律的有限干预[J]. 政法论坛，2008（3）.
② 罗培新. 公司高管薪酬：制度积弊及法律应对之限度——以美国经验为分析视角[J]. 法学，2012（12）.
③ 樊健. 上市公司高管薪酬追回制度之研究：美国经验与中国借鉴[M]//王保树. 商事法论集. 北京：法律出版社，2012，22：83-99.
④ 樊健. 美国上市公司股东的薪酬建议权初探[J]. 环球法律评论，2012（6）.

计票的方式可以确保机构投资者和中小股东能有效表达自身对高管薪酬方案的态度。此外,还可要求对投票结果有较大影响力的大股东公开表明自身的态度。考虑到我国上市公司的股权结构,可以规定凡持股达到一定比例的股东均有义务将其表决结果公开①。跟以上基于英美国家的高管薪酬规制研究不同,有论者对德国高管薪酬的立法做了研究,指出,英美国家的高管薪酬制度经验难以真正嵌入我国作为大陆法系成文立法国家的法律体系及发挥公司二元治理结构的内在优势,这些论者通过德国在高管薪酬方面的立法介绍,对我国高管薪酬的决定机制、具体规则及责任和诉讼机制作了阐述。② 还有学者指出,针对高管薪酬失控问题,德国在借鉴和接受欧美有益规制措施基础上,围绕监事会运作效率、公司运营透明度进行了改革,在董事薪酬个别披露、薪酬决定权人享有的薪酬调整权、薪酬合理性注意义务、不当薪酬支付损害赔偿义务以及薪酬取回权等方面进行了卓有成效的探索,为我国建构和完善高管薪酬规制制度提供了有益借鉴。③

还有学者考察了欧美主要国家上市公司董事薪酬制度最新发展变迁后指出,2008 年金融危机对其薪酬治理的立法理念产生了较大影响,从此前仅强调董事薪酬应符合公平正义立法理念,向兼重公司经营的风险调控和可持续发展转变。在金融危机爆发后,立法者意识到除薪酬制定机关的独立性无法得以有效保障外,董事和股东基于公司运营而产生的时间及风险偏好差异,更是危机的重要成因之一。因此,欧美主要国家通过立法,在强化薪酬制定机关的独立性、赋予股东相关表决权的同时,将风险调控作为薪酬制度的核心,以确保公司的可持续发展。考虑到我国上市公司的股权结构较为集中,现行制度应在保障中小股东和机构投资者的投票权、强化董事业绩和薪酬之间的关联性、明确界定司法审查标准以及确保薪酬方案应有利于公司的可持续发展等几方面的加强与完善。④

值得一提的是,有论者运用正当程序理论和权利结构对国有企业经营者薪酬规制问题作了探讨。⑤ 前者指出,管理者薪酬,不仅在于给什么,而且还在于如何给,此即国有企业经营者薪酬的实体与程序规制两个面向。由于缺乏自治性与适应

---

① 郑观. 上市公司管理层薪酬制定中的股东话语权——股东咨询性投票制度及对我国的借鉴意义 [J]. 当代法学, 2012 (4).

② 丁勇. 高管薪酬法律规制的结构性思考——德国立法及其启示 [J]. 证券法苑, 2012 (2).

③ 秦萌, 李荣. 德国高管薪酬法律规制立法实践及对我国的启示 [J]. 中国商贸, 2013 (29).

④ 郑观. 欧美主要国家上市公司董事薪酬制度之变迁 [J]. 环球法律评论, 2015 (1).

⑤ 彭真明, 方妙. 国有企业经营者薪酬的法律规制——一个程序视角的分析 [J]. 法律科学, 2011, 29: 162 – 169.

性，实体规制面临诸多困境甚至"失灵"，为此，转换视角，引入和完善正当的薪酬程序规制殊为必要，亦即基于正当程序原理完善程序规制立法以及救济与责任机制，保障程序规制得以实施。后者指出，以行政权规定国企经营者薪酬的数量、幅度并予以审批，违反了《公司法》且弊端众多。对此问题的规制应脱离以行政权制约权利的思路，回归《公司法》的基本权利结构（即股东会、董事会、监事会三权分立结构），通过强化中小股东、独立董事的权利等措施，真正达到三权的分开、制约和均衡。中美近年的实践表明，权利结构的建设仍然是企业经营者薪酬问题的根本性对策，与动用行政权相比利多弊少。上述研究富有一定建树意义，但还留下诸多问题悬而未决：①薪酬的法律规制部门很多，有商法、劳动法、税法等，而从商法的角度进行规制如何恰恰能够促使高管薪酬问题的迎刃而解？规制高管薪酬的基础、理念、原则何在？②我国上市公司薪酬决定制度、薪酬信息披露制度、股东监督控制制度如何接上本土公司治理"地气"，实现帕累托（Pareto）改进？③对于高管薪酬，美国、英国、澳大利亚司法介入有何特点，启示在哪？④如何借鉴国外高管薪酬的司法介入制度，尤其是美国的"商事判断规则""浪费财产"理论，构建我国薪酬合法性与合理性的司法审查制度？⑤高管股权激励尤其是特殊行业的上市公司（如作为证券商的上市公司）实施股权激励的制度瓶颈何在？又如何突破？本书围绕这些问题展开研究，力图对上市公司高管薪酬的法律规制提出增量性的有益建议和意见。

第五节 本书的内容结构与研究意义、创新之处

一、内容结构

本书共分七章：
第一章　导论
第二章　上市公司高管薪酬商法规制的基础、理念与原则
第三章　上市公司高管薪酬的决定制度：谁在制造薪酬奶酪
第四章　上市公司高管薪酬的信息披露：把薪酬清单曝在阳光下
第五章　上市公司高管薪酬的股东控制：重塑民主监督机制
第六章　上市公司高管薪酬的司法介入：寻找合理性审查的边界
第七章　上市公司高管股权激励问题：激励与约束并重

二、研究意义

1. 从理论意义上讲

我国《公司法》先后历经多次修改，但对公司高管的薪酬制度触及甚少。本书通过对高管薪酬内涵界定、高管薪酬商法规制的基础、效率、秩序、公平理念、规制原则、薪酬的决定机制、薪酬的披露制度及司法介入等方面考察，针对我国上市公司高管薪酬过高之窘境、国内主流法学圈内留下的薪酬的司法介入制度研究的疏忽和空白，提出一种既要鼓励、激励商业创新，又要维护市场公正的法律干预哲学观，为尊重公司自治和提高商业效率。立法设计（包括最高限薪）及司法介入薪酬纠纷应当秉承尊重市场化的原则；为维护市场秩序和实践正义，高管薪酬不能纯粹由市场机制决定，法律（司法）上必须适当介入、合理干预。这对立足我国资本市场新兴+转轨特征、填补完善本土化的高管薪酬和公司治理学说具有重要理论价值，也正契合了商法注重商人（公司）自治，又强调商法公法化监管的二元价值理念。

2. 从实践意义上看

（1）本书通过比较国外的董事会（主要由独立董事组成）薪酬决定经验、高管薪酬信息披露，对促进我国公司高管薪酬决定机制、薪酬信息披露、薪酬的股东监督机制，优化上市公司治理法律环境（包括实践具体正义），提升上市公司治理水平及国际竞争力具有重要的现实意义。

（2）本书指出高管薪酬本质上是公司治理的商事问题。高管薪酬纠纷包括高管离职补偿纠纷、股权激励纠纷，这些纠纷应作为商事案件来对待，适用《公司法》的有关规定，我国应矫正目前不少法院适用《劳动法》（包括《劳动合同法》）的错误做法，通过《公司法》完善高管离职补偿的条件、标准使相关案件得到妥当处理。

（3）本书指出，高管薪酬问题的解决之道应摆脱对行政规制的路径的依赖，代之以司法介入监督机制进行完善，此乃依法治企、依法治薪的大势所趋。笔者主张健全董事义务（确立适中的勤勉义务标准为主、严格的勤勉义务标准为辅）、移植"商事判断规则"（Business Judgment Rule）、借鉴和发展"浪费财产"理论，指引司法如何介入薪酬纠纷案件，医治和矫正目前薪酬畸高弊症，为高管薪酬的司法介入提供有益的参考和支持。

三、本书创新之处

（1）与我国既有文献偏重于上市公司高管薪酬的一般法律规制分析有所不同，本书力从商法视角的理论自觉、规制信心出发进行讨论，这不仅为纠正不少法院将高管离职补偿纠纷当成劳动合同纠纷，错位适用劳动法的流弊扫清理论障碍，而且本书提出了"两手抓"的商法思维：一方面既要遵循市场化、公司自治的规制路径（完善高管薪酬的内部决定机制及股东控制机制），另一方面又要在符合商法公法化的潮流下加强法律的外部监督机制（司法介入）的建设与完善。

(2) 针对既有文献对于薪酬规制理念与原则问题探讨较少，特别是多数文献言及规制主要讲立法规制而疏忽司法规制，笔者专辟一章讨论了高管薪酬商法规制的理念：提高效率、维护秩序、实现公平等，并提出了高管薪酬商法规制（包括商事立法与司法等）的原则是尊重公司自治的原则、合法化与合理性审查相结合的原则、坚持司法限制主义与能动主义相结合的原则。这些理念和原则有助于正确对待我国上市公司高管薪酬商法规制的制度设计及法治完善。

(3) 对于现阶段上市公司高管薪酬的规制方面的论著，我国国内大多集中讨论如何建立高管薪酬激励机制；而对于如何真正建立与上市公司业绩相匹配的高管薪酬约束机制研究特别是司法审查机制研究尚不丰富。本书通过研究西方发达国家尤其是美国、澳大利亚、英国等对上市公司高管薪酬进行司法审查的法律制度及最新发展趋势，指出美国司法审查薪酬合理性的三种标准——自我交易、违反注意义务、浪费公司财产，其与尊重市场自治的介入理念、商事判断规则（BJR）、股东诉讼文化一起共同型构了美国中级－宽容型的司法审查模式，而与英国低级－放任型模式、澳大利亚高级－管制型模式有所分殊，进而得出可以借鉴的经验，从而为完善我国上市公司高管薪酬进行法律规制司法审查的法律制度提供参考。如主张借鉴美国的"商事判断规则""浪费财产"理论、澳大利亚的合理性薪酬概念及善意义务标准等指引我国薪酬合法性与合理性的司法审查，另外对于高管不当薪酬，也应引入追回制度（claw-back provision）予以事后救济。

(4) 立足于我国高管薪酬的商法（主要是《公司法》《证券法》）制度的缺陷，针对国外高管薪酬的决定制度、信息披露制度、股东控制监督制度如股东知情权、质询权、提案权、征集委托投票权，尤其是较独立董事制度更风靡全球（德国没有引进独立董事制度，但有"Say on Pay"制度）的"Say on Pay"制度作了比较考察，并对我国的相应制度完善提出了可行性建议，如主张我国高管薪酬的"双轨制"（董事薪酬由股东大会决定、经理薪酬由董事会决定）仍有改进的空间，可以兼顾国外董事会中心主义潮流，实行"股东大会－董事会"共同决定模式，即股东大会可以决定董事薪酬总额及分配标准，并将具体分配额委托给董事会；上市公司薪酬委员会的设立，应由公司法强行予以规定，根据股东大会决议或学习美国董事会自主设置模式由公司章程授权董事会自行决定。

(5) 笔者对我国上市公司高管股权激励存在的问题及对策单独列为一章作了探讨。从薪酬内部构成角度分析：股权激励制度异化，造成天价问题薪酬，损害了公平与效率；公司治理结构中薪酬委员会不独立，导致股权激励计划安排有失客观公允；股权激励中业绩考核标准不明确、薪酬与业绩联系度低或业绩考核标准过低，出现高管自利；内部监控约束机制不健全，造成股权激励失效；股权激励过度亦损害了股东和普通员工以及其他利益相关者的利益。从股权激励的外部保障体系方面来分析：相关的国家政策法规不健全、资本市场尚未完全成熟、缺乏完善的经理人市场。为此，我国应在以下方面完善股权激励制度：①仍应扩大薪酬体系中股权激励的比例；②完善公司治理机制；③完善激励计划考核指标，注重惩罚性条款的运用；④应尽快修订与推行股权激励尚不相适的规定，并顾及公司与高管之间股票期权争议与劳动争议性质完全不同，应明确将前者列入商事纠纷，作为独立的一类商事纠纷案件（公司纠纷与合同纠纷有交叉），便于法院受理此类纠纷能够像医院的各科室（内科、外科、耳鼻喉科、儿科等）看病那样对症下药。此外，要完善资本市场、经理人市场环境，为股权激励提供必要的外部保障等。

（6）研究方法力图创新。高管薪酬问题横跨了法学、经济学、管理学等诸多学科领域，这就需要综合运用以下主要方法：比较分析、历史分析、法社会学方法、法经济学方法、新闻学学科方法等，详见本章第三节"主要研究方法"。

第二章 上市公司高管薪酬商法规制的基础、理念与原则

【本章提要】 本章讨论了从美国到我国高管薪酬商法规制的实践吁求——自定薪价过高;公司业绩与薪酬不挂钩;高管薪酬扶摇直上,与员工工资之间鸿沟拉大,加剧社会不公;高管薪酬决定及监督机制失灵等。以及高管薪酬商法规制的理念确定为提高效率、维护秩序、实现公平。最后分析了高管薪酬商法规制的原则是法定范围内尊重公司自治的原则、合法化与合理性审查相结合的原则、司法限制主义与能动主义相结合的原则。

第一节 上市公司高管薪酬商法规制的基础

一、上市公司高管薪酬商法规制的实践吁求:从美国到我国

(一) 美国上市公司高管薪酬之症状

在美国,高管薪酬作为一个"老大难"问题,每隔十年左右就会被热议,从而引发一些改革行动。[1] 自20世纪80年代初期到中期,美国新闻报纸、商业杂志和法律刊物对"金色降落伞"收入过高问题纷纷发文讨论,导致国会1984年通过立法,制定了有关"金色降落伞"收入的特别税法规范。近十年后,薪酬问题再次成为热点,[2] 1992年被称为高管报酬过高的非议年[3],在该年总统竞选运动中克林顿明确表态反对过高薪酬,并指出20世纪80年代税收法案对于遏制公司收购过程中发生的过高"降落伞"收入乃徒劳之举。美国证券交易委员会(SEC)这年还发布了新的披露规则和股东通讯规则,目的是让股东"身临其境地参加薪酬委员会或者

---

[1] Susan Lorde Martin. Controlling Excessive Executive Compensation: A Constant Conundrum. http://www.alsb.org/Proceedings%20Files/2006/Martin.pdf.

[2] 美国的《福布斯》、英国的《经济学人》和加拿大的《环球邮报》都有反映高管报酬过高的呼声,特别是20世纪90年代中期以来,有关该话题的文章经常出现在《金融时报》《泰晤士报》等报纸上,常以"反对轻松赚钱的美差""受到攻击的贪吃经理""受审的肥猫(fat cat)"诸如此类的标题引人注目。

[3] Amanda Bennett. A Little Pain and A Lot to Gain [N]. WALL ST. J., 1992.

目睹薪酬委员会会议,从而能够知晓和了解董事会是如何做出特定的薪酬决定的。如此就能帮助股东就薪酬委员会是否善意尽责地履行职责做出自己的评估"。不幸的是,十来年后薪酬问题有增无减。安然①、泰科、世界通信等公司丑闻曝光后高管薪酬再次成为众矢之的,为此,SEC 在 2006 年进行了 14 年来高管薪酬披露规则最大的一次修改,要求公司进一步披露其高管总体薪酬情况、津贴和退休福利等细节,以彻底增强其透明度。然而,这些措施似乎杯水车薪,收效甚微。由薪酬咨询公司——韬睿咨询公司负责的,在 26 个工业化国家进行的一项关于薪酬的国际化调查显示,美国公司高管的平均薪酬是法国、德国和英国同行的两倍,而且大约是日本和韩国同行的四倍。② 在美国、英国、法国、日本等国家,经理的报酬分别为工人的 475 倍、22 倍、15 倍、11 倍。③ 2008 年金融危机的爆发使人们痛定思痛,反思到银行高管对横财的贪婪实乃诱发风险之源。2009 年 2 月 5 日,美国总统奥巴马针对华尔街高管拿着国家救援资金分发高额奖金的乱局,签发了年薪上限为 50 万美元的限薪令,美国众议院还以压倒性多数票通过了红利特别税法案,规定对那些接受政府援助的企业高管所领取的巨额红利课征 90% 的税金。④ 2009 年 7 月 1 日,SEC 通过议案,要求接受资产救助计划(TARP)的上市公司就高管薪酬问题每年举行一次非强制性股东投票,以确保"股东薪酬话语权(Say on Pay)"。在 2009 年 G20 会议上,高管薪酬激励过度酿成风险的问题被各国首脑热议,各国首脑提出了制定一个全球性的银行家薪酬标准的建设性意见。⑤ 上述薪酬问题如同经济危机周期性爆发一样,历久弥新、挥之难去。虽说大乱有大治,但每次治理改革似乎总差强人意,正如一位薪酬顾问指出,只要政府提出限制的政策,公司便有自

---

① 安然公司即是该类公司的典型,该公司前任董事长肯尼斯·莱,在 2000 年通过公司股票期权计划获得 1.234 亿美元,但是在次年该世界顶尖级能源巨头就破产了,数千员工下岗,其股票价格从最高时候的每股 90.75 美元跌到 50 美分。

② Albert Hunt. Capitalistic Democracy:Let Shareholders Vote on CEO Pay [M]. St. Paul Pioneer Press,2007.

③ 崔埈璿. 资本主义的变迁与股份有限公司经理的报酬 [J]. 周龙杰,宋国,译. 当代法学,2013 (2).

④ 董玮. AIG 发放巨额奖金引发民愤 奥巴马怒而语塞誓讨公道 [N]. 南方都市报,2009 – 03 – 18.

⑤ 初步提出了六点原则:避免实施多年固定薪酬;提高可变薪酬的可延付比例;确保可能影响企业冒险行为的高管及员工应获得与风险和业绩相挂钩的薪酬;加强薪酬体制的披露;在可能影响企业资本基础的情况下限制可变薪酬数额以及确保薪酬委员会的独立性。参阅潘正彦. 匹兹堡峰会能否管住金融高管工资袋 [N]. 上海证券报,2009 – 09 – 22. 陶冶. 匹兹堡峰会硕果累累 未来仍面临重重考验 [N]. 金融时报,2009 – 09 – 28.

动恢复失利的对策,其后果只会使股东利益遭殃。① 更为糟糕的是,有不少人士认为薪酬问题是个伪命题,反对控制的呼声还颇有市场,如金融经济学权威学者 Kevin J. Murphy 就曾认为高管薪酬过高并不为过,② 宾夕法尼亚大学沃顿商学院会计学教授 Wayne R. Guay 也认为,一般给付 CEO 的薪酬并不过分,引起媒体高度关注的天文数字,比如 2000 万美元,只是少数现象。康奈尔大学经济学教授 Robert H. Frank 针对美国国际集团(AIG)奖金门事件指出,谴责高薪固然符合道德标准,但应清醒看到,不是所有的巨额薪酬都是坏事,"给高管(人才)支付高薪是值得其所的,因为他们大部分对于为之工作的组织和国家都有贡献。"③ 前通用电气董事长韦尔奇更是振振有词地辩解道:"想通过立法来限制 CEO 的薪酬简直荒唐可笑。限制这个,又限制那个,为什么不干脆限制创新呢?""限制 CEO 的薪酬就像告诉皇家马德里俱乐部应该付给贝克汉姆多少钱一样荒谬。"④ Mark J. Loewenstein 教授一语中的,"高管薪酬就像是全球气候变暖,真正的信徒或怀疑者都在激烈地争论这个问题是否存在,如果存在的话,什么是它的起因和解决办法。一些观察者认为,美国高管薪酬显然是过分的,而另一些人怀疑问题是否真的存在。"⑤ 由此看来,高管薪酬是否过高以及如何控制面临不少挑战和迷思。

(二)我国上市公司高管薪酬之症状

反观我国,转轨经济实践不长,高管薪酬问题(如薪酬绝对数最高值)尽管不能跟美国"相提并论",但随着市场经济转轨的加速推进,高管薪酬产生的负外部性效应已跟"国际趋同",中国式"肥猫"收入增幅可谓"不居人后"。2001—2013 年我国上市公司高管最高年薪平均值如表 2-1 和图 2-1 所示。

---

① Nathan Knutt. Executive Compensation Regulation: Corporate America [M]. Heal Thyself, 47 ARIZ. L. REV., 2005: 493.

② Kevin J Murphy. Top Executives Are Worth Every Nickel the Get [M]. Harvard Business Review 125. 1986. 当然,该文发表时间较早,后来 Murphy 教授已经意识到高管报酬过高的问题了。参阅 Kevin Murphy. Explaining Executive Compensation: Managerial Power versus the Perceived Cost of Stock Options [M]. 69 U. Chi. L. Rev, 2002: 847.

③ Robert H Frank. Why Big Paydays Aren't All Bad. Newsweek [J]. New York: Mar 30, 2009, 153: 13.

④ 宁敬. 韦尔奇与巴菲特的斗争. http://www.ce.cn/zhuanti/caijing/gushi/bafeite/bft vs wrq.htm.

⑤ Mark J Loewenstein. The Conundrum of Executive Compensation [J]. Wake Forest Law Review, 2000, 35: 20-22.

表2-1 2001—2013年我国上市公司高管最高年薪平均值

年份	2001	2002	2003	2004	2005	2006	2007	2008	2009	2010	2011	2012	2013
最高年薪平均值/万元	12.6	15.7	19.9	23.6	29.1	34.8	54.8	55.6	61.5	66.8	72.8	75.38	81.81

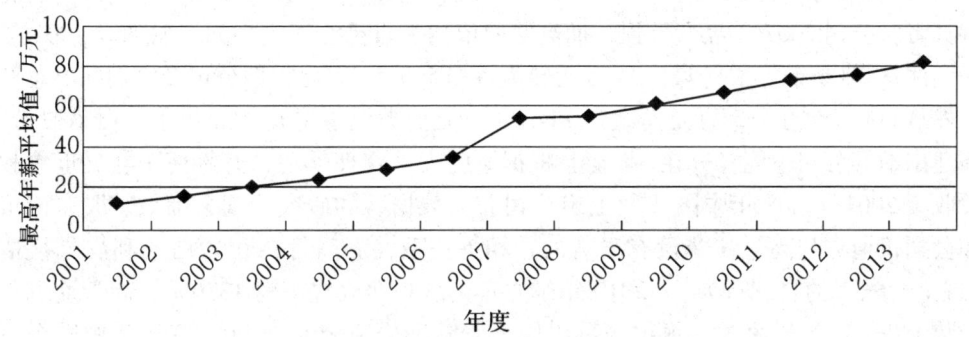

图2-1 2001—2013年我国上市公司高管最高年薪平均值

（注：根据上海荣正投资咨询有限公司公布的《中国上市公司高管持股及薪酬状况综合研究报告》中的数据绘制而成）

具体言之，我国高管薪酬问题主要反映在：

一是自定薪价过高。高管薪酬内控机制的失灵及卢西恩·伯切克、杰西·弗里德在美国公司文化里所观察到的"公愤"现象①在中国本土已然出现，如近年高管年薪居高不下，有网民针对联想集团公司董事局主席杨元庆2000多万元年薪表示了不满、愤懑，甚至谩骂；②而中国平安保险公司董事长兼CEO马明哲年薪6600万也引起非议，政府有关部门予以了斥责。③

二是"无功却受禄"，公司业绩与薪酬不挂钩。这从2000年到2013年的高管薪酬案例中似乎俯首皆是，如2000年科龙公司亏损6.78亿元，每股亏损0.68元；而2001年亏损额更是达到15亿元，每股亏损1.48元，股东两年之间损失惨重。但与此同时，以董事为首的经营者薪酬却连年位居上市公司排行榜之首，2000年度薪酬在100万~150万元的经营者就有2人；2001年度薪酬在600万~700万元的

---

① 卢西恩·伯切克，杰西·弗里德. 无功受禄：审视美国高管薪酬制度［M］. 赵立新，等译. 北京：法律出版社，2009：59-60.
② 杜文. 上市公司高管薪酬面临两难［N］. 中国企业报，2006-07-25.
③ 郭永刚. 吴定富痛斥保险业薪酬差距过大［N］. 中国青年报，2007-01-22.

经营者有1人，700～800万元的有1人。又如，受金融危机冲击，上市公司经营业绩普遍下降而高管薪酬有增无减，南方航空年报显示，南方航空公司2008年度巨亏48.29亿元，净利润同比下降365.33%。而公司2008年度支付高管薪酬总额为1199.42万元，比2007年度的800.67万元增长了49.8%。① 再如华菱钢铁公司在净利润下滑47.06%的2008年，公司董事长李效伟年薪较2007年增长了6.5%。华海公司2007年利润比上一年下降11%，而董事长薪酬却上涨了113%。京新药业公司2007年的净利润不过150.38万元，而公司管理层的收入却达151.9万元。更有甚者，公司2007年经营亏损，而高管们依然为自己涨工资，如三联商社2007年净利润从2006年的盈利116.24万元转为亏损565.54万元，但公司高管们薪酬总额竟然从2006年的115万元提高到144.23万元。类似情况在鲁北化工、白猫股份、福建南纺等公司也同样存在。② 而且根据厦门大学管理学院吴育辉博士与吴世农教授收集2004—2008年中国A股上市公司有关数据后的研究：现金绩效、股东回报和公司价值均与高管薪酬没有显著的正相关关系，而高管存在"白条利润"换取"现金薪酬"的自利行为③。2010年东方宾馆净利润大幅下滑1336%，高管薪酬却逆势上涨33%。④ 另外，根据德勤中国高管薪酬研究中心2011—2012年中国企业高管薪酬调研报告，尽管企业业绩遭遇重创，但仍然有2/3的券商在最高薪酬支付上实现了不同程度的增长，2011年券商最高薪酬整体平均水平为414万元，相比2010年的314万元增长了32%。而且，上市央企高管薪酬与业绩无关的情况更为严重。截至2013年4月15日，208家上市央企在2012年年报中披露了高管薪酬，中集集团总经理麦伯良以998万元的年薪位列第一（但中集集团2012年净利润同比下降47.46%），8人年薪超过200万元，其中有24家上市央企亏损400亿元。值得注意的是，一些亏损央企的管理层年薪不降反增，如*ST韶钢、*ST鞍钢、焦作万方、一汽轿车、中船股份、航天机电管理层年薪都在增长。⑤ 中海集运2013年上市公司股东的净利润巨亏26.5亿元，但其董事长仍拿到了79万元的年薪。⑥ 再如，建福集团2013年年度在亏损3000多万港币的情况下，董事局薪酬仍高达1694万港

---

① 孙汝祥. 薪酬迷局 [J]. 上海国资, 2009, 5.
② 苗夏丽. 高管年薪VS企业利润 媒体大晒上市公司高管薪酬 [N]. 新闻晨报, 2008-04-26.
③ 陈艳红. 高管薪酬是激励还是自利——从华菱钢铁谈起 [N]. 中国经济时报, 2010-06-29.
④ 胡潇滢. 东方宾馆净利润大幅下滑1336% 高管薪酬却逆势上涨33% [N]. 证券日报, 2010-04-15.
⑤ 刘小艳. 央企高管薪酬，与业绩无关？[N]. 新京报. 2013-04-24.
⑥ 张锐. 下狠劲拴住国企高管薪酬这匹脱缰野马 [N]. 上海证券报, 2014-08-30.

币。① ST 长油连续 4 年亏损而成为 A 股历史上第一家退市央企，但其高管薪酬水平并不低。2013 年该公司总经理和党委书记的薪酬均为 52.02 万元，有 4 位副总经理的薪酬均达 43.33 万元。该公司 2013 年亏损由 2012 年的 12.39 亿元放大至 59.22 亿元，多位高管的薪酬却小幅增加。② 2014 年*ST 大荒总经理薪酬涨幅竟高达 2627.50%，但公司净利润则从 2012 年亏损 31838.40 万元，上升到 2013 年亏损 51048.25 万元。③

三是高管薪酬扶摇直上，与员工工资之间鸿沟拉大，加剧社会不公。有调查报告结果显示，2009 年高管薪酬与员工最低级别间的薪酬差距超过 20 倍。④ "十一五"期间，部分行业（金融、房地产行业部门）工资水平增长过快，水平过高，拉大了社会不同群体间的收入差距。例如 2010 年，上海浦发银行员工工资及奖金人均为 29.66 万元，员工的其他福利人均 6.08 万元，两者合计人均 35.74 万元，是当年城镇单位企业在岗职工平均工资的 10 倍。而根据德勤对行业外部公平性系数比较，多数行业外部公平性系数处于合理区间，且较 2010 年同期变化不大，而金融保险业一枝独秀，行业外部公平性系数达到近 8 倍（即高管最高薪酬均值最高的金融保险业是均值最低的农林牧渔业的近 8 倍），高管薪酬水平远超过其他行业。而内部公平性方面，整体处于合理范围内，但金融保险行业内部高管薪酬差异最大，批发和零售贸易业次之，交通运输仓储业高管薪酬差异最小。而且，股票期权计划的推行，受"捐赠效应"影响，高管薪酬在未来的几年改革中将会和普通工人的工资进一步拉大距离，加剧民众对高管薪酬的不满。⑤ 美国哥伦比亚大学法学院柯蒂斯·米尔豪普特教授于 2006 年 4 月 22 日在"中国与世界：公司改革国际峰会"上曾指出，公司高管的贪婪是个大问题。资本市场法则推广到全球，带来的一个副效应就是，高管薪酬不可遏止地增长，贫富差距扩大。

来自中国社科院 2010 年上市公司治理评价报告显示，百家样本的上市公司治理综合得分六年来首次达到"合格线"水平，上市公司高管薪酬在出现超高增长之后明显下降，⑥ 但此种"矫正"一半来自 2007 年中国股市泡沫破裂之后，2008 年股市一直处在相对低位，拥有股权激励的高管薪酬大幅缩水；一半来自整个社会义

---

① 刘小珊. 上市公司高管薪酬榜：方大特钢董事长日均 5.4 万 [N]. 南方周末, 2014 - 07 - 04.

② 张炜. 高管薪酬应与绩效紧密挂钩 [N]. 中国经济时报, 2014 - 08 - 28.

③ 张燚. 央企上市公司薪酬榜：麦伯良以 869 万年薪居首. 人民网, 2014 - 05 - 05.

④ 潘芝珍. 09 年薪酬调查报告：企业员工薪酬差距超过 20 倍. 金羊网, 2009 - 12 - 30.

⑤ 郁光华. 公司法的本质——从代理理论的角度观察 [M]. 北京：法律出版社, 2006：180.

⑥ 邵泽慧. 上市公司高管平均薪酬一年降 10 万 [N]. 北京晚报, 2010 - 05 - 19.

愤的声讨压力。正如弹簧遇到外力暂被压缩一样,高管薪酬问题并没有得到根治,薪酬控制仍任重道远,尤其是国企上市公司薪酬治理任务更为艰巨。有数据显示,2013 年我国沪深上市公司主要负责人年平均薪酬水平为 76.3 万元,全部负责人平均薪酬水平为 46.1 万元。央企负责人薪酬水平是同期沪深上市公司主要负责人的 2～3 倍,与职工薪酬差距达到 12 倍之多,显著偏高。①

四是高管薪酬决定及监督机制失灵。② 从高管薪酬决定机制看,由于"内部人控制"问题严重,董事会只发挥"橡皮图章"的功能,高管拥权自重,自我定薪。相比于美国上市公司高度分散的股权结构,我国上市公司股权的集中程度较高,国有上市公司乃至民营上市公司"一股独大"、大股东"说了算""一言堂"的现象普遍存在,这引发了我国上市公司的"内部人控制"问题。经济学家青木昌彦曾将"内部人控制"表述为,在转轨国家中,私有化的场合,大量的股权为内部人持有,在企业仍为国有的场合,企业的重大决策中,内部人的利益得到有力的强调。③ 中国版的"内部人控制"主要分为以下两类:在国有上市公司中,由于大股东缺位,内部人实际上就是公司高管。在民营上市公司中,内部人由家族企业的家族成员(往往担任公司高管)构成。在内部人控制状态下,我国上市公司的董事会往往被高管所操控,此时,高管在自己的薪酬问题上拥有决定权,而董事会实际上只是一个"橡皮图章"而已。而且在我国的上市公司中,董事会成员同时兼任公司高管的比例非常高。当高管既是董事会成员又属于管理层团队时,出于个人利益追求的最大化,集代理人和委托人于一身的高管完全可能在薪酬问题上出现道德风险,形成"自我激励"。

从监督机制看,监事会监督职能弱化,不能有效约束高管自我定薪。依据我国《公司法》的规定,监事会由股东代表和适当比例的职工代表组成,且董事、高级管理人员不得兼任监事,以保证对董事、高级管理人员的履职行为进行监督。但《公司法》对董事、高级管理人员不得兼任监事的规定,只是限定在同一个公司的范围内。实践中,很多国有企业其董事与监事身份相混同,常见的情况是母公司(或称为集团公司)的董事兼任子公司(或称为股份公司)的监事。以中石油为例,中国石油天然气集团公司是母公司,其下属子公司是中国石油天然气股份有限公司,通过中国石油天然气集团公司网站发布的领导任职情况来看,现任中国石油

---

① 崔丽,宋首君. 央企高管薪酬改革:组织任命高管不能拿市场化薪资 [N]. 中国青年报,2015 – 01 – 01.

② Jeremy Ryan Delman. Structuring Say on Pay: A Comparative Look at Global Variations in Shareholder Voting on Executive Compensation [M]. Bus. L. Rev., 2010: 583 – 584.

③ 刘敏楼. 国企内部人控制问题——一个分析框架 [J]. 南京财经大学学报,2006 (4).

第二章　上市公司高管薪酬商法规制的基础、理念与原则

天然气集团公司的董事、党组纪检组长王立新先生是子公司中国石油天然气股份有限公司的监事会主席，即母公司董事出任子公司监事的情形。同时，作为子公司的中国石油天然气股份有限公司的董事长、执行董事、总裁、副总裁也分别由作为母公司的中国石油天然气集团公司的董事长、总经理、副总经理担任。两块牌子，一套班子的做法为国企高管在其下属子公司领取非正当回报以逃避法律规制提供了便利，同时也为董事会在决定高管薪酬的时候，不看僧面看佛面而做出有失公允的评判埋下伏笔。①

总而言之，在上市公司有效监督机制软化，甚至缺乏的情形下，内部人控制、董事与经理的兼任以及母公司董事任职子公司监事，在不同程度上导致了我国上市公司高管自定薪酬、自我激励怪象滋生。

二、高管薪酬商法规制的理论解释：必要性分析

在现代公司所有权与控制权普遍分离的背景下，公司管理层身为代理人，与股东利益天生存在冲突。高管报酬被认为是降低代理成本、协调高管和股东利益的工具，但在实践中却演变成为典型的代理成本问题，成为公司治理的最大难题之一，因此这也是近年来西方国家（尤其是美国）法学研究的最热门问题。一般对于小型公司而言，高管薪酬问题属于公司内部治理问题，各国立法或司法一般不愿意对具体某个公司的高管薪酬的高低做出判断。但对于上市公司而言，法律对高管薪酬进行一定的规制，是有必要的。有论者指出，上市公司高管薪酬规制的正当性基础包括：①上市公司两权分离产生委托代理问题；②公司治理中的约束不足与激励异化；③激励合同的不完备；④经理人市场的不完善。② 在笔者看来，上市公司高管薪酬规制有四大需要：①减少代理成本，提高效率的需要；②调整利益冲突，遏制关联交易，促进经济主体之间合作的需要；③矫正市场失灵的需要；④履行社会责任、保卫社会道德的需要。其理论解释具体分述如下。

（一）减少代理成本，提高效率的需要

公司制度是节约成本的产物。罗纳德·科斯（Ronald H. Coase）在《企业的性质》（The Nature of the Firm）一文中指出：用公司科层行政手段调配生产要素比起通过合同交易可以节省大量的交易成本。③ 在公司运作过程中，如果任由公司参与

---

① 李寅. 国有企业高管薪酬法律规制研究［D］. 湖南师范大学2014年法学硕士学位论文，第25页. 载中国优秀硕士学位论文全文数据库.

② 时晋. 国有控股上市公司高管薪酬的法律规制［D］. 中国政法大学2010年硕士学位论文，第8－10页. 载中国优秀硕士学位论文全文数据库.

③ Ronald H Coase. The Nature of the Firm［J］. Economica, 1937（4）：386－405.

者自由谈判、协商，难以保证公司治理效率。人类交易活动发展至今形式繁杂，因交易的特性不同（特质交易、非特质交易），交易双方对标的信息占有量的差异以及交易者自身知识局限，致使交易发生频度和持续时间长短有所不同。从交易持续时间来看，可以分为短期和长期两类交易关系。短期交易通常是一次性买卖活动，交易关系简单明了，市场规则可以在其中起作用。长期交易中市场规则往往失灵，契约规定常常陷入两难困境：一方面，要对各个阶段出现的意外事件和相应对策进行专门约定，即使可能，代价也极其昂贵；另一方面，如果契约在这些方面不完备，假如初始的讨价还价一旦达成，缔约各方就被固定于双边交换中，这时缔约双方利益分歧可能导致各自的机会主义行为，从而造成共同损失。由于人的有限理性和天然的机会主义倾向，契约的不完备性和订立、履行契约中的机会主义使买卖双方付出了昂贵的交易费用，为维护复杂的长期交易，以组织这种交易模式代替契约是最为理想的一种，企业通过上下级行政指令方式组织生产，代替市场交易，使较高的外部市场交易成本内部化，使效率得以实现，但另一方面又产生了组织管理的成本以及因管理人的"道德风险"和"内部人"控制产生代理人成本等。因此，需要正式的制度安排调整企业内部组织管理关系，降低企业组织管理成本便成了公司制度的重要内容。

进一步分析，现代公司制中所有权和经营权分离是法律介入高管薪酬的根本原因。[①] 上市公司所有权与控制权的高度分离之后引发了委托代理问题。由于上市公司的股东天南海北、人数众多且股份流动性强、没有固定的股东身份，每个股东根本无法而且大部分股东不愿意也没有能力参与公司的日常经营，从而必须把公司的日常经营管理交由专门的经营管理人员来进行。因此在上市公司中，资本所有权和公司控制权之间的分离更加典型。由于资本所有者（股东）的主要目的是获得公司的经营剩余，参与公司盈利分配，而人力资本所有者（此处指管理人员）的主要目的是依靠自己的专门经营管理获得薪酬，因此两者的目标不一致，于是就产生了经济学所称的"代理问题"，由于作为代理人的高管和作为本人的股东之间利益不完全一致，导致代理关系产生三种成本：①委托人的监督成本；②代理人的承诺成本，也称守约成本，即将代理人给公司损失控制在一定区间内的成本；③剩余成本，即为减少代理人越轨行为建立恰当机制所致的委托人福利损失。代理关系产生的这三种成本统称为代理成本。高管薪酬法律规制的一个重要目的就是希望通过设计合理的薪酬给高管以恰当的激励，降低代理成本，同时抑制道德祸因行为的发生。

---

① 吴国基. 中国上市公司高管薪酬的公司法规制 [J]. 湖南农业大学学报：社会科学版，2004（2）.

委托代理理论不仅对股东和高管发生利益冲突的后果十分关注，而且对能够化解冲突的机制尤为强调。代理理论的研究目的就是要使以自我为中心、追求效益最大化并且风险厌恶的代理人如何更好地为委托人工作。委托代理理论认为，委托人解决这个问题的方案主要包括：①将代理人的激励同委托人利益所在的公司产出相联系；②设计一个能够有效监控代理人行为和决策的机制以便防止偏离所有者利益。

在上市公司中由于两权分离以及信息不对称容易带来管理者滥权、懈怠和自利行为，高管可以在不改变薪酬契约的情况下，通过操纵公司业绩、规模等变量来增加他们的薪酬，但未必增加企业的业绩和股东利益。为克服这种两权分离带来的代理问题，尽量使管理层和股东的目标保持一致，需要给管理人员以合理的激励，而薪酬正是该激励的重要表现形式之一。高管薪酬过高会有失公平，而高管薪酬过低则又不能充分发挥他们的积极性。所以如何保证有一个科学合理的高管薪酬，制定规范高管薪酬的原则、程序，明确相关利益各方的权利边界，就成为公司治理中所要解决的一个重要问题。

（二）调整利益冲突，遏制关联交易，促进经济主体之间合作的需要

自古以来，先哲在很早就指出了人贵合作的社会本质特征，如荀子所说："人力不若牛，走不若马，而牛马为用，何也？人能群，彼不能群也。"由于人的个体生命周期、健康原因以及意外事故，同时由于人在知识、经验、能力方面的局限性，人需要有与其他人的合作，才能促成事业的成功。另一方面，在现代社会中规模经济及其相应效益等因素影响下，个人独自难以作为生产单位去完成任务，经济规模效益往往需要采取集体的行动，而这些又需要制度、规则来管束和协调人们彼此的行为。阿尔钦（Alchian）、德姆塞茨（Demsetz）的企业契约论认为，从交易的角度看，企业在本质上是涉及多方当事人种种关系的长期性多边合约的组合，在企业的契约关系中，除了长期的物品和劳动等交易行为外，还存在着团队精神，即各种生产要素所有者之间还存在着合作与信任关系。① 公司中由于人力资源和非人力资源相互依赖，任何一方的随意退出或机会主义行为都可使对方的利益遭受损失。为使依赖性资源免于受损，团队生产长期合作，团队成员为获得预期的利益补偿，就需要一种制度性安排来协调各种生产要素、各种契约关系，使公司能够高效运转，实现各种经营目标。而追求利益是人的基本心理特点和行为特征，但公司中各利益主体之间的利益要求往往是不一致的，当各利益主体的利益发生冲突时就要求法律出面定纷止争。

---

① 转引自张维迎. 西方企业理论的演进与最新发展 [J]. 经济研究，1994 (11).

公司利益冲突最容易在上市公司关联交易中产生，关联交易有多种形式，其中高管薪酬安排很可能沦为关联交易形式的一种，这就为法律介入提供了必要性。上市公司关联交易是上市公司作为一方与有关联的另一方即关联方间进行的交易。法律之所以要对关联交易进行规制，是因为在关联交易中，交易双方之间存在交易地位不平等或存在利益冲突的情况，法律进行规制是为了保证交易的公平公正，保护处于交易弱势一方。由于高管拥有上市公司的代理权，在决定高管薪酬的问题上，有时实质上就是自己决定自己的薪酬，① 即他们往往同时代表双方进行交易，因此不可避免地存在利益冲突，有可能会不合理地增加自己薪酬，从而损害公司和股东利益。所以应从法律上对关联交易进行规制，防止出现高管利用职权图谋私利、损害公司利益的行为。现代上市公司都采取了如股东大会批准董事薪酬、在董事会内部设立薪酬委员会等规制高管薪酬的措施，但是在股东大会逐渐弱化，公司独立董事的独立性还存在疑问的情况下，很难杜绝公司高管人员利用有利的位置和影响力来达到自己的目的，他们可以借助其拥有的管理权力来影响董事会或薪酬委员会，迫使他们做出对自己有利的薪酬决定，而这会严重影响公众投资者的信心，会阻止一些潜在的投资者把资金投入资本市场。因此，为了更好地规制关联交易，保证公司高管有一个合理的薪酬，从而维护投资者对上市公司的信心，促进资本市场的发展，法律有介入的必要。进而言之，针对关联交易及其引起的利益冲突，公司法通常通过"规制型策略"来加以控制。规制型策略要求"出台相应的实体规则，以调整代理人与委托人关系的基本内容，或者代理关系的设立与终止"。② 通过设立标准，以判断关联交易的公平性和董事信赖义务的内涵，或者设立信息披露需要遵守的强制性规则等都具有规制型策略的典型特征，这因此也适用于对公司高管薪酬的规制，从而降低不合理的高管薪酬所引发的代理成本。③

（三）矫正市场失灵的需要

绝对有效的市场机制永远是一个理论假设，可能实际运作中市场失灵常有发生。经理人市场、产品市场、公司控制权市场、证券市场会因各种原因而失去正常的功能。以经理人市场为例，作为特殊的人力资本市场，在充分有效的竞争市场环境下，经理人的能力、绩效与其身价、收入相挂钩。理论上经理人的薪酬是由市场

---

① 纽约证券交易所主席兼首席执行官理查德·格拉索因为其1.4亿美元巨额薪金是自我交易所得，遭到美国主要媒体财经界官员纷纷指责，并由此导致辞职。

② ［美］卡拉克曼，等. 公司法剖析：比较与功能的视角［M］. 刘俊海，等译. 北京：北京大学出版社，2007：28.

③ 时晋. 国有控股上市公司高管薪酬的法律规制［D］. 中国政法大学2010年硕士学位论文，第13页. 载中国优秀硕士学位论文全文数据库.

来定价。但现实中,存在"互相挠背"、群体思维等情景以及单纯接触效应①和框定效应②下的生物本能,无意识地"董董相护",高管薪酬的市场定价机制会失灵,因而需要法律予以介入矫正。例如股权激励的薪酬改革,仅仅是将薪酬水平与公司股价相挂钩,而并没有让高管薪酬与上市公司业绩增长相挂钩,而这样潜在的结果是高管可以"无功受禄"。高管出于私利的考虑,利用公司的不对称信息,当他们有权行使和出售股票时,他们有动力虚报公司业绩,隐瞒公司不利讯息,篡改公司财务报表,选择披露一般信息来代替重大信息等手段,在短期内推高股价,并在股价下跌之前全身而退。因此,为矫正市场失灵,需要对高管薪酬进行法律规制。

(四)履行社会责任、保卫社会道德的需要

高管薪酬涉及利益相关者的利益,董事(经理)薪酬一旦远远超过与员工工资收入的合理差距,就会带来不公正,就需要法律予以介入。根据社会比较理论,如果在公司高管人员之间以及高管人员与普通雇员之间存在着巨大报酬差距,将最终影响雇员的工作士气、降低其生产力并导致员工流失。正如林德·J. 巴瑞斯(Lind J. Barris)教授所言:"公司生产是一个社会协作的产物,而非个人可以完成,它需要团队合作和信任,但是,过高的高管报酬与此是背道而驰的,雇员不会追随他们不信任的高管,他们也不会信任那些获得巨额不合理报酬的高管。对过高的高管报酬进行控制,可以提高公司员工的士气,间接地促使公司强大。最起码,这是公司高管和雇员共同分担公司命运的一个象征。"③ 故笔者曾建议,我国《公司法》未来修改时,应明确规定,薪酬安排中应考虑将利益相关者利益作为一项新增的董事义务(社会义务),以强行性条款做出明确规定,敦促董事践行公司社会责任。④

而且,当人们以极大的力量追求财富和成功时,所涉及的行为会触犯公众的道德标准,这为政府干预提供了正当理由。如果一个行为非常不合乎伦理和不适当,以至于削弱了公众对市场的信心,它就是不道德的。在这种情况下,管理就是正当的。⑤ 有时高管薪酬飙升太高、太快,会激起"公愤",譬如,美国过去几年的公

---

① 单纯接触效应是指反复单纯地与他人接触,就会对这个人抱有好感——它表明某一外在刺激,仅仅因为呈现的次数越频繁(使个体能够接触到该刺激的机会越多),个体对该刺激将越喜欢。

② 框定效应是指一个问题两种在逻辑意义上相似的说法却导致了不同的决策判断。也就是说,不同的描述方式可以导致决策者对同一问题具有不同的风险偏好。

③ Linda J Barris. The over Compensation Problem: A Collective Approach to Controlling Executive Pay [J]. Indiana Law Review, 1992, 168 (59): 1 – 33.

④ 官欣荣. 我国《公司法》引入利益相关者条款的思考 [J]. 政治与法律, 2010 (7).

⑤ [加] 布莱恩, R 柴芬斯. 公司法:理论、结构和运作 [M]. 林华伟, 魏旻, 译. 北京:法律出版社, 2001: 169.

司丑闻直接或者间接都来源于公司主管过高的薪酬，尤其是股票期权和其他激励性的薪酬。① 此时即需要法律及时出击，如颁布"限薪令"及加强司法问责等，这些举措不仅有利于高管薪酬水平的合理化，而且也保卫和提高了市场运行中所必须有的商业道德、公平公正的价值观念，维护了市场信心。

三、高管薪酬商法规制的功能分析

高管薪酬法律规制是随着高管薪酬市场调节失灵、加强对中小股东权益保护及利益相关者利益、公司利益的保护而提上立法日程。在公司权力中心由股东大会转移至董事会和公司经理层后，如何防止高管滥用职权自定薪酬，侵害公司和小股东的合法权益，在各个利益方之间寻求公平和效率的理想平衡，已是现代公司法治所面临的一道难题。对高管薪酬实行商法规制，其功能主要体现在以下三个方面。

1. 积极的事前预防功能

积极的事前预防功能即事前主动监督功能。上市公司高管薪酬的商法规制从理论上讲十分强调公司自治，具有利益冲突隔离机制的独立董事组成的薪酬委员会对高管薪酬决定的事前把关，起到了预先制止公司高管自定薪酬、从公司谋取不当利益的可能，有积极的防患于未然之功效。

2. 审慎的事中控制功能

如强制信息披露制度被认为是能够增加股东对高管薪酬的问责与监督，降低股东控制成本，鼓励股东尤其是机构投资者监督的有效方法。及时有效的信息披露能够介入薪酬决策的全过程，对于薪酬决定能起到审慎的事中控制的作用。

3. 全面的事后救济功能

全面的事后救济功能即通过股东提起派生诉讼或司法审查与追回机制，对高管自定天价薪酬、非法侵害公司利益行为，及时予以司法干预，使公司及其股东获得经济赔偿或追回损失，以恢复公司及其股东的原有合法权益。2002年美国颁布的《萨班斯－奥克斯利法案》（Sarbanes-Oxley Act of 2002）（即《2002年公众公司会计改革和投资者保护法》，又称《SOX法案》）第304条规定，董事和高层管理人员因为发布虚假报表而从公司取得激励性报酬的，或趁机买卖股票获得收益的，必须将自发布虚报表之日起12个月内获得的激励性报酬和买卖股票获得的收益返还给公司。美国《SOX法案》第304条的规定，对故意发布虚假财务报表的董事等高层管理人员是一个极大的震慑。

总之，法律通过高管薪酬的薪酬委员会把关以及强制薪酬信息披露制度的构

---

① Paula J Dalley. Public Corporate Governance under the Sarbanes-Oxley Act of 2002 [M]. Okla. City U. L. Rev. 2003：188.

建、完善股东派生诉讼等司法救济机制等等,起到事前预防、事中控制和事后救济的服务功能。

第二节 上市公司高管薪酬商法规制的理念

所谓"理念",《辞海》(1989年版)对这一词的解释有两条:一是"看法、思想,思维活动的结果";二是"观念(希腊文 idea),通常指思想,有时亦指表象或客观事物在人脑里留下的概括的形象"。江山教授曾指出,"法理念既是具体法形态的内在,同时也是法之本体的存在。差不多可以说,实在法、理性法、自然法都有自己的法理念或内在精神,然亦有交叉或综合的法形态的理念精神。"① 民商法学者刘凯湘则指出,"理念者,事物(制度)最高价值与终极宗旨之谓也。它是以纯文化、纯精神的角度对事物(制度)本质所作的高度抽象与概括。"②

本书所指的理念就是指导思想。高管薪酬商法规制的理念问题主要是探讨采取什么样的指导思想、法律观念对高管薪酬进行规制。既然本书是在商法的视野下展开,那么自然要受到商法理念的支配。商法的理念主要是效率、秩序、公平等,因而高管薪酬商法规制的价值理念为提高效率、维护秩序、实现公平。

一、提高效率

所谓效率,是指一定社会范围内人们以最少的资源投入获得最大的产出。在资源稀缺的地方,就会产生资源配置的效率问题,提高效率是发展市场经济的必然要求,也是商法的首要理念,即是指商法在制度供给上促使人们以较少的成本获取最大收益。

在当代社会,法律在经济生活中无孔不入,法律的效率理念也彰显无遗。这是因为法律在很大程度上决定着资源的使用和配置方式,法律对权利义务的分配直接关系到资源利用的效益。③ 从商法在市场经济中的功能、作用来看,商法承担着从制度层面配置市场资源的职能。效率优先是市场经济的固有要求,也是商法的首要价值追求。商法正是通过制度设计与正确实施促进和保障市场机制的有效运行,使资源配置得到最大化利用。正如制度经济学的代表人物科斯所说:"合法权利的初

---

① 江山. 中国法理念 [M]. 北京:中国地质大学出版社,1989:2.
② 刘凯湘. 民法学 [M]. 北京:中国法制出版社,2000:30.
③ 陶政. 商法价值研究 [D]. 西南政法大学2008年博士学位论文,第53页. 载中国博士学位论文全文数据库.

始界定会对经济制度运行的效率产生影响。权利的调整会比其他安排产生更多的产值。"① 商法的效益目标就是：①降低市场交易成本；②获取最大收益。著名法律经济学家波斯纳提出过"财富最大化"学说，该学说要求把权利首先授予那些最珍视这些权利的人，以降低交易费用。"这里的'财富'概念不应从金钱意义上理解，而应被理解为在市场交易时获得的，可以用价格衡量的。社会中全部的物体的总和，既包括有形的物体也包括无形的物体。'财富'指的是一切有形无形的物品与服务的总和，可以按出价和要价来计算"②。在波斯纳看来，法律的基本功能就是改变激励机制，而"财富最大化"可以帮助法律实现这个目标。作为调整营利性活动的商法就在于激励和保障人们发财致富。"商法上，为了使财产最大限度的发生增值，而不惜牺牲权利'体系上的优雅'，以最大限度地使财富最大化"③。总之，所有的商事法律法规、法律制度及其运行都要以资源的优化配置、财富最大化为目的。在对上市公司高管薪酬进行商法调整时也应注意到如何发挥薪酬制度的激励功能，使得高管为公司实现利润最大化服好务，如对上市公司高管进行股权激励时，既要控制高管的天价薪酬现象，又要针对高管采取一些手段，合理拉开高管与员工的薪酬差距，消除高管与股东之间的利益矛盾，而不是以高管"正面我（高管）赢，反面你（股东）输"为归宿。

二、维护秩序

秩序，乃人和事物存在和运转中具有一定一致性、连续性和确定性的结构、过程和模式等。④ 良好的社会秩序使人们对自己和他人的行为具有稳定的可预期性。秩序由于满足人类生活和生产活动的有规则性、连续性和稳定性的需要而成为基本的法律价值，其为安全、效率、平等、正义等法律价值的存在和实现提供保障。美国法学家博登海默指出："凡是在人类建立了政治或社会组织单位的地方，他们都曾力图防止不可控制的混乱现象，也曾试图确立某种适于生存的秩序形式。这种要求确立社会生活有序模式的倾向，绝不是人类所作的一种任意专断或违背自然的努力。"⑤

---

① ［美］科斯. 企业、市场和法律［M］. 上海三联书店，1990：95.
② 张芝梅. 对财富最大化的规范性分析［J］. 辽宁大学学报：哲学社会科学版，2005（4）.
③ 施天涛. 商法学［M］. 北京：法律出版社，2006：6.
④ 张新平. 法律秩序与人本法秩论析［J］. 求索，2008（7）.
⑤ ［美］博登海默. 法理学——法哲学及其方法［M］. 邓正来，等译. 北京：华夏出版社，1987：207.

商法的秩序理念，就是指商法在制度上保障人们从事商事交易具有稳定可靠的安全感、预期效益的可满足感、预期公平的可实现感。《中华人民共和国合同法》《中华人民共和国公司法》《中华人民共和国证券法》《中华人民共和国保险法》第一条都开宗明义地规定了"维护社会经济秩序"的立法宗旨，维护良好市场经济秩序是保障国民经济良性发展和实现和谐社会的重要保证。

就上市公司而言，大股东、董事、经理等自定高薪的不适当行为严重挫伤了广大小股东们的投资积极性、破坏了良好的市场秩序，使市场活动变得紊乱，不利于市场经济的健康发展。市场经济是法治经济，法律保障经济活动在良性、健康的法制轨道上运行，摆脱随机任意性的影响，从而保持市场经济稳定性和持续性地发展。具体针对高管薪酬规制而言，如通过强制法禁止和制裁偏离正常秩序的高管自定薪酬等行为，从而调控好公司薪酬计划活动，实现薪酬公平合理的预期目标，即维系好公司运作乃至整个市场经济的秩序和繁荣。这其中，以薪酬强制信息披露制度为代表，作为规制高管薪酬的一项重要法律制度，在薪酬决策程序和过程的控制方面，是维护薪酬公平与效率及薪酬秩序治理的基石。

三、实现公平

公平作为法律制度追求的核心价值之一，一般是指公正、正义、平等。根据《辞海》对公平的解释："作为一种道德要求和品质，指按照一定的社会标准（法律、道德、政策等）、正当的秩序，合理地待人处事，是制度、系统、重要活动的重要道德品质。"

在市场经济条件下，公平是指对人们利益关系、分配关系的一种评价，主要体现在机会公平、规则公平、结果公平。在市场进行资源配置的决定作用下，更应当尊重市场自治，按业绩获取薪酬，但是市场并非万能，纯粹自由的市场体制所强调的机会均等并不能产生真正的公平，在天赋资源、资本分布及教育水平等方面都不平等的条件下，必然导致机会极不均等。如果任由市场自由运作，必然导致人们之间分配差异悬殊，进而加剧贫富分化，对经济的繁荣、社会的稳定、人类的发展都会造成威胁，因而它产生的分配结果不可能符合现代社会合乎正义的要求。因此，在市场决定薪酬支付机制之外，应该运用国家的有形之手通过立法、执法、司法干预、推行新的合乎正义的制度等手段对分配进行调节。

具体针对高管薪酬治理中的公平而言，高管薪酬决策涉及社会分配的公正性和合理性，只有在公平机制的前提下才有认同感和满意度，薪酬的激励作用才能真正发挥出来。公平的薪酬机制应包括以下几方面：根据工作表现来支付薪酬；缩小不适当的收入差距；保护购买能力及应有的权利；雇员参与薪酬制度。也有学者提出，薪酬公正的要素归结起来就是应以公司价值最大化为价值取向，具有独立性、公平性和透明度，体现股东的监督。① 在由美国行为科学家亚当斯（J. S. Adams）提出的公平理论（equity theory）看来，当一个人凭能力和努力做出成绩后，最关注其所得薪酬的绝对量和相对量。换言之，其不仅关注薪酬的实际数量，而且会通过各种横向比较和纵向比较来确定自己的薪酬水平是否合理，同时个人报酬的比较结果将影响未来的工作实践。② 近年来，该理论关于分配数量的公平和分配程序的公平的研究得到了进一步的发展。

针对我国上市公司而言，基于公平价值，我们应该关注薪酬数额过高带来的不平等问题，应当出台相关法规、规制抑制高管天价薪酬，以实现公司利益分配的正义。但另一方面，我们也应当承认适当拉开差距的合理性，提倡正确的不平等。倘若高管为公司创造了价值，那么相应的高额薪酬以及由此带来的薪酬差别就是合理、正当、被认可的。如薪酬改革中实施股票期权制度可以让公司高管人员通过行使期权来分享公司成长带来的收益，有助于优秀人才的吸引和稳定，解决公司发展的"动力"不足问题。但是当前我国股权激励中也出现了被少数企业高管所操纵、掠夺，造成高管天价薪酬的现象，违背了公平正义理念，为此，只有将公司内部分配的不公控制在合理的可接受范围之内，才能真正达致完美的公平、正义。

总之，在上述理念中，提高效率在薪酬法律规制体系中处于优先的最高地位，甚至有学者认为，在整个法律价值体系中，效率价值居于优先位阶，是配置社会资源的首要价值标准。③ 在效率价值与公平价值的关系上，提高效率优先于公平价值，在发生价值冲突时，其他价值退居次要地位，甚至有企业会为效益价值目标而牺牲其他价值。我国《中央企业负责人薪酬管理暂行办法》第三条第三款规定"企业负责人薪酬管理遵循下列原则：坚持效率优先、兼顾公平，维护出资人、企业负责人、职工等各方的合法权益"。但是，效率又要以公平为基础，否则效率便难以永续，难能得到根本保障。

在实现公平与维护秩序的关系上，公平促进秩序的形成和稳定，秩序保障公平的环境和实现。维护秩序的商法规制理念与其他理念之间的关系表现为，前者是后者的前提和基础，后者是前者的目的和发展。

---

① 朱羿锟. 经营者薪酬：正当性危机与程序控制 [J]. 法学论坛, 2004 (6).
② 王子成, 张建武. 西方薪酬委员会制度研究综述 [J]. 外国经济与管理, 2006 (9).
③ 廖明. 双肩担教学, 妙手著华章——张文显教授访谈录. http://www.civillaw.com.cn/article/default.asp? id = 24707.

第三节 上市公司高管薪酬商法规制的原则

"原则"一词在西方最早来源于拉丁语 principium，原意为"开始""起源"和"基础"，后演变为英语 principle。在《布莱克法律辞典》中，"法律原则"是指"法律的根本真理或准则，构成其他法律规律、规则或准则的总括性原理或准则；同时又是法律行为、法律程序或法律判决的决定性原则"。①总之，原则本身即有"基本准则"的意义，因此不必要再赘述"基本"二字，故本书所说的上市公司高管薪酬商法规制的原则即是基本原则之义。

所谓薪酬商法规制的原则是指商事立法与司法甚至执法中贯穿高管薪酬整个制度总的抽象概括和根本准则，又是高管薪酬商法规制理念的贯彻和落实。确立上市公司高管薪酬商法规制的原则，是进一步具体规制高管薪酬的前提。如果缺乏系统的、稳定的原则的指导，高管薪酬的法律规制势必充满风险，甚至迷失方向。需要指出的是，高管薪酬商法规制的原则不同于薪酬管理的原则，薪酬管理的原则是指补偿原则、公平原则、透明化原则、激励性原则、竞争性原则、经济性原则、合法性原则。②在国资委 2004 年发布的《中央企业负责人薪酬管理暂行办法》中规定了企业负责人薪酬管理需遵循五项原则。③还有论者指出，薪酬管理应通过法律形式明确规定薪酬规制的原则。具体来说，原则应涵盖以下几方面：公平性、激励性、经济性及合法性。④笔者以为，高管薪酬商法规制的关键在于把握商事立法与司法（乃至执法）介入之度，我国当前走在主导市民社会的行政权力退而不休的维谷中，一面要弘扬公司自治精神，一面必须要有商法的能动规制（商事司法权的积极介入），以促进公司高管薪酬治理的完善化。但过度依赖法律的作用，既背离公司自治的要求，且有吃力不讨好之嫌。我们认为，高管薪酬的商法规制（包括司法介入）应当遵守以下原则：在法定范围内尊重公司自治的原则、合法化与合理性审

---

① Black's Law Dictionary [M]. Fifth Edition. West Publishing Co., 1979：1074.

② 王长城. 薪酬管理 [M]. 深圳：海天出版社，2002：19 – 20.

③ 这五项原则分别为：①坚持激励与约束相统一，薪酬与风险、责任相一致，与经营业绩挂钩；②坚持短期激励与长期激励相结合，促进企业可持续发展；③坚持效率优先、兼顾公平，维护出资人、企业负责人、职工等各方的合法权益；④坚持薪酬制度改革与相关改革配套进行，推进企业负责人收入分配的市场化、货币化、规范化；⑤坚持物质激励与精神激励相结合，提倡奉献精神。

④ 乔书. 劳动法对企业高管的规制研究 [D]. 华中科技大学 2010 年硕士学位论文，第 18 页. 载中国优秀硕士学位论文全文数据库.

查相结合的原则、司法限制主义与能动主义相结合的原则。

一、在法定范围内尊重公司自治的原则

公司自治是公司法的基本立场，商法上奉自治原则为圭臬，公司自治乃商法自治原则在公司活动领域的具体贯彻和体现。公司自治原则是指公司作为独立的市场主体，依照公司章程自主经营、自负盈亏，不受非法干预。自治原则符合市场主体在市场中的运动规律，符合市场在配置资源起决定性作用的效率最大化原则。

高管薪酬治理过程中要在法定范围内尊重公司自治，一是指在法定范围内尊重公司有权机关对薪酬安排的自主决定。"不同产业、不同行业、不同企业、不同公司管理者及其不同的利益追求，决定了不同公司中不同管理者的报酬的最好决定者就是公司及其管理者和股东自己。只有他们最清楚自己公司的情况、利益追求及讨价还价的能力，因此，至少从理论上讲，只有他们才能最好地解决自己公司管理者的报酬问题。政府也好、法院也好，都不适合，也没有能力或者是制定一个普遍使用的统一标准，或者根据每个公司的具体情况制定不同的报酬计划。"① 还有论者指出，"目前上市公司普遍采用现金薪酬与股权薪酬、短期薪酬与长期薪酬相结合的薪酬模式。具体而言，根据给付依据、方式和特点的不同，上市公司高管的薪酬包中一般包括：基薪、年度奖金、特殊津贴、法定和补充的福利、股票期权、限制性股票、业绩股份、股票增值权、虚拟股票等。由于每种薪酬构成要素在激励方式、激励时间的长短等方面存在着差异，故不同的薪酬组合方式将对高管产生不同的激励效用。公司应综合考虑其对高管的业绩预期、高管能力、公司的资金状况、市场环境等各方面因素确定高管的薪酬构成。有鉴于上述决定因素不仅在不同的公司之间各不相同，而且在同一公司的不同时期也可能存在着差异，因此，实践中无法通过监管制度的设计寻找到一种通用的薪酬构成模式。即便现实中存在着这样一种通用的薪酬构成模式，由于各个薪酬要素的构成比例及其具体数额的确定仍然需要考虑诸多的实际因素，所以上市公司的高管薪酬最终仍只能由公司自行决定。从这个意义上，无论是薪酬的构成还是薪酬的具体数额，监管制度都不应该做出任何的限制或者强制。"② 在笔者看来，上市公司高管薪酬的商法规制首先应着眼于公司自己决定报酬事项，当然这是在法定的范围之内（如薪酬的数额不能超过法定的限额）展开充分自主的决策。在美国，各州法上长期以来坚持的原则就是，管理层报酬属于公司日常经营事务（business and affairs of the corporation）范围内，因此应

---

① 胡改蓉. 国有公司董事会法律制度研究 [M]. 北京：北京大学出版社，2010：166.
② 施廷博. 上市公司高管薪酬监管法律制度研究 [D]. 华东政法大学博士论文，第74页.

由董事会决定，股东无权干预。① 卡多佐法学院的 Yablon 教授指出："从传统的公司法理论与实践来看，高管薪酬是公司管理层相当自由地按他们意愿决定的一块领域。"② 在英国，工业联合会曾在 1995 年成立了一个专门调查高级管理人员报酬的研究小组，该小组在其《董事的报酬：由理查德·格林伯瑞爵士领导研究小组的报告》及所附的《最佳执业规章》（The Best Practice Code）中明确提出，高级管理人员报酬的改进方式不受法律控制，相反，应由公司自己采取措施来处理所涉及的事项。③ 司法实践中，公司自治要求法官首先应当尊重公司、股东、董事依法做出的选择，尊重他们的意思表示自由和民事行为自由。只有在公司自治被滥用，导致公司法律关系中当事人的权利和义务受到损害、公司法律秩序被扭曲或者破坏时（如公司管理层与控股股东相互勾结、滥用权力优势，导致管理者薪酬过高、公司利益格局失衡），法官才能依法以自己的司法判断取代商事判断。④

二是指上市公司薪酬纠纷内部解决前置的原则。所谓内部解决前置即寻求公司内部救济为原则，法律救济为例外。法院进行实体性干预应先寻求公司内部救济的方式，只有公司内部救济手段用尽，当事人仍无法通过私人协议解决纠纷时，司法才能进行实体性的公力救济。因此，对公司内部纠纷实施司法干预的底线是：纷争当事人是否穷尽了内部救济程序？如果没有穷尽内部救济程序，法院有义务告知或帮助当事人启动该项内部救济程序。公司薪酬纠纷也应按照"私力解决程序优先"原则处理，⑤ 这是司法介入必须遵守的一个前提条件。

在我国薪酬纠纷处理中，高管享有不合理的薪酬或者薪酬决策程序不合法等情况一旦出现，司法审查首先遇到的困境是由谁、在何种情况下可以提起诉讼？从理论上讲，不合理的天价薪酬造成公司财产浪费，损害了公司利益，本应由董事代表公司提起诉讼，但是由于董事和公司高管的特殊关系（有的直接合二为一），董事可能怠于起诉。此时，世界各国的普遍做法是引入股东派生（代表）诉讼制度，有效监督董事的行为。

我国 2005 年《中华人民共和国公司法》第 152 条（2014 年 3 月 1 日施行的新

---

① Linda J Barris. The Over Compensation Problem: A Collective Approach to Controlling Executive Pay [J]. Indiana Law Review, 1992, 68 (59): 1 – 33.

② Charles M Yablon. Over Compensating: The Corporate Lawyer and Executive Pay [M]. Columbia Law Review, 1992, 92 (7): 1869.

③ [加] 布莱恩·R 柴芬斯. 公司法：理论、结构和运作 [M]. 林华伟，魏旻，译. 北京：法律出版社，2001: 707 – 708.

④ 宋尚华. 司法介入公司自治的原则 [N]. 人民法院报，2008 – 05 – 14.

⑤ 蒋大兴，金剑锋. 论公司法的私法品格——检视司法的立场 [J]. 南京大学学报，2005 (1).

《公司法》第151条）规定了股东派生诉讼制度，并规定了股东派生诉讼的前置程序，即股东对于董事、高级管理人员的不法行为（自攫高薪、浪费公司财产的行为）可以请求监事会向法院提起诉讼。公司内部救济前置程序可以防止股东滥用诉讼，节省司法资源，同时也平衡了股东和公司利益。我国应当进一步完善对于股东寻求公司内部救济的规定，特别是完善"特别诉讼委员会"的规定，使得董事会介入调停股东派生诉讼时具备合法的程序及组织机构保障。①

二、合法化与合理性审查相结合的原则

合法化原则，又称法定化原则，包括司法介入要有立法依据、介入程序法定。

法律介入要有立法依据是指司法介入高管薪酬的审查必然要以法律为依据，我国属于大陆法系国家，立法是司法的前提，就目前我国立法来看，在《公司法》和《证券法》中都规定了公司高管的信义义务、披露义务及违反此类义务的法律责任，《民事诉讼法》中对司法程序做了相应规定，但是，法律还未对司法介入公司内部纠纷的原则、前提、边界等做出全面规定，因而法官在案件审理中遭遇无法可依。为确保司法审查的合理、适度，有必要完善相关立法，为司法介入高管薪酬的审查提供指引。

司法介入程序法定。我国2005年《公司法》第152条（现为2014年3月1日施行的《公司法》第151条）规定了股东诉讼前置程序，要求股东在提起诉讼前先请求监事会向法院提起诉讼。当监事会拒绝或怠于起诉时，股东才可以直接行使诉权。这是竭尽公司内部救济原则，反映法律规定还较为粗糙，没有赋予股东要求董事提交书面回答的权利。因而在司法实践中股东应当遵循"内部救济优先"原则，在股东得不到公司内部有效的救济时才能提起诉讼。不过，我国关于"内部救济"前置程序的法律规定还较为粗糙，譬如没有赋予股东要求董事在一定期限内提交书面回答的权利，在一定程度上造成了股东派生诉讼的不确定性，这有待日后《公司法》修改完善。

合理性原则包括程序的合理性和实体的合理性。程序的合理性是指从薪酬确定程序方面审查高管薪酬的公平合理性。在美国，由于上市公司中外部董事构成了董事会的绝大多数，他们对薪酬实践具有重大影响。因而法院倾向于根据内部人和外部人介入的明显程度或严格或宽松地裁决高管报酬，这一点充分体现在美国法律研究院颁布的公司治理原则中。该原则第5.03条中规定，如果（高管）薪酬的支付

---

① 本书将在第六章"上市公司高管薪酬的司法介入：寻找合理性审查的边界"进一步阐述。

已获得无利害关系股东的批准时，就无须再进行司法审查①。这表明，无利害关系股东的批准为一必要过滤机制，只要经过无利害关系股东的批准，高管薪酬就可免于司法审查。实体的合理性是指，一方面要符合高管薪酬合理性的一定标准。如1956年《印度公司法》（The Companies Act of 1956 of Indian）就曾规定管理层报酬不得超过公司年度利润的11%，如果董事身兼管理层职位，未经政府批准，其报酬不得提高，政府还就薪酬的增长发布一系列指引，包括根据印度总统的工资所确定的高管报酬最高限额等。另一方面，从业绩与薪酬的关联度考察薪酬的合理性。美国联邦第十一巡回法院上诉法院在 International Ins. Co. V. Johns 一案中，将检验公司支付给管理者的薪酬是否合理的标准分解为三部分：第一，公司是否从管理者所提供的服务中获益；第二，管理者获得的报酬与公司获得利益相比是否不成比例，一个"合理人"是否会觉得公司没有获得公正的回报；第三，公司是否是因为管理者提供的这些服务而支付该项薪酬。这一"三要素法"已成为许多法院检验公司支付给管理者的高额薪酬是否构成浪费公司财产的检验手法。正如有学者指出，只要将薪酬合理性审查定位相对合理性，而非忠实路径所要求的完全公平；只要围绕是否有利于促进企业价值最大化这一指针，借助薪酬标准合理性、薪酬水平合理性以及薪酬结构合理性的要求，构建相应的评价高管薪酬合理性的参照标准，法院完全可以做出适当的判断。何况，法院还可以聘请人力资源等相关专家出具专家意见，为其判断提供决策支持，确保其判断的科学性。如纽约州最高法院就基于格拉索（前纽交所董事会主席兼首席执行官）所提供的服务，与所领取的1.875亿美元的天价薪酬不匹配，认定其薪酬不合理，判令将其中1亿美元左右返还给交易所，从而赢得了广泛的赞誉。这就说明，法院完全有能力审查和判断高管薪酬的合理性，实体合理性审查也是可行的。②

三、司法限制主义与能动主义相结合的原则

考察上市公司高管薪酬商法规制的原则，不仅要考察商事立法层面应秉持的原则，而且要考察商事司法层面应坚守的原则，司法限制主义与能动主义相结合的原则是处理高管薪酬问题应坚持的又一大原则。

司法限制主义是指法官审理案件时严格以法律规范（法律原则和规则）为据进行裁判，这里所指的司法限制主义的内涵偏向于法官审理高管薪酬案件时严格进行的法定的程序审查；而司法能动主义作为一种司法哲学，是指允许法官不拘泥于成

---

① 美国法律研究院. 公司治理原则：分析与建议（上卷）[M]. 楼建波，等译. 北京：法律出版社，2006：291.
② 朱羿锟. 论高管"问题薪酬"的董事问责[J]. 现代法学，2010（4）.

文法含义和先例，可基于他们个人关于公共政策、社会福利的观点做出司法判决，进而回应社会现实和新的社会发展趋势。① 司法能动主义从宪政、刑事领域进入公司治理（高管薪酬）纠纷领域，已超越了对公权力审查的内涵，有了介入私人秩序新的注释，它既要解决法官在遭遇法律不确定性如何自由裁量问题，也要解决司法积极干预公司事务（薪酬决议）的范围和机制问题。进言之，应树立司法限制主义与能动主义相结合的审查理念，尊重公司自治、激励创新与适当干预、实现矫正正义相统一，此为实现我国薪酬司法审查合理性的根本。进言之，薪酬安排的司法审查属于司法介入公司治理的重要组成部分，应遵循国家干预与公司自治相平衡原则②。一方面，司法介入薪酬审查应秉持限制主义的理念，尤其是对于薪酬数额问题，法院原则上应对其保持克制态度。因为与公司董事相比，法官专业判断上一般并不高明多少，这一点美国审理薪酬纠纷的做法有其合理成分，其以程序性审查为主，即从薪酬决策的法定权限和程序上入手，依其是否满足授权和程序要求来作为薪酬合同合法与否的判断标准，法律形式主义上的权限和程序成为案件审理的重点。如果薪酬决定是由一个公正的机构在透明政策下作出，并符合一个正式的程序，那么，就没太多必要予以品头论足甚至推翻薪酬方案，此为尊重商人的意思自治、激励市场创新的司法理念在高管薪酬案件审查中的具体体现，此种司法限制主义有利于充分调动、发挥由独立董事构成的薪酬委员会的独立作用及股东、监事在薪酬制定过程中的监控职能，如由股东委任专涉CEO薪酬事宜的"薪酬代表人"，他有权出席有关会议，提出质询、建议，并报告他们的意见，股东则可利用"代表人"报告作为依据，驳回不合理的薪酬安排，以从根本上改变股东和董事会之间的关系，审慎解决CEO薪酬拿得太多的问题。③ 从而在内部解决好高管激励不足、不按绩付酬的问题。

与司法限制主义相对，高管薪酬审查中司法能动主义亦不可或缺，这其实是一枚硬币的另一面。进言之，法官在除了高管薪酬程序性审查之外，还应当保留一份实质性审查的权力，这是追求公平合理的薪酬结果的题中之意，解决好薪酬自治失灵、激励过度的问题。如在 Valant Pharmaceuticals International V. Jerney 案中，美国特拉华州衡平法院除了对董事会决策进行程序性审查外，对经理人因公司发行新股而获得报酬的公平合理性也进行了审查；在"压迫"救济案件中，法官基于公平正义介入薪酬审查的特征更为显著。

---

① Bryan A Garner. Black's Law Dictionary [M]. 9th ed. West Publish Co., 2009：922.
② 刘桂清. 公司治理的司法保障 [J]. 现代法学，2005（4）.
③ Lawton Hawkins. Compensation Representatives：A Prudent Solution to Excessive CEO Pay. http://law.bepress.com/cgi/viewcontent.cgi?article=7662&context=expresso.

而且，在司法介入由董事会结构性偏见做出的高管薪酬决策案件中，司法审查的强度与利益冲突的程度呈正相关关系。利益冲突愈大，司法审查强度也就愈大。就董事会高管薪酬决策而言，其司法审查强度视以下三种因素而定：第一，被执行董事和高管框定的程度。越是容易被高管框定的，即越是容易被高管操纵的，审查力度也就越大。第二，关系密切程度。董董相护的关系密切，形成铁哥、铁姐关系，相互认人、认情、认面子的可能性愈大，越要重点关注，加强司法审查力度。第三，群体凝聚力程度。群体凝聚力愈高，愈可能产生群体思维，人云亦云、随声附和，愈容易导致CEO"一言堂"，因此也愈应加强司法审查力度。① 司法审查力度愈强，意味着司法能动主义发挥作用愈大。

总之，我国法院介入高管薪酬审查时应秉持司法限制主义的基本立场，但也应保留司法能动主义的"机动出击"使命，而且两者的结合不一味是抽象的主与辅的关系，也不单纯是同向扩张的趋势，② 而是取决具体个案的需要程度灵活掌握，因此至少应把握以下几点：

（1）在经济动荡、公司治理危机时期司法能动主义的适用概率要大于司法限制主义，如 Rogers V. Hill 案中，法院指出，1912 年该公司关于"董事长的年度奖金为公司年利润的 2.5%，五位副总裁各为 1.5%"章程细则的规定（尽管先前得到股东大会通过）实乃"过时的公式"，因而不能机械适用，而应考虑变化了的特殊经济环境下多数股东有意识的新决定。如克拉克指出，"对 Rogers V. Hill 案所作出判决（认为经理报酬过高而予以撤销）是在大萧条时期做出的。当时，许多人都会被某些人领取天文数字的薪金而其他人却在死亡线上苦苦挣扎的现象所激怒"。③ 该判例表明，即使董事报酬事先有约，也不能完全排除司法公正性审查，司法的能动性在本案中彰显无遗。

（2）在中小型公司薪酬案件中发挥司法能动作用进行救济的概率会多于一般公众公司，Thomas 和 Martin 的研究④也表明此点。中小型公司原告胜诉率 52%，要高于公众公司原告的胜诉率（32%），因为中小型有限公司（闭锁型公司）中，高管要职往往为控制股东所占据，他们自定高薪，很少分红，置中小股东权益于不顾，相对一般公众公司而言，缺乏强制性信息披露及控制权市场的监督，因而易生侵害

---

① 朱羿锟，等. 高管薪酬：激励与控制 [M]. 北京：法律出版社，2014：228.

② 甘培忠，雷驰. 司法介入公司自治与公司法解释的政策尺度 [J]. 河北学刊，2009（1）.

③ [美] R C 克拉克. 公司法则 [M]. 胡平，等译. 北京：工商出版社，1999：163.

④ Randall S Thomas, Kenneth J Martin. Litigating Challenges to Executive Pay: An Exercise in Futility? [M]. 79 Washington University Law Quarterly, 2001：576.

中小股东权益薪酬案件多于实质审查。

(3) 与股票期权、"金色降落伞"及养老金等薪酬安排的程序性审查（是否经独立董事批准）相比，结合行业、地域、市场、业绩等因素，在薪酬结构及总额的适当性实质考量方面，司法能动主义发挥的作用应更大一些。

第三章 上市公司高管薪酬的决定制度：
谁在制造薪酬奶酪

【本章提要】本章主要讨论了有关国外上市公司高管薪酬决定权配置的四种模式，以及国外薪酬委员会的构成、设置、职权及运作程序，并指出，我国采取了双轨制薪酬决定模式，对于非国有企业上市公司而言：①董事、监事薪酬采用股东（大）会单独决定模式，由股东（大）会决定；②经理、副经理、财务负责人薪酬采用董事会单独决定模式，由董事会决定。对于国有企业上市公司来说，国资委等履行出资人职责的机构对"公司负责人"的薪酬具有决定权。并指出这种双轨制模式存在不少缺陷。最后本章提出应尽快扭转我国薪酬委员会在公司法中付诸阙如的格局，通过完善独立董事制度来健全薪酬委员会的组成及运作。此外，对于国有企业上市公司而言，应提高职工董事的薪酬决策参与权，以完善我国高管薪酬的决定制度。

第一节 国外上市公司高管薪酬决定权配置模式

上市公司高管报酬决定权的配置模式，是指上市公司高管薪酬的决定制度相对稳定化了的表现形式。在不同的法系，因公司治理结构的差异，股东大会、董事会、监事会之间权力架构不同，高管薪酬决定权配置模式也不尽相同，而且各国高管报酬决定制度还因薪酬构成要素或支付形式的不同也有所不同。以薪酬的决定主体为标准，国外上市公司高管薪酬决定权配置模式可以划分如下几种。

一、上市公司高管薪酬决定权配置的四种模式[①]——针对执行董事而言

1. 股东大会单独决定模式

采用该模式的典型国家有英国、巴西、挪威等，这些国家通过公司法或公司治理准则对股东大会单独决定执行董事薪酬作了规定。在英国，《英国公司法》（The Companies Act of 2006）规定，除非公司章程另有规定，否则由股东大会决定董事

---

① 主要参阅高海. 国外董事报酬决定法律制度比较与借鉴 [J]. 重庆工商大学学报（西部论坛），2008（3）.

报酬。如根据2006年《英国公司法》第188节的规定,董事长期服务合同应该通过股东大会决议;2006年《英国公司法》第217、218、219节对需要股东大会决议批准的董事离任补偿也做出了规定。1995年,英国工业联合会(Confederation of British Industry,CBI)就高管薪酬问题专门成立调查委员会,并在《最佳执业规章》(The Best Practise Code)中提出了建议,规定在引入董事取得新发行的股票或认股权的计划之前,董事薪酬必须由公司股东通过决议予以批准;扩大股东表决事项,增加了近期计划和任何其他如果达到了规定的长期条件高管可取得现金或股票的协议。① 在巴西和挪威,其有关公司治理最佳准则的规定中亦都采纳了董事报酬由股东大会决定的模式。

显然,上述股东大会单独决定模式反映了股东大会中心主义(又称股东大会优位主义②)的倾向,其源自股东拥有公司的所有权,即股东对于公司的经营方式及经营目的拥有最终决策权,董事和经理人仅是股东的代理人,代理人必须依股东利益最大化的价值取向进行公司经营,股东拥有最终控制权。股东大会为公司的权力中心,董事是受股东之托任职,当然也应该由股东决定给董事多少报酬。在对薪酬做出决定时,一般先由董事会提出方案,股东大会再通过普通决议案批准。有些国家或地区的法律还规定董事薪酬可以通过公司章程来规定,但章程的通过、修改均须通过股东大会进行,所以最终仍是股东大会掌握了董事薪酬的决定权。

2. 董事会单独决定模式

采用此模式的典型国家有美国、俄罗斯等,如美国主要通过各州公司法和适用于全国的示范公司法对董事会单独决定执行董事薪酬作了规定,其实质是通过薪酬委员会决定执行董事薪酬。

在美国,各州法长期以来坚持的原则就是,管理层报酬,即以CEO为首的经理阶层的报酬,属于公司日常经营事务范围内,因此应由董事会决定,股东无权干预。美国一些州的公司法,如在美国公司天堂之州的特拉华州,其《特拉华州普通公司法》(Delaware General Corporation Law)明确规定"除非公司章程另有规定,否则由董事会决定董事报酬"。美国《示范公司法(修订本)》(The Revised Model Business Corporation Act)第8.11条规定:"除非公司组织章程或工作细则另有规定,否则董事会可以确定给董事的报酬。""作为一般的规则,参加股东大会的股东决定董事报酬。就执行董事而言,其报酬由其他的董事来决定"。这些原则在最近

---

① [加]布莱恩·柴芬斯. 公司法:理论、结构与运作[M]. 林华伟,译. 北京:法律出版社,2001:715.

② 王玫玲. 高阶经理人薪酬决定与监督之研究[D]. 东吴大学法学院硕士在职专班比较法硕士论文,2011,8.

美国的 Faliv. spc Ltd 案例中被再次强调。然而，这些原则是可以修正的，且也有公司章程明确规定董事能够决定他们自己的报酬的事例。①

值得指出的是，虽然美国《示范公司法（修订本）》第 8.11 条建议由董事会决定董事薪酬，但"对董事可能被诱使，从而不负责任地确定高级管理人员报酬的担心使许多人认为公司董事会应把其权力委派给全部或主要由非业务执行董事组成的报酬委员会"，② 纽约证交所或纳斯达克证交所上市的企业因而被要求由非业务执行独立董事组成的薪酬委员会决定业务执行董事的薪酬。③

在俄罗斯，《2002 年公司行为准则》第 5.1.2 条规定：给予每个董事的报酬的决定标准，由人力资源和报酬委员会制定，并由董事会批准。

董事会决定模式反映了公司权力中心落脚于董事会，即董事会中心主义（又称董事会优位主义）。在董事会中心主义看来，公司的代表为董事会，在股东利益极大化的经营目标下，董事会可决定公司各生产要素的配置与所从事的经营活动。董事会是公司的权力核心和决策中心，拥有最终决策权，由董事会组成的薪酬委员会决定执行董事薪酬便成了顺理成章之事。

3. 股东大会、董事会协同决定模式

股东大会、董事会协同决定模式，即董事薪酬总额或最高限额由股东大会决定，薪酬具体分配则由董事会决定。采用此协作模式的典型国家有日本、韩国。

在日本，由章程或股东大会决定董事薪酬最早出现在明治 32 年以 Roesler 草案为准制定的《日本商法》（Japanese Commercial Law）第 179 条，后经昭和 13 年改正商法，该条被规定为《日本商法》第 269 条，之后，2001 年改正《日本商法》第 269 条，为了对应新的薪酬类型，将董事的薪酬区分为确定薪酬、不确定薪酬及非金钱薪酬，并规定应由章程或股东大会决定。④ 授予股东大会该项权限的理由在于避免董事会或代表董事来决定董事报酬导致可能支付巨额薪酬，从而危害股东利益。日本司法判例指出，各个董事的报酬无须在股东大会个别予以规定，只要规定全体董事的报酬总额即可。董事的个别报酬可以在董事会决定，也可以由股东大会规定其最高限额，在此范围内，由董事会规定具体金额和各个董事的报酬。因此，

---

① 王保树. 商事法论集 [M]. 北京：法律出版社，2000：411 - 443.

② ［加］布莱恩·R 柴芬斯. 公司法：理论、结构和运作 [M]. 林华伟，等译. 北京：法律出版社，2001：714.

③ 值得注意的是，对于股票期权，纽约证券交易所（New York Stock Exchange, NYSE）和纳斯达克证券市场（National Association of Securities Dealers Automated Quotations System, NASDAQ Stock Market）上市规则和一些州的法律要求股票期权须经公司股东批准。

④ ［日］福原纪彦. 董事的报酬规制与责任的轻减 [M] //王保树. 商事法论集. 北京：法律出版社，2012，21：451.

股东大会有权决定董事的个人报酬,但也可以在大会决定薪酬总额及分配标准,并将具体分配额委托给董事会包办,但董事会应该向股东公开分配给各个董事的报酬情况。① 值得注意的是,2002年5月22日的《日本商法》(Japaness Commercial Law)修改后,一改过去由公司的股东代表大会决定经营者的薪酬的做法,很多公司借鉴了英美公司的治理机构设置,即在公司内部增设了报酬委员会,作为约束高管报酬的重要机制。② 按照2005年《日本公司法》的规定,由报酬委员会设置公司报酬的由报酬委员会决定,其他公司按《日本公司法》第361条规定:由公司章程或股东大会决定。该条还规定,关于董事的报酬、奖金及作为执行职务报酬的其他收入等自股份公司所获取的财产上的利益等事项,章程没有作具体规定的,由股东大会决议。由股东大会决定的事项包括:①决定确定金额的报酬等具体金额;②决定不确定金额的报酬等的具体算定方法;③明确非金钱报酬等的具体内容,并规定在设定、修订②或③的事项时,向股东大会提出该议题的董事应就该议案内容的适当性在股东大会上予以说明。③

在韩国,也采用股东大会、董事会协同决定模式,其《商法典》第388条规定:关于董事的报酬,章程中没有规定时,由股东大会决定。因此,公司因董事履行职务所补偿支付的一切代价,不管其名称是工资、奖金、年薪,还是董事退休时一次性支付的退职慰劳金,也不管是定期的还是不定期的,都只能依章程或者股东大会决议方可支付。但是,商法中关于报酬决定的规定,已经注意到了对公司财产的保护,因此没有必要具体规定每个董事的报酬。章程或股东大会决议中可以只规定报酬总额,而对每个董事支付的报酬额可以委托董事会决定。④

股东大会、董事会协同决定模式乃股东大会中心主义与董事会中心主义相互角力、磨合、制衡的结果。因为单纯选择由股东大会决定,从知识、经验、决策能力等方面来看,股东大会作为董事业绩的评价机关和薪酬的决定机关也并不一定最合适,故而委托公司的业务执行机关——董事会决定。但薪酬支付的决定权限全部交给董事的话,出于董事同袍之谊,会掩饰业绩,评价标准的主观性较强,可能纵容支付过多薪酬。为此,选择保留由股东大会决定薪酬总额支付的最后权限,是不得

---

① [日] 末永敏和. 现代日本公司法 [M]. 金洪玉,译. 北京:人民法院出版社,2000: 151.
② 吴建斌. 现代日本商法研究 [M]. 北京:人民出版社,2003:386.
③ [日] 福原纪彦. 董事的报酬规制与责任的轻减 [M] //王保树. 商事法论集. 北京:法律出版社,2012,21:450.
④ [韩] 李松哲. 韩国公司法 [M]. 吴日焕,译. 北京:中国政法大学出版社,2000: 444-446.

已而为之。

4. 监事会全权决定模式

监事会全权决定模式是指各董事会成员的薪酬由地位较为超然的监事会确定的模式。采取此模式的典型国家有德国、荷兰等。

在德国，公司治理实行既有董事又有监事的双层制治理结构，其与我国平行的双层制中地位并存的董事与监事不同，德国公司治理结构中董事由监事会任命，监事会位于董事会之上，可以决定董事会成员的任命和解聘，相应的，董事薪酬也由监事会决定。董事会依据职责对公司进行运营管理，并受监事会决议的制约。如果公司财务状况恶化，以至于难以继续支付董事报酬，这时监事会可以消减规定的董事报酬，且给予董事的报酬总额必须在年度报告中予以说明。监事会可以决定董事的报酬，但监事会成员不得参与公司的实际管理。而且，监事会成员的报酬不受董事会制约，直接由股东大会决定，这有利于保障监事会能够相对独立、公正地确定董事的报酬。① 德国《股份公司法》（German Stock Corporation Act）（1965年9月6日公布，1993年7月22日最后修改）第87条规定：①由监事会确定每位董事会成员的全部收入（工资、分享红利、费用补助、保险补偿金、佣金以及各种附加收入）要考虑到总收入应与董事会成员的任务和公司的状况相适宜。这一点原则也适用于养老金、死者家属收入以及类似情况的现金支付。②如果在监事会确定以后，公司的情况出现严重恶化，如果继续保证该笔收入会使公司处于严重的不合理状态中，那么监事会有权适当削减那笔收入。③监事会可以决定对董事会成员因停职而造成的损失予以补偿，但只能是自职务关系停止后两年的补偿。德国《2005年公司治理准则修正案》（The German Corporation Governance Code Amendments of 2005）第4.2.2条规定：监事会应讨论和定期研究董事报酬体制。董事的报酬由监事会在考虑其业绩的基础上决定。值得注意的是，最初联邦德国的相关法律规定高管薪酬由固定薪酬与浮动薪酬两部分组成。自2008年金融危机过后，德国就现有的经济制度进行反思，认为导致金融危机发生的原因之一是，浮动薪酬使得高管在治理公司时更注重公司的现有利益而不顾公司的长久发展。2009年8月5日，《管理层适当薪酬法案》（Act on the Appropriateness of Management Board Remuneration）生效。新法对德国《股份公司法》第87条第1款第1项中规定了薪酬确定中的"合适性要求"，该项规定：监事会在确定各个董事会成员的总薪酬（薪金、分红、费用补偿、保险报酬、佣金、以激励为导向的薪酬允诺，比如股份认购权和任何种类的从给付）时，应是总薪酬与董事会成员的任务和业绩以及公司的状况成合适的关系且

---

① 李建虎. 试论国有企业经营者薪酬决定主体的法律完善 [J]. 商品与质量，2011 (3).

无特殊原因不得超过通常薪酬。第2、3项对上市公司董事薪酬作了特别的规定：上市公司的薪酬结构应定位于公司的持续发展。浮动的薪酬组成部分应当有数年的计算基础；对于特殊的发展，监事会应当约定限制的可能性。同时德国《股份公司法》第87条第3款第1项规定：在薪酬确定后如果公司的状况恶化使得继续提供原先确定的薪酬对于公司来说不公平，监事会应当将薪酬降低至合适的额度。① 由此可见，无论德国薪酬制度如何改革，监事会始终牢牢控制了董事薪酬的制定权、调整权。

在荷兰，2004年《公司治理准则》（Corporate Governance Standards）规定，监事成员超过4人的监事会应组建由监事组成的薪酬委员会。薪酬委员会必须评估经营者薪酬，包括股票期权、退职金、养老金和董事责任保险等，并向监事会提出建议。

上述监事会决定模式是一种由专司监督机关作为薪酬决定机关，集决策与监督为一身的模式，我国监事会的设置与之大相径庭，不宜效仿。

此外，有论者还提出了高管薪酬决定权配置的第五种模式即法国决定模式：② 单一委员会制下，主要由股东会决定。如法国《2003年上市公司治理原则》（The France Listed Corporation Governance Principles of 2003）第18.1条规定"董事会制定的董事会报酬总额由股东会会议决定"；双层委员会制下由监事会决定，按其《法国商事公司法》（France Business Corporation Act）有关规定，股份公司由监事会任命管理委员会成员及管理委员会主席，管理委员会成员及唯一总经理，也可以从本公司的薪金雇员中进行聘请。在监事会任命管理委员会的任命书中确定管理委员会每一成员取得薪酬的方式及数额。笔者以为，法国模式其实质可归类为英国股东大会决定模式或德国监事会决定模式，③ 不宜作为单独一种新模式予以讨论。

二、董事兼任经理的薪酬决定权配置模式

公司经理在国外商法上被认定为高级商业使用人，在由董事兼任的情形下，其薪酬如何决定呢？进言之，身兼董事与商业使用人二重身份的经理薪酬，是否依据董事身份来由章程或股东大会决定其薪酬？或者能否依据高级商业使用人的职位，

---

① 丁勇. 高管薪酬法律规制的结构性思考——德国立法及其启示 [J]. 证券法苑，2012（2）.

② 高海. 国外董事报酬决定法律制度比较与借鉴 [J]. 重庆工商大学学报（西部论坛），2008（3）.

③ [法] 伊夫·居荣. 法国商法 [M]. 罗结珍，赵海峰，译. 北京：法律出版社，2004，1：386 – 391.

超过章程或股东大会规定的董事薪酬限度,另取得作为高级商业使用人的薪酬?对此有三种不同观点,① 如表3-1所示。

表3-1 决定董事兼任经理薪酬的三种观点

学说观点	观点内容	代表国家	理　由
包括说	董事的报酬应当包括使用人的薪金在内,应由章程或股东大会决定	日本和韩国	身兼董事、经理二职时,两者的地位、职能无法分清,如再另外承认作为使用人的报酬,其结果会使董事脱离股东的管制而追求不当利益
不包括说	作为使用人的薪金,是劳动合同的代价,与董事报酬的法律性质不同,不应包括在董事报酬里	法国②	董事与公司之间关系和使用人与公司之间关系的法律性质不同
折中说	董事报酬虽然不包括使用人薪金,但是决定报酬时,应向股东大会报告作为使用人的薪金金额	挪威	挪威《2005年公司治理做法准则》(The Norway Corporation Governance Practices Guidelines of 2005)规定:董事报酬由股东大会决定;董事如果兼任公司其他职务,由此获得的报酬应经董事会批准

另外,我国《台湾地区公司法》第29条规定:股份有限公司经理人的薪酬,应由董事会以董事过半数出席,以及出席董事过半数同意的决议执行。该法第206条准用第178条有关表决权行使回避的规定,即经理人若担任公司董事时,就其薪酬的决议,有自身利害会损害公司的利益时,不得加入表决。实践中,绝大部分董事兼任经理,虽有董事表决权行使利益回避的规定,但由于其对董事会成员具有相当的控制力与影响力,经理操控薪酬决定比较普遍,因此经理可以极大化超额领取薪酬,损害股东利益,因此,董事兼任经理的薪酬需要更完善的参考指标与决策机制来讨论决定。

我国大陆地区上市公司董事、经理"一肩挑"现象也较突出,截至2012年6

---

① [韩]李哲松. 韩国公司法[M]. 吴日焕,译. 北京:中国政法大学出版社,2000:446.
② 在韩国李哲松教授的公司法著作中并没明确指出"不包括说"的代表国家,但经理报酬与董事报酬在一些场合下加以区别支付仍是有意义的,如在法国,其《法国公司法》规定,公司雇员成为董事时可获得附加工资,并且当董事提供额外服务时,董事会可向董事发放额外的服务报酬。由此,笔者推定,法国是"不包括说"的贯彻者。

月 27 日，A 股约有 2422 家公司，其中董事长兼总经理的公司有 557 家，占 23%，其中有近 400 家公司集中在中小板和创业板公司。《公司法》上对经理人担任公司董事的薪酬决议是提交股东大会还是董事会决定没有明文规定，行使董事表决权回避的规定更是付诸阙如，有必要日后修改《公司法》予以完善。

三、小结

由于不同法系、公司治理结构的差异形成了有关执行董事薪酬决定权配置的四种模式。虽然四种模式中，薪酬决定机关有所不同，但薪酬安排应遵循一定的程序过滤则是普遍的控制之道，颇有借鉴意义。从降低代理成本观点来看，将信息集中在一个核心机构（董事会），以集权模式进行决策，以其专业性做出经营判断，效率最佳。不过，若采取单独由董事会决定的模式，在利益分配之时，独立董事组成的薪酬委员会很难做到真正的独立、公正，高管则会更多地关注到与股东之间的权益分配，引发公平问题。而若采用股东大会决定模式，则因各股东利益分殊与存在信息不对称等因素，达成公司股东集体共识（consensus）并形成决策实属不易，在股权分散的上市公司中大部分的股东所持股份在公司资本中所占比例微乎其微，对投票结果并无实际影响，故采用股东大会决定模式不太可取。而采取股东大会、董事会共同决定模式，将一般主要薪酬决定权交给董事会，同时薪酬政策、薪酬总数和长期激励方案的决定权归股东大会，而薪酬具体决定或分配则授权董事会，股东大会加强监督与控制，才是较为合理之道，值得我国借鉴。

第二节 国外薪酬委员会的构成、设置、职权及运作程序

薪酬委员会（Remuneration/Compensation Committee）是指隶属于董事会的次级委员会，用以吸引、激励和约束公司执行董事和经理人员，负责制定公司执行董事及经理人员的考核标准并进行考核，负责制定、审查公司执行董事及经理人员的薪酬政策与方案，对董事会负责。不管高管（执行董事）薪酬的最终决定权在股东大会、董事会和监事会之间如何分配，一般都是首先由薪酬委员会（或类似的组织机构）制定薪酬方案和薪酬组合。各国的公司法规、治理准则、报告等，也都普遍要

求建立薪酬委员会（或类似的组织机构）。如根据欧盟的最新规定①，德国和奥地利等传统不设薪酬委员会的国家必须在监事会下设薪酬委员会，负责制定公司的薪酬政策，监督经营者薪酬披露，使公司的薪酬政策更合理、透明。薪酬委员会不仅要求被普遍设立，而且强调其组成和职权具有独立性，以避免薪酬决定中的利益冲突，提高薪酬决定和管理的效率。

一、国外薪酬委员会的构成

关于薪酬委员会的构成，从其构成要素来看，主要有薪酬委员会成员、薪酬委员会主席、薪酬委员会秘书。此外，薪酬委员会还可聘请薪酬顾问等。

（1）薪酬委员会成员。如何选择、确定薪酬委员会成员是股东、监管机构都非常关注的问题，许多国家都有相关法律对其组成以及成员标准进行规范，其重中之重即是如何保持薪酬委员会的独立性，即保持具备独立性的独立董事在薪酬委员会成员所占的足够比例至关重要，以为高管薪酬治理的公平性和合理性创造前提条件。薪酬委员会成员的来源，主要包括已经退休的政府官员、退职的 CEO、专家学者、律师，等等。

（2）薪酬委员会主席（召集人）。主席（召集人）由薪酬委员会成员中选举一人担任。主席（召集人）的职责在于：拟定委员会会议日程、负责主持会议及编制公司的年度高管薪酬报告。

（3）薪酬委员会秘书。薪酬委员会设秘书岗位，薪酬委员会主席决定其提名及解聘事宜。其职责主要包括：委员会会议的准备工作（预订会议地点、分发会议日程表、准备会议相关材料给委员会成员，等等），记录和整理会议内容，负责处理主席和委员会成员的其他要求。薪酬委员会秘书可由委员会指定的成员担任，也可以由公司秘书处或者人力资源部门指派。②

（4）薪酬顾问。薪酬顾问多为金融专业人士担任，在薪酬委员会依法制定高管薪酬过程中，一般会聘用咨询顾问，以便于做出公正的薪酬决定。

---

① 欧盟委员会于 2005 年公布了第 2005/162/EC 号文件即《关于上市公司非执行董事（或监事）以及董事会（或监事会）专门委员会作用之提议》（Commission Recommendation of 15 Feb. 2005 on the Rold of Non-executive (or Supervisory) Directors of Listed Companies and on the Committees of the (Supervisory) Board），其详细规定了薪酬委员会的组成和职责，并要求欧盟各成员国在 2006 年 6 月 30 日前采取必要措施修改国内立法，在上市公司建立薪酬委员会。如果成员国不修改国内立法，必须说明理由。

② 彭剑锋，崔海鹏. 高管薪酬 [M]. 北京：机械工业出版社，2009：85-86.

二、薪酬委员会在各国的设置

薪酬委员会在各国的设置因公司治理结构状况的不同，也不尽相同。归纳而言，大致有三种设置模式。

（一）英美模式：在单层制董事会模式下设立薪酬委员会

在英美国家，公司实行不设监事会的单层制董事会模式，董事会通常是由职能比较具体化的下属专门委员会构成，作为重要专门委员会的薪酬委员会即负责高管薪酬事宜。

1. 英国

英国关于设立薪酬委员会的要求主要体现在一系列公司治理改革报告中。1995年，代表商界发言的英国工业联合会（CBI）成立了格林伯瑞委员会，就公司高管薪酬问题作了专门调查。在其颁布的《格林伯瑞准则》（Greenbury Code）中，明确规定上市公司需设立专门的薪酬委员会负责董事薪酬的制定，薪酬委员会由非执行董事组成，这些非执行董事不受个人经济利益的支配，以防止做出不公正的薪酬决定。薪酬委员会必须披露公司执行董事的参与薪酬决策情况，并且必须说明该执行董事是否为其他公司薪酬委员会服务及其服务情况。此外，有关公司治理的其他报告，如凯德伯瑞（Cadbury）报告和汉姆佩尔（Hampel）报告都有类似设立独立性的薪酬委员会的建议。值得注意的是，英国的执行董事薪酬决定模式仍为股东大会决定模式，因为薪酬委员会仅享有董事薪酬的事前制定权，事后决定权仍为股东享有，在是否分配董事薪酬的事项上，股东通过章程或者特别决议享有完全的最终决策权。

实践中薪酬委员会的设立也在与日俱增。据调查，1988年，有54%的英国大公司设立了薪酬委员会，而到了1992年这个比率则上升为94%。① 英国前250家公司董事会中独立董事在1991—1992年度仅占50%，1993—1994年度上升至将近100%；在前500家公司之外的其他公司中，升幅更多，从1991—1992年度的4%上升到1993—1994年度的70%。② 另外还有"不挠背建议"，建议一家公司的经营者不应加入另一家公司的薪酬委员会，以保证薪酬委员会的独立、公正，否则就如同伦敦英布肯梅斯咨询公司的卓哈尔指出的那样，"很明显，如果由来自ABC公司的X先生来决定DEF公司Y先生的报酬问题，而Y先生反过来也有权决定X先生

---

① 李粟. 高管薪酬制度国际比较 [J]. 财会月刊, 2009 (3).
② 朱义坤. 公司治理论 [M]. 广州：广东人民出版社, 1999：507.

的报酬，两人之间的相互勾结就不可避免。"①

2. 美国

美国的高管薪酬决定体制与英国股东大会最终决定模式不同，主要是采用董事会决定模式，在此模式下，董事会自行设立薪酬委员会。美国各州公司立法对董事会下设各种专门委员会（薪酬委员会）的做法规定得比较自主、宽松，例如，美国《特拉华州普通公司法》第141（c）条明确规定"董事会可经全体董事会过半数通过决议，指定组建一个或多个委员会，每个委员会由一名或多名公司董事组成。董事会可以指定一名或多名董事作为任何委员会的候补成员，在任何委员会会议上取代任何缺席的或不具备与会资格的成员"；《纽约州公司法》（New York Corporation Law）第712条规定"公司必须在注册证书中声明董事会有权建立各种委员会，如果董事会认为有必要时，有半数以上董事投票通过，始可建立委员会"；② 美国《示范公司法》第8.25条也规定"除非公司章程或章程细则另有规定，董事会可以设立一个或数个专门委员会，并指派一名或数名董事会成员担任委员会的组成人员。各专门委员会应在董事会、公司章程或章程细则规定的范围内行使相关的管理职权"。但美国公司法并未对董事会下设委员会的数量做出限制，由于法律通常不对委员会的数量做出限制，所以各公司可根据其实际需要设置数个专门委员会。因此，英美国家的公司法一般对董事会有权设立专业委员会作了原则性的规定，但专业委员会的设置数量及具体职责划分则一般由各个公司章程做出具体交代。实践中，公司董事会之下通常设立的委员会包括执行委员会（Executive Committee）、审计委员会（Audit Committee）、薪酬委员会（Compensation Committee）、提名委员会（Nominating Committee）、财务委员会（Finance Committee）、公共议题委员会（Public Issue Committee）等，在前述的各种专门委员会中，其成员大部分是由与公司管理层无关的外部董事（Outside Directors）构成的。③ 各公司根据发展需要，有的还设置了公共政策委员会，投资委员会，技术委员会，环境、健康和安全委员会等。这就意味着所有公司的董事会并不需要下设一应俱全的专业委员会。各家公司完全可以从己而发，因地制宜。④

---

① 转引自罗静芳. 经营者薪酬制度比较研究 [D]. 暨南大学2005年硕士论文，第26页. 载中国优秀硕士学位论文全文数据库.

② 胡果威. 美国公司法 [M]. 北京：法律出版社，1999：168.

③ Robert W Hamilton. The Law of Corporations: In a Nutshell [M]. 5th ed. West Group, 2000: 319.

④ 杨海兰，王宏梅. 上市公司董事会专业委员会的设立及其在中国的现状分析 [J]. 当代经济管理，2009（4）.

值得注意的是，自1978年美国证券交易委员会建议上市公司设立薪酬委员会以来，薪酬委员会制度在美国得到了迅速确立和长足发展，薪酬委员会已经成为上市公司治理机制不可或缺的组成部分，在薪酬决策、激励经理开拓经营和约束经理权力膨胀、股东利益维护方面发挥了重要作用。据全美公司董事联合会（National Association of Corporate Directors）2001年的一项公司治理公开调查显示，5000家样本企业有91%设立了薪酬委员会。实践中，美国公众公司均已设立薪酬委员会，由薪酬委员会专司高管薪酬事务。一般的，薪酬委员会又聘请外部薪酬、会计和法律专家为其制定薪酬计划，薪酬委员会采纳、整理专家的建议后，作为委员会建议呈送给董事会，由董事会批准。

美国在薪酬委员会的人员构成上，十分注重独立性。薪酬委员会的人数从1人到11人不等，根据美国投资者责任研究中心1997年对1500家超大型企业的调查，其中有1146家公司设有薪酬委员会，98.4%的薪酬委员会平均人数为3.7人，最常见的规模是3名成员（411家董事会）和4名成员（307家董事会）。① 根据1990年《美国商业圆桌会议宣言》（Declaration of Business Round Table）提出，大型上市公司的薪酬委员会都应由独立董事担任。在上述美国投资者责任研究中心1997年对1500家超大型企业的调查中，独立董事平均占各企业薪酬委员会的87.1%，有近2/3公司的薪酬委员会全部由独立董事构成，近9/10的公司中，独立董事占薪酬委员会的绝大多数。

2002年"安然事件"之后，美国各界都呼吁严厉监管高管薪酬，从而导致了《萨班斯－奥克斯利法案》出台，进行了强化薪酬委员会独立性的公司治理改革。纽约证券交易所（NYSE）和纳斯达克交易所（NASDAQ）都修改了之前的规则，认为"公司必须通过建立独立委员会或由大部分独立董事来决定经营者薪酬方案"，进一步强调了薪酬委员会的独立性，纽约证券交易所规定，上市公司必须设立薪酬委员会，而且上市公司的薪酬委员会必须完全由独立董事组成。纽约证券交易所有关上市公司薪酬委员会的设置规范，主要规定于《上市公司手册》（Listed Company Manual）中的"公司治理准则"（Corporate Governance Standards）

---

① 罗静芳. 经营者薪酬制度比较研究 [D]. 暨南大学2005年硕士论文, 第24页. 载中国优秀硕士学位论文全文数据库.

第三章　上市公司高管薪酬的决定制度：谁在制造薪酬奶酪

部分。① 纳斯达克交易所有关上市公司薪酬委员会的设置规定于《纳斯达克股票市场规则》（NASDAQ Stock Market Rules）中的规定 4350（c）（3）中，在 2009 年 3 月 12 日之后，相关规定经过修正之后被移至规定 5605（d）中。薪酬委员会仍然不是董事会必设的专门委员会，纳斯达克交易所上的上市公司可以自行选择是否设立薪酬委员会，如果选择不设立，则高管薪酬必须由多数独立董事所组成的董事会

---

① 其内容主要包括：
a. 上市公司必须设立完全由独立董事所组成的薪酬委员会。
b. 薪酬委员会应当制定完整的书面章程，该章程中必须载明如下事项：
● 薪酬委员会设置的目的及义务，其中，必须记载的直接义务至少应包括以下几个方面：审查和批准与首席执行官的薪酬相关的公司目标与业绩，并以此为基础评估首席执行官的表现是否达到了既定的标准；就首席执行官以外的其他公司高管的薪酬、须经董事会批准的激励性薪酬以及股权薪酬计划，向董事会提供建议；编制薪酬委员会报告，报告内容应符合美国证券交易委员会的要求，并附于上市公司的代理声明或者向证券交易委员会提交的公司年报内。
● 薪酬委员会的年度绩效评估。
● 薪酬委员会成员的资格、成员的选聘与解聘、薪酬委员会的结构与运作（包括对附属委员会（Sub-committee）的授权）、薪酬委员会对董事会的报告。
c. 与薪酬委员会相关的其他事项，包括：
● 在决定首席执行官的长期激励性薪酬时，薪酬委员会应当考虑上市公司的业绩以及相关的股东回报、同行业上市公司首席执行官的薪酬水平以及过去几年里本公司首席执行官的薪酬标准。
● 薪酬委员会在决定高管薪酬时还应遵守相关的税收法律规范，典型的如美国《国内税收法》（Internal Revenue Code）第 162（m）条。根据这一条规定，公众公司高管年薪超过 100 万美元的部分不可进行抵扣，除非该部分薪酬的给付完全是基于公司的业绩，且这一业绩目标是全部由独立董事组成的薪酬委员会决定的。
● 虽然薪酬委员会可就首席执行官以外的其他公司高管的薪酬、须经董事会批准的激励性薪酬以及股权薪酬计划向董事会提供建议，但这并不妨碍或排除董事会将上述事项的决定权授予公司的薪酬委员会。
● 如果使用薪酬顾问协助评估董事、首席执行官或其他公司高管的薪酬安排，薪酬委员会章程应规定薪酬委员会是唯一有权聘请和解聘顾问（咨询）公司的机构，这种权力包括批准顾问公司的费用及其他保留条款。
● 只要薪酬委员会完全由独立董事组成，董事会便可以将薪酬委员会的职权分配给薪酬委员会之下的附属委员会，但此时这些附属委员会必须制定相应的委员会章程。
● 上述规则的规定不应被解释为排除董事会对首席执行官薪酬的讨论，与此同时，该规则也无意损害董事会成员间的沟通。

71

决定或建议,且这一过程仅能由其中的独立董事参与。①

综合纽约证券交易所(NYSE)和纳斯达克交易所(NASDAQ)的新标准,在对薪酬委员会的内容规定方面不外乎要达到独立性、公正性、专业性这三项要求:第一,独立性要求。薪酬委员会全由独立董事组成,独立董事不得与公司有任何直接或间接的实质性联系。公司雇员离职5年内不得担任独立董事。第二,公正性要求。公正性要求主要体现为每年评估薪酬委员会表现的程序公正。第三,专业性要求。薪酬委员会成员应具备充分的薪酬及相关事项的知识,以胜任其职。

此外,美国国会于2010年颁布了《多德-弗兰克华尔街改革与消费者保护法案》,该法案一系列有关薪酬委员会的规定体现在第952条中。根据第952条的规定,"报告公司"(reporting company)的薪酬委员会必须具有完全的独立性,如判断薪酬顾问的独立性与否至少应考虑:其一,薪酬顾问所在的顾问咨询机构为公司提供的其他服务;其二,薪酬顾问所在的顾问咨询机构从发行人公司获得的咨询费数额及其在该机构总收入中占的比重;其三,薪酬顾问所在的顾问咨询机构所采用的防范利益冲突的措施和程序;其四,薪酬顾问与薪酬委员会成员之间是否存在着任何的商业联系或者个人关系;其五,薪酬顾问是否持有本公司的股票。同时,该条亦规定了这些薪酬委员会所应被赋予的一些具体的监督职责,如薪酬委员会有权

---

① 具体而言,在薪酬委员会的设置上,纳斯达克交易所的规定主要包括以下几个方面:

a. 公司首席执行官的薪酬必须由下列机构决定或向董事会提出建议:由多数独立董事所组成的董事会,且仅能由其中的独立董事参与;完全由独立董事所组成的薪酬委员会。在上述机构对首席执行官的薪酬进行表决或审议时,首席执行官本人不得在场。

b. 公司其他高管的薪酬必须由下列机构决定或向董事会提出建议:由多数独立董事所组成的董事会,且仅能由其中的独立董事参与;完全由独立董事所组成的薪酬委员会。

c. 非独立董事进入薪酬委员会的例外情形:尽管上述规则规定薪酬委员会应完全由独立董事组成,但在满足下列条件的情况下,非独立董事也可以成为薪酬委员会的成员:

• 薪酬委员会至少有三个以上的成员;

• 其中一位董事既不是满足规定5605(a)(2)规定的独立董事,也不是公司现任的高管或雇员或者高管或雇员的亲属;

• 董事会认为前述的该位董事担任薪酬委员会的成员符合公司及股东的最大利益;

• 董事会须在下一年度股东大会的代理声明中(对于无须提交代理声明的公司,须在其年报中),披露该董事与公司之间关系的性质以及做出该聘任决定的理由;

• 基于此例外情形而被委任为薪酬委员会成员的非独立董事,其在委员会里的任期不得超过两年。

参阅施廷博. 上市公司高管薪酬监管法律制度研究[D]. 华东政法大学2012博士论文,第114页.

聘请独立的法律顾问、薪酬顾问以及其他的专家顾问，相关的费用由公司承担。此外，薪酬委员会还将全权负责上述专家顾问的选聘及其薪酬的决定。

（二）日本、法国模式：在双层制或单层制下进行选择

1. 日本

着眼于公司治理的自主性和有效性，日本规定企业有权选择"双层制"或者"单层制"治理结构。双层制是指："执行具体业务职能的董事会和负责监督事务的'监察人会'并存于同一公司的组织制度。"单层制则指："设立负责'经营基本战略决定与监督'的英美式董事会以及按照其方针执行具体业务的'执行官'（经营负责人，例如 CEO）的制度。"①《日本商法特例法》（2002）规定，日本公司可以选择德国模式设置监事及监事会，也可以选择英美国家的做法，但日本的第二种选择仍然有别于英美国家，日本一般强制性地规定专门委员会的职责以及公司可以设立的委员会种类，而且委员会在职权范围内享有独立的决策权。日本于1997年10月30日发布的《公司治理原则——以日本的角度》第9B原则也规定了董事会应建立任命董事的委员会、解决董事报酬的委员会和业务审计委员会，非执行董事要占成员的大多数。②

2. 法国

在法国，公司治理结构也有单层制和双层制之别，因而设立专门委员会的模式也不尽相同。在单层制治理结构内，董事会下设薪酬委员会，并依据其建议来制定高管薪酬。在双层制治理结构内，则由监事会设置薪酬委员会，并由其建议来制定高管薪酬。薪酬委员会绝大多数由独立董事会组成，公司官员不得包括在内。1995年7月公布的《维耶诺1号报告》中对董事会的职责进行了进一步的确定，并提出积极意见，要求设立财务委员会、薪酬委员会和任命委员会。1999年公布的《维耶诺2号报告》中进一步建议如果其未与薪酬委员会合并，则企业年度报告中应注明董事会和委员会召开的次数，且独立董事应占薪酬委员会的1/2、占审计委员会的1/3、占董事会的1/3、占任命委员会的1/3。但在2002年，只有9家公司达到这个独立的程度。③

---

① 王文宇. 新公司与企业法 [M]. 北京：中国政法大学出版社，2003：40.
② 倪建林. 公司治理结构：法律与实践 [M]. 北京：法律出版社，2001：132.
③ [法] 贝特朗·理查，多米尼克·米艾莱. 公司治理 [M]. 张汉麟，等译. 北京：经济管理出版社，2006：8-16.

(三) 德国模式：在监事会下设置薪酬委员会之类的专门委员会

德国是实行双层制治理结构的代表国家，其一般在监事会下设置专门委员会，由股东会选任监察人，组成监察大会并有权选任和继任公司董事。德国监事会的职责对董事会实行的监督，既有依据法定的监督手段而实行的事前控制，也有事后对董事经营行为的控制。其中监事会任命和罢免董事会成员并代表公司与董事会成员签订聘用合同并决定其报酬（《股份公司法》第 84 条），这一人事任免权限正是监事会行使其监督职能的重要手段。董事薪酬的决定权专属于监事会，股东大会仅可以在特定情形下影响监事会的薪酬决定，比如特定的浮动薪酬形式（如股票期权以及认股权等）需要在股东大会之前做出框架性的决议等，《股份公司法》第 120 条第 4 款虽允许上市公司的股东大会就董事薪酬做出表决，但该表决并不产生具体的权利义务，尤其不影响监事会确定董事薪酬的义务，仅旨在促使监事会认真履行其薪酬决定义务。① 而德国《康默准则》（Cormme Code）没有特别要求设立薪酬委员会，只是认为对许多公司来说这是个不错的做法。监事会可以根据公司本身及其集团成员的情况建立几个委员会来解决包括管理委员会成员薪酬在内的众多事务。所有监事会成员都是独立的，他们不能同时是管理委员会成员。然而公司始创人或始创雇员可以是监事会成员，但根据《康默准则》，这种人不得超过 2 人，而且这些人将会丧失事务执行权或类似权力。另外，由监事会主席领导委员会，负责所有处理管理委员会成员的雇佣合同。

三、薪酬委员会的主要职责

薪酬委员会一般由 4～6 名成员组成，通过薪酬委员会组织的专门会议来行使职权。对于薪酬委员会的主要职能，西方学者的阐释不尽相同，大致包括以下方面："评估经理绩效，制定经理薪酬计划并监督其实施，制定员工退休金、利润分享计划，对公司经理薪酬计划提出意见，披露和解释高管薪酬状况。而能否制定有效的薪酬契约，通过薪酬激励解决代理问题，已成为衡量薪酬委员会是否有效的重要标准。"② 下面就美国、英国的薪酬委员会职责介绍如下。

1. 美国

根据美国商业圆桌会议委员会的《经营者薪酬：原则和评论》（Executive Compensation: Principles and Commentary）等权威会计机构的建议，薪酬委员会的主要

---

① 丁勇. 高管薪酬法律规制的结构性思考——德国立法及其启示 [J]. 证券法苑, 2012 (2).
② 王子成, 张建武. 西方薪酬委员会制度研究综述 [J]. 外国经济与管理, 2006 (9).

职责有以下几点：

（1）健全薪酬治理的理念和原则，确保薪酬体系对保留、吸引、激励经营骨干具有足够魅力；

（2）薪酬设计要以绩定酬；

（3）薪酬设计要保持股东的最终控制权；

（4）披露主要高管人员的薪酬。

2. 英国

根据英国《公司治理联合守则》(Combined Code on Corporation Governance) 对薪酬委员会的主要职责规定，薪酬委员会主要有以下十项职责：①

（1）考虑给予执行官的基本薪酬和董事长对基本薪酬的修改建议；

（2）考虑给予执行官奖金，若该奖金与业绩相关，则制定合适的标准计算公式并监督其操作，同时考虑董事长对上述做法的建议；

（3）对所有有关执行官报酬的业绩相关计算公式提出建议和做出决定，考虑董事的年度奖金和在长期激励计划下的收益的合法性；

（4）管理公司运作或即将设立的股票期权计划的所有事项；

（5）就公司执行报酬规定和操作股票期权计划情况作审查；

（6）考虑并对除法律或伦敦证交所要求外董事的报酬结构提出建议；

（7）考虑给予执行官的其他利益和董事长对这些的修改建议；

（8）考虑对执行官的年金安排；

（9）考虑并对有关执行官的其他服务合同的条款及对这些合同提出修改建议；

（10）考虑其他与执行有关的报酬事项及董事会授予薪酬委员会的事项。

四、薪酬委员会的运作程序

薪酬委员会职能的发挥，依赖于一套科学完备的工作程序的建立。与台湾学者提出的拟定组织规程、聘任委员、会前准备、会议运作、向董事会报告、信息披露

---

① 倪建林. 公司治理结构：法律与实践 [M]. 北京：法律出版社，2001：133 – 136.

等六个步骤相比①，美国公司薪酬委员会围绕年度流程的运作程序大致归纳为七个阶段：②

（1）运用"目标管理法"制定绩效评价体系及标准。先在年初与经营者一起

---

① 我国台湾地区薪酬委员会的实务运作，有学者提出分成六个步骤，供公司设置与运作薪酬委员会进行参考：

a. 拟定组织规程：可依据上市（柜）公司治理实务守则第27条，制定相关章程及内容。第27条规定：上市（柜）公司董事会为健全监督功能及强化管理机能，得考量董事会规模及独立董事人数，设置审计、提名、薪酬、风险管理或其他各类功能性委员会，并得基于企业社会责任与永续经营的理念，设置环保或其他委员会，并明定章程。

b. 聘任委员：薪酬委员会成员系董事会推举，人数不得低于三名，其中一名为召集人。上市（柜）公司原已设置独立董事者，应由独立董事参与并担任薪酬委员会召集人及会议主席。但为了让公司有时间寻找合适人选，相关办法则没有立刻强制公司施行上述要求。

c. 会议前准备：相关办法规定应至少于七日前将召集事由送到各委员手上。邀请对象得扩及董事、公司相关部门经理人员、内部稽核人员、会计师、法律顾问或其他人员，上述人员均得列席会议并提供相关必要的信息。

d. 会议运作：开会次数一年至少两次以上；出席法定人数与决议方式随薪酬委员会组成人数不同，而有所差异，除了要注意出席或决议的委员比例（1/2或2/3）之外，还需注意"出席委员"或"全体委员"，但相关办法已经有规定应要"全体委员"半数以上同意；关于利益回避问题，法规上虽然没有明定当事人是否要利益回避，但是有许多公司主动在薪酬委员会组织章程中，明确受评对象应利益回避，以免有"球员兼裁判"之嫌。薪酬委员会人数最多三人，且需符合独立性的资格规定；会议召开时间一年至少两次；董事长列席但不具有投票权，如为受评对象则须回避。人资单位最高主管列席，但不具有投票权。薪酬决定对象大致为董事长及董事、执行长、相当于资深副总及执行副总以上的高阶经理人重要干部。酬劳项目底薪、奖金、股票选择权、整体员工的奖励利润分享与其他诱因计划。

e. 向董事会报告：相关办法中有规定会议记录应呈报董事会，董事会也参照相关因素，但是如果遇到董事会不采纳或不修正薪酬委员会的提议时，特别是在董事会通过的薪酬案优于薪酬委员会的决定时，则可以依相关办法第7条第4项处理，将其差异记录于议事录中。

f. 信息揭露：薪酬委员会对于薪酬信息揭露，除了须符合现行年报要求外，更应该参照相关办法所订内容，在公开资讯观测站公告申报如下：

● 薪酬委员会成员在委任有异动时，在事实发生日起二日内公告申报。

● 当薪酬委员会的议事录内载明有成员反对或保留意见者，在事实发生二日内公告申报。

● 当董事会通过的薪酬优于薪酬委员会的建议时，应于董事会通过的即日起二日内公告申报。参阅郑颖懋、李秀玲. 薪酬委员会之功能及运作模式：评析证券交易法第14条之6 [J]. 朝阳商管评论，2012（11）.

② 张楚堂，汪钰. 美国公司薪酬专业委员会制度及其对我国上市公司的借鉴 [J]. 理论月刊，2001（9）.

制订公司的战略目标和计划,再结合其他需要评价的内容形成绩效评价指标体系。①

(2) 制订高管薪酬计划,包括薪酬组成结构、奖罚标准和实施办法。②

(3) 披露并解释高管薪酬计划。

(4) 在工作期间内负责与 CEO 团队交流,帮助改进 CEO 团队工作业绩。

(5) 在年度结束时对 CEO 团队绩效进行评价,撰写绩效评价报告。评价报告内容主要包括评价主体、客体、目的、指标和标准、结果和结果分析。

(6) 根据业绩考核结果和薪酬的奖惩标准、实施办法确定应给予经营者的薪酬并执行薪酬计划。

(7) 回顾审查整个薪酬计划的合理性。薪酬委员会须在年终对所订薪酬计划做一个回顾,检查其中是否有不恰当之处并评估薪酬计划的合理性。

五、小结

薪酬问题在本质上是公司治理问题,由于其专业性、技术性较强,公司治理结构比较健全的公司,一般都设立了薪酬委员会或类似的制定高管薪酬的机构专司其事。

(1) 从法律规制的设置要求上看,薪酬委员会的设立具有两种模式:一是强制设立模式,如纽约证券交易所(NYSE),还有我国台湾地区的证券交易法于 2010 年 11 月新增订 14 条之 6,规定上市(柜)公司如实收资本额达新台币 100 亿的股票公开公司,应设薪酬委员会。实收资本额未达新台币 100 亿的股票公开发行公司,应于 2011 年底前设置薪酬委员会。二是任意设立模式。如纳斯达克交易所的上市公司可以自行选择是否设立薪酬委员会。有学者针对我国台湾地区仿效英美国家设置薪酬委会强制模式,指出,虽然立意不错,但因为我国(台湾地区)与英美国家的公司治理环境、面临的薪酬问题及公司经营与监督体制等不同,所以这种模式并不适合。此外,设置薪酬委会政策属强制性质,是以齐头式(one-size-fits-all)平等作为管制手段,这恐怕会加重对中小型公开发行公司的法令遵循(legal compli-

---

① 建立绩效评价指标体系要遵循四条原则:a. 应以公司整体业绩为主要评价指标。经营者的控制范围很大,对他们的业绩进行评价不能局限于个人指标;b. 注重能评价公司长期发展能力和能培育公司核心竞争力的指标(这些指标反映了企业价值的提升)。非财务指标在这方面具有优势,因此应充分考虑非财务指标的设计,如企业文化、价值观、员工精神面貌等。c. 将团队评价和个人评价相结合。d. 事先确定好对经营管理者业绩有影响的不可控因素的处理办法,这关系到管理人员的业绩水平和相应的报酬计划。

② 首先,对影响经营者业绩的不可控因素(如宏观经济情况)提出解决方案。其次,制订高级经营者的薪酬组成部分和各部分所占比例,包括基本工资、奖金、股票收益(股票分红、股份期权)、其他收益(福利报酬、延迟收益等)。最后,确定奖罚标准和实施办法,即将绩效评价标准与薪酬相联系,确定达到何种标准有何种报酬。

ance）成本。① 还有学者认为本次立法过于仓促，欠缺详细研究及考量相关措施，因此目前并未考量薪酬委员会的制度如何跟审计委员会的配合问题，缺乏规范一致性。薪酬委员会定位不明确，若由社会公正人士组成，则该委员会就不属于董事会下次级委员会。② 对此，我国大陆地区的公司应考虑如何引入薪酬委员会的立法，强化公司治理，加强业绩与薪酬的关联。

（2）英美薪酬委员会的职责，基本上可归为制定薪酬政策，考核高管绩效，确定薪酬方案，监督方案实施，而薪酬委员会履行职责的保障还应落脚于薪酬委员会成员信义义务的健全。

（3）从国外薪酬委员会的构成和运作程序方面看，越来越多的国家公司治理机构中的做法是确保设立的薪酬委员会的独立性、决策程序公正，尤其是美国安然公司事件发生后，大部分国家均强化了薪酬决策隔离机制即确保薪酬委员会的独立与公正，美国将这个机制规定得较为丰富、细致，其关于薪酬委员会组成人员的独立性、公正性、专业性要求及透明化的运作程序，颇值借鉴。

第三节　我国上市公司高管薪酬的决定制度

一、对我国上市公司高管薪酬决定的"双轨制"的分析

目前，我国已基本搭建起以《中华人民共和国公司法》③《中华人民共和国证券法》④《中华人民共和国企业国有资产法》⑤ 为主，以中国证监会、国资委和财

---

① 陈乃瑜. 论金融海啸后之薪酬法制改革：以我国实务工作者观点为核心. http://ndltd.ncl.edu.tw/cgi-bin/gs32/gsweb.cgi/login? o = dnclcdr&s = id = % 22100NTHU5705010% 22. &searchmode = basic.

② 戴铭升. 薪资报酬委员会之组织与职权－兼评我国证券交易法2010年增订之第14条之6［J］. 证交资料，2010（585）：31.

③ 参见2014年修订《公司法》的第37条、第46条。

④ 参见2014年修订《证券法》第150条第三款规定，"证券公司的净资本或者其他风险控制指标不符合规定的，国务院证券监督管理机构应当责令其限期改正；逾期未改正，或者其行为严重危及该证券公司的稳健运行、损害客户合法权益的，国务院证券监督管理机构可以区别情形，对其采取下列措施：……（三）限制分配红利，限制向董事、监事、高级管理人员支付报酬、提供福利。"

⑤ 参见《企业国有资产法》第27条规定，"国家建立国家出资企业管理者经营业绩考核制度。履行出资人职责的机构应当对其任命的企业管理者进行年度和任期考核，并依据考核结果决定对企业管理者的奖惩。履行出资人职责的机构应当按照国家有关规定，确定其任命的国家出资企业管理者的薪酬标准。"

政部等相关政府部门规章为辅的高管薪酬法律规范体系,并且我国对上市公司高管薪酬的决定模式实行"双轨制"的规定。这里的"双轨制"有两重含义:

一是因不同种类的公司而做出不同规定,主要分为两类:一类是对于所有上市公司皆适用的一般规定,即《公司法》《证券法》及中国证监会的相关规定。无论上市公司是否具有国有性质,均可适用这些法律规定。另一类是特别规定,主要是国资委和财政部关于国有控股上市公司高管报酬的相关规定以及2014年版《中央管理企业主要负责人薪酬制度改革方案》等文件规定,这些规定适用国企性质的上市公司。

二是因薪酬规制的具体对象不同而不同,如公司法针对一般公司(非国有企业)而言,董事薪酬由股东大会决定,经理薪酬则由董事会决定。而针对国企上市公司而言,根据中央管理企业主要负责人薪酬制度改革精神,组织部门任命的国企高管(主要是垄断性国企)的薪酬包括基本薪酬和中长期激励两个部分,基本薪酬参照公务员工资标准进行制定,并通过高管与普通员工相差的倍数进行限高。另外,非组织任命的职业经理人(主要是竞争性国企)将根据市场化的办法确定其薪酬。具体的规范如下:

1. 一般性规范:对非国有企业上市公司(如民营企业和外商投资企业)而言

我国法律关于高管报酬的决定权配置的一般规定,最早见于1994年8月27日国务院证券委员会、体制改革委员会联合发布的《到境外上市公司章程必备条款》,这部行政规章规定,通过董事和监事薪酬决议需提交股东大会进行普通决议。① 公司法以及中国证监会的相关规定②沿袭了股东大会决定董事薪酬模式。我国2014年新修订公司法时薪酬决定模式仍未变革。《公司法》(2014年修订)第37条规定,"股东会行使下列职权:……(二)选举和更换由非职工代表担任的董事、监事,决定有关董事、监事的报酬事项。"《公司法》第46条规定,"董事会对股东会负责,行使下列职权:……(九)决定聘任或者解聘公司经理及其报酬事项,并根据经理的提名决定聘任或者解聘公司副经理、财务负责人及其报酬事项"。可见,《公司法》及相关行政规章确定的规则有二:①针对董事、监事薪酬,将其决定权交给了股东大会,采取股东大会单独决定模式;②经理、副经理、财务负责人薪酬的决定权配置交给董事会,采取董事会单独决定模式。

值得注意的是,关于股权激励,我国采取股东大会审议批准模式。2005年12

---

① 第50条第1款第2项和第3项、第70条第1款第3项、第88条第1款第9项规定。

② 中国证监会2006年3月16日发布的《上市公司章程指引》(2006年修订)第40条第1款第2项、第76条第1款第3项和第107条第1款第10项。

月31日中国证监会发布的《上市公司股权激励管理办法（试行）》对此做出了规定。①

2. 特殊法规范：对于国有企业上市公司来说

对于国有企业上市公司来说，《企业国有资产法》对公司高管的薪酬仅有零星涉及，按照《企业国有资产法》第22条、第24条、第27条的规定，"履行出资人职责的机构应当向国有资本控股公司、国有资本参股公司的股东会、股东大会提出董事、监事人选；并且应当按照规定的条件和程序进行考核，并依据考核结果决定对企业管理者的奖惩。履行出资人职责的机构应当按照国家有关规定，确定其任命的国家出资企业管理者的薪酬标准。"至于从非组织任命的职业经理人的高管薪酬如何确定，《企业国有资产法》并未具体交代。值得注意的，国资委等部门颁布的文件中有进一步的特别规定，明确国资委对"企业负责人"的薪酬决定权。根据《中央企业负责人薪酬管理暂行办法》规定，国资委对上述"中央企业负责人"的报酬方案进行审核，其中法定代表人的年度报酬方案还需国资委批复。违反上述规定的，国资委可施以责令收回超标准部分报酬等处罚措施。除了国资委的直接决定权外，《中央企业负责人薪酬管理暂行办法》还规定了一项与《公司法》相交叉的权利：国有控股及参股企业中的国有股权代表可以参照本办法提出本企业负责人薪酬调控意见，并按法定程序分别提交企业董事会、股东会审议决定。有论者对这一条款的理解是存在争议的，有论者认为此条所规定的按《公司法》相关程序审议决定"本企业负责人"薪酬，与同办法所规定的国资委的决定权相矛盾。② 但有论者认为，从体系解释的角度，此条中的本企业负责人应属于由企业聘任而非国资委任命和管理的负责人；因而与国资委对其任命高管的薪酬决定权并不矛盾。③ 笔者赞同后说，因为其为市场上招聘经理人的薪酬定价打开了绿灯。

总之，我国在高管薪酬的决定权配置方面采取了双轨制，对于一般上市公司

---

① 根据该办法，上市公司董事会下设的薪酬与考核委员会负责拟定股权激励计划草案。薪酬与考核委员会拟订的股权激励计划草案应当提交董事会审议。董事会审议通过股权激励计划后，上市公司应将有关材料报中国证监会备案，同时抄报证券交易所及公司所在地证监局。中国证监会自收到完整的股权激励计划备案申请材料之日起20个工作日内，如果提出异议，上市公司不得发出召开股东大会的通知审议及实施该计划；未提出异议的，上市公司可以发出召开股东大会的通知，审议并实施股权激励计划。股东大会就法定事项作出决议，必须经出席会议的股东所持表决权的2/3以上通过。

② 戴少刚. 上市公司高管报酬之法律规制：美国经验及其比较借鉴 [D]. 清华大学2007年硕士学位论文，第74页. 载中国优秀硕士学位论文全文数据库.

③ 时晋. 国有控股上市公司高管薪酬的法律规制 [D]. 中国政法大学2010年硕士学位论文，第19页. 载中国优秀硕士学位论文全文数据库.

(非国有企业上市公司),公司自治程度相对较高,由股东(大)会决定董事、监事薪酬,经理、副经理、财务负责人薪酬则由董事会决定;而决定经理薪酬的事项按照《公司法》规定,需要全体董事的过半数同意即可。而针对国有企业上市公司,主要是由国资委来决定由其任命和管理的负责人的薪酬。对于非组织任命的职业经理人则根据市场化的原则进行薪酬定价。

上述"双轨制"模式亦存在不少缺陷,其完善的建议一并阐述如下:

第一,对于一般上市公司(非国有企业上市公司),《公司法》规定了分别由股东大会决定董事薪酬和董事会决定经理薪酬的双轨制,这种模式仍有改进的空间,可以兼顾国外董事会中心主义潮流,实行"股东大会——董事会"共同决定模式,即股东大会可以决定董事薪酬总额及分配标准,并将具体分配额委托给董事会。

第二,我国现行《公司法》没有明确规定决定董事薪酬的事项属不属于《公司法》规定的特别议决事项,是只需要出席会议的股东所持表决权的过半数通过即可,还是按特殊决议方式表决,不得而知;① 实务中出现股东大会委托董事会决定各董事报酬并事后经股东临时大会以普通表决方式追认的案件纠纷,② 某股份公司的公司章程对董事报酬的总额比例进行了约定,但董事报酬的形式和分配方式没有载明。董事会对上年度的公司盈余决定进行分配,明确各董事分配的数额,报公司股东大会,股东大会对该决议的内容通过股东临时大会以普通表决方式决议后进行追认。后该公司某董事认为,公司的章程对董事的报酬形式和分配方式没有约定,董事会决议的董事报酬数额应当均分,而不是按投资比例决定董事的报酬,且董事报酬额应当由股东大会决定,本次由董事会决议的董事报酬额违反法律规定,应当认定无效。但法院的态度是判决其有效。因为在法院看来,根据《公司法》第104条第2款对特殊表决方式采取的是列举性表述,而董事的报酬事项并没有包括在内,依据《公司法》系统解释,可判断本案中股东会采用普通表决的方式来追认董事会决议的董事薪酬分配方式,符合法律规定的形式要件。笔者以为,我国《公司法》对于股东大会决议董事薪酬究竟是采取普通决议方式还是采取特殊决议方式未明文规定,而且对于董事薪酬决议内容究竟是仅限于董事薪酬政策还是包括董事薪酬具体数额也没有做出具体交代,属于立法一大遗漏。未来我国《公司法》可明确规定董事报酬事项(主要是董事薪酬安排政策)以股东大会普通决议方式表决,并授权公司章程规定由董事会负责董事及经理薪酬具体数额计划,这样可为法官裁判

---

① 马德林. 股权制衡下合谋、激励与高管薪酬问题研究 [M]. 南京:东南大学出版社,2011:143.

② 葛文. 股东会委托董事会决定各董事报酬的效力 [N]. 人民法院报,2008-04-24.

提供直接明文依据，而不是通过法律解释、推论得出案件结果。

而且从公司治理实践中看，"双轨制"有效运行的前提条件是公司治理结构健全、运行良好，即股东大会和董事会皆能规范运作。而在我国"一股独大"的股权结构制约了股东大会作用的发挥，甚至沦为"橡皮图章"。同样，我国上市公司董事会的独立性也难有保障，控股股东操控公司董事会司空见惯。因而由董事会来决定经理薪酬，其公正性与透明性大打折扣。为此，要完善保障股东大会和董事会切实规范运作的法律机制，关键是落实控制高管薪酬的各项股东权利，本书对此在第五章将予专门讨论；而董事会的治理在于薪酬委员会的改造，本书下文将在有关我国薪酬委员会的问题及完善对策中对此深入分析。

第三，我国《公司法》对于董事兼任经理的薪酬情况没有做出规定，但台湾地区有规定，若经理人担任公司董事，就其薪酬决议时，若其自身利益有损公司利益，兼任经理的董事不得加入表决。我国大陆公司法应明确董事兼任经理的薪酬一律由股东大会决定，以强化薪酬治理的股东民主性，而且应直接借鉴台湾地区董事表决权行使利益回避的规定，以防止自我定薪。

第四，国企性质的上市公司薪酬治理应完善双轨制，采用差异化管理方式。有学者主张，国有公司从现行《公司法》中剥离出来单独予以立法调整。① 笔者认为，国有公司既有一般商业公司的共性，也有自己的特殊性，而且不同类的国有公司不能一概而论，除垄断性公司可单独以单行法予以规制外，大多数竞争性国有公司从修法成本和目前现实来看，仍有适用现行《公司法》的必要。由此，我们可以按国企分类标准进行差异化的薪酬规制：对涉及国家安全、军工、自然资源垄断、行政垄断和具有公用性质的国企而言，组织部门任命的国企高管的基本薪酬参照公务员工资标准进行制定，由国资委决定。其实在自由市场经济最发达的西方国家也是如此，如法国，垄断性国企高管薪酬略高于公务员标准，是同级别官员收入的两三倍；一般法国国企的董事长由总理任命，性质是公务员，薪酬的确定参照前一任经营者。董事长负责招聘总经理，总经理的薪酬由财政部决定，如果是市场上聘任的，薪酬是随行就市的。如法国电信前任 CEO 是公务员身份，工资只有 20 万欧元，是法国最大公司中工资最低的 CEO，继任者是从市场招聘来的，年收入是 150 万欧元。2012 年 6 月份法国财政部还公布了"薪酬框架管理政策"，对国企高管薪酬实行封顶之举，旨在控制国企高管薪水不超过 45 万欧元，即不超过"主要国企底层薪水平均水平的 20 倍"。在美国，国企是为了公共产品的生产和供给而设立起来，通常由政府决定其定价，以确保国家对企业发展及分配的决定权。国会参照联

---

① 叶林，樊涛. 关于我国公司法修改的若干问题 [J]. 新疆社科论坛，2015（1）.

邦公务员薪酬制度通过的国企专项法案来确定董事会成员的薪酬，并由国会与企业同级的议会来检查薪酬实施情况。薪资在 10 万~30 万美元，普遍低于普通企业，与大型上市公司比较则相差更大。同时，国企内部人员薪酬的差距也有限制，高管与一般雇员的薪资差距在 4~10 倍。在日本，国会对关乎国企生存与发展的重大方针享有决定权，国企的监督也分别由经济企划厅会计检察院和总务厅行政监察局负责。其高管薪酬通常由日本人事院按照日本《国家公务员法》决定，并由国会与人事院监督薪酬实施情况。① 而对于竞争性国有企业上市公司（如服务业、商业、制造业），一般由公司董事会到职业经理人市场进行招聘，其薪酬则根据市场化的办法确定，淡化政府干预色彩，透过公司薪酬委员会治理模式，增强公司自主决定经理人薪酬的权限。正如有论者指出的那样，② 合理确定国企高管的薪酬标准之所以难以在法律中做出具体规定，症结就在于国企高管的"政企两栖身份"。只有"两栖身份"的打破、瓦解，国企薪酬的合理体系才能真正建立。

二、我国薪酬委员会（薪酬与考核委员会）的现行规定

目前我国设置像薪酬委员会这样的董事会专业委员会的做法并未得到普遍认可，《公司法》《证券法》中没有任何规定，只在部门规章和自律性文件中有所规范。

制定部门规章：2001 年 8 月在中国证监会发布的《关于在上市公司建立独立董事制度的指导意见》（以下简称《意见》）中，首次出现上市公司董事会下设薪酬委员会的提法。③ 2002 年 1 月中国证监会、国家经济贸易委员会发布的《上市公司治理准则》首次就各专门委员会做出规定，④ 该准则明确了薪酬委员会的组成和主要职责，基本建立了薪酬委员会的法制框架。对薪酬委员会的运作程序大致做出了

---

① 李寅. 国有企业高管薪酬法律规制研究 [D]. 湖南师范大学硕士学位论文，第 30 页、第 35 页. 载中国优秀硕士学位论文全文数据库.
② 许家旺. 高管薪酬制度"救赎"[J]. 董事会，2010 (4).
③ 该《意见》第 5 条规定：如果上市公司董事会下设薪酬、审计、提名等委员会的，独立董事应当在委员会成员中占有 1/2 以上的比例。1997 年中国证监会发布的《上市公司章程指引》对专业委员会只字未提（2006 年修订时也依然照旧）。
④ 其第 52 条规定：上市公司董事会可以按照股东大会的有关决议，设立战略、审计、提名、薪酬与考核等专门委员会。专门委员会成员全部由董事组成，其中审计委员会、提名委员会、薪酬与考核委员会中独立董事应占多数并担任召集人，审计委员会中至少应有一名独立董事是会计专业人士。

规定。① 2005年11月，国务院批准证监会《关于提高上市公司质量意见的通知》再次明确规定：要设立以独立董事为主的审计委员会、薪酬与考核委员会并充分发挥其作用。2007年12月，中国证监会发布的年报准则和年度报告工作通知首次明确规定，上市公司年度报告应予披露董事会下设的薪酬委员会的履职情况。

制定自律性规范文件：2002年上海上市公司董事会秘书协会制定的《董事会薪酬与考核委员会实施细则指引》，也是目前我国对薪酬委员会做出的最详细规定的文件。就《董事会薪酬与考核委员会实施细则指引》（以下简称《细则》）规定内容来看，该文件首先规定了薪酬与考核委员会的法律地位；② 其次，明确了薪酬与考核委员会人员的组成和产生程序、任期；③ 再次，细化了薪酬与考核委员会的职责规定；④ 最后，厘清了薪酬委员会（或薪酬与考核委员会）的决策程序、议事规则及回避制度等；此外《细则》还补充规定了委员的保密义务——出席会议的委员均对会议所议事项有保密义务，不得擅自披露有关信息。

三、我国薪酬委员会（薪酬与考核委员会）存在的问题分析

1. 我国薪酬委员会（薪酬与考核委员会）的法律规定位阶低，《公司法》中付诸阙如

---

① 首先，各专门委员会可以聘请中介机构提供专业意见（有关费用由公司承担）；其次，各专门委员会对董事会负责，各专门委员会的提案应提交董事会审查决定，与此同时，监事会的监督记录以及进行财务或专项检查的结果应成为对董事、经理和其他高级管理人员绩效评价的重要依据；最后，上市公司应建立公正透明的董事、监事和经理人员的绩效评价标准和程序，董事和经理人员的绩效评价由董事会或其下设的薪酬与考核委员会负责组织，独立董事、监事的评价应采取自我评价与相互评价相结合的方式进行。

② 该《细则》首先将负责薪酬决定事宜的机构表述为"薪酬与考核委员会"，并将其界定为董事会按照股东大会决议设立的专门工作机构，主要负责制定公司董事及经理人员的考核标准并进行考核；负责制定、审查公司董事及经理人员的薪酬政策与方案，对董事会负责。

③ 该《细则》规定薪酬与考核委员会成员由三至七名董事组成，独立董事占多数，薪酬与考核委员会委员由董事长、1/2以上独立董事或者1/3全体董事提名，并由董事会选举产生，薪酬与考核委员会设主任委员（召集人）一名，由独立董事委员担任，负责主持委员会工作；主任委员在委员内选举，并报请董事会批准产生，薪酬与考核委员会任期与董事会任期一致，委员任期届满，连选可以连任。

④ 主要职责为：a. 根据董事及高级管理人员管理岗位的主要范围、职责、重要性以及其他相关企业相关岗位的薪酬水平制定薪酬计划或方案；b. 薪酬计划或方案主要包括但不限于绩效评价标准、程序及主要评价体系，奖励和惩罚的主要方案和制度等；c. 审查公司董事（非独立董事）及高级管理人员的履行职责情况并对其进行年度绩效考评；d. 负责对公司薪酬制度执行情况进行监督；e. 董事会授权的其他事宜。

我国仅在政府规章和民间规范文件规定薪酬委员会（薪酬与考核委员会）的地位、职能、运作程序，但在法律文件如《公司法》中缺乏规定，前者如我国证监会颁布的《上市公司治理准则》规定，后者如《董事会薪酬与考核委员会实施细则指引》。两个文件均规定薪酬委员会是按照股东大会的有关决议设立起来的，董事会不能自行设立，这与日本和美国立法有显著的不同，① 而且从《上市公司治理准则》的规定还可以看出，我国关于委员会的规定主要为任意性规范，即授权董事会按照股东大会的决议设立委员会，至于股东大会的有关决议是普通决还是特殊决方式，《公司法》中都没有明确规定，还有具体设立哪些委员会也无强制要求。因此，薪酬委员会制度缺乏应有的法律平台支持。

2. 薪酬委员会（薪酬与考核委员会）的职能定位不明确、缺乏足够的决策权、信息知情权、调查权

从《上市公司治理准则》对各委员会职责规定来看，各专门委员会并无独立的决定权。② 这意味着像薪酬与考核委员会更多地被作为一个起咨询、建议作用的机构，而不是决策机构，不能单独行使薪酬决策的权力，缺乏足够的决策权、信息知情权、调查权，大大制约了其功能的发挥。而不像从发达市场国家的薪酬委员会那样拥有对所管辖事务的决策权，能做出独立判断和决定，从而对高管薪酬起到监控作用。

3. 薪酬委员会（薪酬与考核委员会）缺乏独立性甚至形同虚设

从我国上市公司的股权结构来看，上市公司股权比较集中，大都存在控股股东。控股股东利用其控股地位操控了董事会，而薪酬委员会成员是由董事会提名的，这导致薪酬委员会难以独立。在实践中，薪酬委员会所起到的作用极为有限，甚至不起作用，还有很多公司因《公司法》无强制性规定就根本没有设立薪酬委员会。根据 2008 年上半年对在深圳证券交易所主板 440 个有效样本上市公司进行的问卷调查，发现：①440 家上市公司中有 35 家公司未在董事会下设立薪酬委员会，占总数的 7.95%，其余 405 家设立了薪酬委员会，占总数的 92.05%；②薪酬委员会中独立董事比例小于 50% 的为 42 家，占总数的 10.37%，其余 363 家的薪酬委员会中独立董事的比例大于或等于 50%，占总数 405 家的 89.63%。③ 不过，从设置薪酬委员会的发展情况来看，薪酬委员会越来越受到上市公司的重视，2004 年上市

---

① 谢增毅. 董事会委员会与公司治理 [J]. 法学研究, 2005 (5).

② 《上市公司治理准则》第 58 条规定：各专门委员会对董事会负责，各专门委员会的提案应提交董事会审查决定。委员会的主要职责是研究问题，发挥咨询和建议作用。

③ 吴林详, 何基报, 佘坚, 等. 深交所上市公司高管薪酬分析 [J]. 证券市场导报, 2008 (7).

公司中设立薪酬委员会的有750家,占全部上市公司的53.57%;2005年增加到843家,增加了93家,占全部上市公司的60.21%;2006年达到980家,增加了137家,占全部上市公司的70%;2007年共有1260家,增加了280家,占全部上市公司的87.85%;2008年共有1386家,增加了126家,占全部上市公司的92.45%;2009年共有1401家,增加了15家,占全部上市公司的97.35%;2010年共有1690家,增加了289家,占全部上市公司的98.37%。① 但应看到,仍有一些上市公司没有设立薪酬委员会或薪酬委员会形同虚设。薪酬委员会缺乏独立性,独立董事不独立,出现职能缺失。不少上市公司由执行董事参与薪酬委员会决策,出现了内部人自我定薪。另外,我国一些地方国有控股公司和集团母公司实际上并没有分开,也出现了上市公司薪酬委员会主席由公司董事长或者母公司领导兼任的现象。结果造成薪酬委员会独立性的丧失。此外,CEO往往就于自己有利的独立董事进入薪酬委员会做出选择,独立董事处于经营者的从属地位,也就不能公正地决定经营者薪酬。

正如有论者指出,"目前我国各上市公司中专业委员会的设立有名无实,形同虚设,极大地影响了独立董事制度的完善及其作用的发挥。目前在中国上市公司100强中,不仅没有一家年报中有单独的董事会专业委员会报告,而且,就是董事会专业委员会的总体状态包括其数量、人员组成和会议次数等基本信息也都是只有少数企业有相对详细和具体一点的披露。另外专业委员会的会议次数也明显不足。审计、酬薪和提名三个专业委员会的年会议次数平均值分别为3.82、2.59和3.12,低于美国公司平均的7.6次。有的上市公司的委员会往往一年都不召开一次会议,同公司内部的管理层也几乎没有沟通,只是一个装饰的架子,也没有发挥一点作用。"② 另据《新理财》杂志2010年4月指出,2008年中国的上市公司中被交易所谴责或被监管机构立案稽查的公司中95%以上独立董事并没有及时或者提早发现并提出异议,独立董事发言形式化问题严重,③ 自然很难对高管自我定薪起到抑制、监控作用。

4. 薪酬委员会(薪酬与考核委员会)行使职权时相应的监督机制及问责条款缺失

我国上市公司薪酬委员会制度除了成员享有薪酬决策权的行权机制不完善,独

---

① 张玮倩. 媒体报道对高管薪酬的治理作用研究[D]. 西南财经大学博士学位论文,第31页. 中国博士学位论文全文数据库.
② 杨海兰,王宏梅. 上市公司董事会专业委员会的设立及其在中国的现状分析[J]. 当代经济管理,2009(4).
③ 谢春艳. 独立董事发言形式化问题研究[J]. 财经理论与实践,2013(11).

立性难有保障之外,薪酬委员会对薪酬决策负责的监督约束机制不健全、问责条款缺失是很大的一个缺陷。任何一项法律制度的确立,必须有相应的法律责任作为保证。没有责任的法律制度就像没有牙齿的老虎,没有责任的权力授予或者会造成权力的滥用,或者使整个制度的威信受损,最终流于形式。当前我国有关薪酬委员会的问责机制不尽人意,一方面,目前我国现有规定中只是对董事义务责任做出了一般性规定,鲜有对薪酬委员会或者其委员失职或者决策失误进行责任追究方面的个性化规定,由独立董事出任的薪酬委员会成员与内部董事的不完全相同性,决定了独立董事的法律责任不同于内部董事,也决定了独立董事承担的法律责任有其特殊性,但是现有的法律法规却对此没有一个明确的规定和解释,缺乏有效的问责机制,从而使得薪酬委员会的制度实施大打折扣。

四、我国薪酬委员会(薪酬与考核委员会)制度的完善

薪酬委员会(薪酬与考核委员会)的存在有其深刻的理论基础,这包括法国经济学家让·梯若尔(Jean Tirole)提出的委托人-监督者-代理人三层次代理理论以及美国行为科学家亚当斯提出的公平理论(Equity Theory)。三层代理理论核心观点在于传统的委托代理中委托人和代理人之间信息不对称,代理人勤勉忠实程度不可测,故而委托人授权给独立的监督人专司监督代理人之责,通过监督人(薪酬委员会)来监督、约束代理人(高管)的行为,以使代理成本大大降低。进言之,三层代理理论就是通过股东会授权董事会,董事会又授权薪酬委员会独立行使监督高管薪酬的职能,与股东监督相比,其更具有针对性、专业性和时效性。总之,三层代理理论是薪酬委员会设立和完善的理论依据。

对于上市公司应否强制设立各专门委员会,各学者有不同的看法,但总体看来,强制设立委员会已经成为一种趋势。吴建斌、陈林淼通过理论和实证研究认为,我国相关法律法规应该强制规定上市公司必须设立薪酬委员会。① 我国完全可以借鉴先进国家或地区的做法,以基本法律的形式先强制要求上市公司推行设立薪酬委员会,而对于专门委员会具体的权利义务、委员会的会议形式和议事方式等内容授权规章或公司章程予以具体规定,以便委员会更好地发挥实际效能,而不只是流于形式。具体言之,我国薪酬委员会制度应从以下几个方面改进:

(一)立法渊源方面

鉴于薪酬委员会(薪酬与考核委员会)在我国现行立法中尚无足够的法律地

---

① 吴建斌,陈林淼. 上市公司董事会独立专门委员会实证研究 [J]. 南大商学评论,2005(7).

位，我们应该将这一制度纳入上市公司基本法律的强制性规范之中，使其运行具有坚实的法律基础。至于强制要求是由《公司法》还是由《证券法》作出规定，笔者以为，应不能学台湾地区在证券交易法中推行的强制模式，而当由《公司法》来作出规定，因为公司法属商事组织法范畴，处理的是公司组织及治理结构问题，证券法（证券）交易法属商事行为法，针对的主要是证券发行与交易是否规范的问题，而薪酬委员会（薪酬与考核委员会）的设置涉及的是商事组织法问题，宜在《公司法》中作出规定。而且，在美国薪酬委员会的设立基本由董事会自己决定。我们不妨借鉴这种模式，即规定上市公司应当依照股东大会的决议（普通决即可）或者依公司章程授权董事会自行决定设立薪酬委员会。

此外，中国证监会颁布的行政规章应当就上市公司应该设立的薪酬委员会以及委员会应该行使的权力做出最低的要求，证券交易所的上市规则可以建立并完善薪酬委员会（薪酬与考核委员会）制度，细化薪酬委员会运作的各项具体规定，如人员组成、职权或职责、会议规则、保障机制、工作目标和效果评价等。相关的公司治理指引可以由有关的行业协会或者学术团体发布，对薪酬委员会的具体职责和行使权力的程序做出更为详尽的指引，以供公司参考。薪酬委员会（薪酬与考核委员会）的具体职责和工作程序则由公司章程自行规定。委员会制度的完善需要《公司法》和其他法律及行政规章（这些属于硬法）、《证券交易所规则》和《公司治理准则》以及公司章程（这些属于软法）的共同软硬兼施，薪酬委员会制度乃至整个公司治理的完善才不至于落空。

（二）内容规定方面

1. 完善薪酬委员会（薪酬与考核委员会）的组成

首先，应借鉴美国、欧盟和澳大利亚上市公司薪酬委员会（薪酬与考核委员会）必须全部由独立董事组成的经验，我国上市公司应普遍组建以独立董事为主体，3人以上的薪酬委员会。虽然，我国上市公司全部推行建立独立董事制度，但是独立董事专业化程度不高，分工不细，专业技能和监控能力较弱，在工作中难以有效发挥其应有的专门监督作用。这就导致以独立董事构成为基础的薪酬与考核委员会也难以产生作用。现阶段，中国尚未在董事会中设置明确分工专业委员会的上市企业占总上市企业数量的79.46%。已经在董事会中设置明确分工专业委员会的上市企业中，其设立的各个委员会也有较大差异，40.66%的上市企业在董事会中设置了财务委员会和人事委员会，30.15%的上市企业在董事会中设置了审计委员会和监督委员会，15.76%的上市企业在董事会中设置了薪酬委员会及提案委员会。① 建议我国上市公司应普遍组建以独立董事为主体的薪酬委员会，其基本职能是负责决定并监督公司的执行董事和高管人员的薪酬与考核依据，并且规定独立董事至少要有三至五名；薪酬委员会必须要建立自己的章程，对成员资格、会议制度、任期、成员权利与义务等做出明确安排。

其次，健全薪酬委员会内部工作会议制度。《美国商业圆桌会议宣言》于2003年10月正式颁布的《公司治理原则》，要求上市公司董事会薪酬委员会应当选择在没有其他董事和经理出席的情况下举行薪酬委员会内部工作会议。奥地利的《公司治理准则》也要求已经上市的上市公司的董事会薪酬委员会必须每年召开两次以上的内部工作会议。为了使薪酬委员会（薪酬与考核委员会）更好地履行职责，我国应规定，薪酬委员会（薪酬与考核委员会）有权在没有经营者参与的情况下每年至少召开两次内部会议。

再次，规定薪酬委员会（薪酬与考核委员会）有权独立聘请薪酬顾问。薪酬顾问是由公司或董事会聘请，帮助公司设计高管薪酬制度的专业人士。薪酬顾问主要通过两种方式协助薪酬委员会工作：一是他们提供与薪酬制度相关的专业技术知识。二是薪酬顾问通常能够获得详细的、专有的关于制定薪酬的政策信息。② 根据《萨班斯－奥克斯利法案》（Sarbanes-Oxley Act）的条款规定及美国纽约证券交易所的全新上市规定，如果美国上市公司董事会薪酬委员会聘任薪酬顾问，则该顾问必须由薪酬委员会选定，不能延续由公司CEO聘任的惯例③。董事会薪酬委员会必须出台本委员会的具体章程，对薪酬顾问的资质、水平、聘用的形式、选任的程序、薪酬的管理做出详尽的规定。为此，为了使薪酬委员会更好地履行职责，较为可行的办法是赋予薪酬委员会独立的薪酬顾问聘任权。我国应规定，薪酬顾问的选择标准、选择程序、解聘条件等由薪酬委员会决定，可由独立董事向薪酬委员会推举薪酬顾问并由薪酬委员会进行考察评议后确定聘任，薪酬顾问从薪酬委员会领取服务报酬且只对薪酬委员会负责。此外，还应借鉴《萨班斯－奥克斯利法案》中禁止同一家会计事务所向公司既提供审计服务，又提供咨询服务的规定，避免薪酬顾问同时向高管与薪酬委员会提供服务的状况出现。

最后，细化薪酬委员会的任职资格和职责的规定。对薪酬委员会组成成员的任

---

① 李维安. 公司治理原则与国际比较［M］. 北京：中国财政经济出版社，2001：115.

② 田野，熊黎，朱耀. 薪酬顾问在我国高管薪酬体系中引进的思考［J］. 中国商界，2010(1).

③ 在上市规则修改之前，多由公司高管掌控薪酬顾问的选聘。参阅 Stephen M Bainbridge. The Complete Guide to Sarbanes－Oxley［J］. Adams Media，2007：174.

职资格应当设定一定的资质要求，具备定制薪酬的专业技能、知识。①

2. 健全独立董事制度

根据《上市公司治理准则》第52条规定，上市公司董事会可以按照股东大会的有关决议设立薪酬与考核委员会，薪酬与考核委员会中独立董事应占多数并担任召集人。深圳证券交易所于2008年上半年对在其主板上市的公司进行了一项包括高管薪酬决定机制情况的问卷调查。调查显示，我国薪酬委员会的设立情况不容乐观，且独立董事没有起到应有的作用。② 未来我国薪酬委员会（薪酬与考核委员会）法制改革要注意保障独立董事的独立性，这是薪酬委员会有效运作的前提条件。国外立法通常认为独立董事须在雇佣关系、业务关系、审计关系和交叉董事、家庭关系等方面独立，不受控股股东和公司管理层的限制。这就使独立董事与内部董事完全不同。但从我国实践中看，很多时候薪酬委员会中的独立董事与高管有着千丝万缕的联系，甚至可以说都是"一家人"，独立性很难得到保障，独立董事并没有起到应有的作用。为此，欲完善薪酬委员会制度，确保薪酬委员会真正独立、不偏不倚、客观公正地设计和控制高管薪酬，就必须健全独立董事制度。这包括以下几方面：

（1）独立董事的任职资格方面：我国证监会的《指导意见》强制性规定了独立董事的任职资格。其中第2条和第3条分别从积极和消极两方面对独立董事的任职资格进行了限定。除了要求独立董事满足一般董事的法定条件——必须具备相应知识和经验外，还要求其具备"独立性"。③ 但对照国外相关规定（纽约证交所和纳斯达克的新上市规则对独立董事的规定），有必要进一步补充完善独立性的要求，

---

① 该成员应当具备相应的专业性知识技能，能够解释在行业内的公司高管薪酬状况，评估高管薪酬和上市公司业绩之间的关联度是否合理，且能够对如何追求公司长期发展战略进行分析，并形成分析报告在年报中披露。

② 吴林详，何基报，佘坚，等. 深交所上市公司高管薪酬分析［J］. 证券市场导报，2008（7）.

③ 主要是在第3条规定了下列人员不得担任独立董事：a. 在上市公司或者其附属企业任职的人员及其直系亲属、主要社会关系（直系亲属是指配偶、父母、子女等；主要社会关系是指兄弟姐妹、岳父母、儿媳女婿、兄弟姐妹的配偶、配偶的兄弟姐妹等）；b. 直接或间接持有上市公司已发行股份1%以上或者是上市公司前十名股东中的自然人股东及其直系亲属；c. 在直接或间接持有上市公司已发行股份5%以上的股东单位或者在上市公司前五名股东单位任职的人员及其直系亲属；d. 最近一年内曾经具有前三项所列举情形的人员；e. 为上市公司或者其附属企业提供财务、法律、咨询等服务的人员；f. 公司章程规定的其他人员；g. 中国证监会认定的其他人员。应该说，在我国构建独立董事制度的初期，做这样的规定是比较完整、合理的。尤其在第f项把具体规定独立董事任职资格的权力赋予公司章程，这有利于实践中各类公司自己把握、灵活要求。

主要有以下几点:①

第一,从雇佣关系方面看,我国证监会《指导意见》第3条第1款第1项、第3项以任职作为排斥独立性的要件,缺乏可操作性;《指导意见》第3条第1款第5项排斥了为上市公司或者其附属企业提供财务、法律、咨询等服务人员的独立性,但没有设定追溯时间。为此,我国证监会《指导意见》应作如下完善:存在雇佣关系或除了董事津贴外,近三年每年从公司获得10万元的其他报酬的董事丧失独立性。

第二,从业务关系方面看,我国证监会《指导意见》第3条第1款第5项对于个人技能要求较高的财务、法律、咨询等服务有规定外,对董事所在机构与公司的其他业务关系则没有任何规定,因此应规定在董事与该机构也应具有不影响其做出独立判断的关系。

第三,从审计关系和交叉董事方面看,与公司审计员存在特定关系也会影响董事的独立性,任职为交叉董事的也不能担任独立董事。我国证监会《指导意见》对于存在审计关系和交叉董事的情形缺乏规定,应尽快弥补这一缺憾。

第四,从家庭关系方面看,家庭成员中有业务关系和交叉董事情形的,亦排斥其独立性。我国证监会《指导意见》第3条第1款第1~3项均是规范家庭关系,但应作如下完善:对于其家庭成员有业务关系和交叉董事情形的,亦丧失其独立性。

第五,从其他社会关系方面看,如与高管是亲密朋友关系,且这些非经济利益关系达到影响董事行使职责的独立客观判断的程度,就应排除该董事的独立性。虽然我国证监会《指导意见》第3条规定了中国证监会或授权公司章程可以认定其他影响独立判断的情形,但比较模糊,难以操作,立法上宜进行明确规制,因此我国证监会《指导意见》应作出规定:其他在董事行使职责时会影响其独立客观判断的社会关系(如亲密朋友关系、同乡关系)的,亦丧失独立性。

(2)在独立董事的选任机制方面:具体到在公司内部如何确定独立董事人选,在程序上《指导意见》第4条有如下规定:上市公司董事会、监事会、单独或者合并持有上市公司已发行股份1%以上的股东可以提出独立董事候选人,并经股东大会选举决定。对于我国现今的中小股东来说,单独持有或者联合持有公司1%的股份并不容易,因此实际上独立董事的提名权和决定权都操纵在与大股东或控股股东利益息息相关的董事会、监事会和股东大会的成员手中,并不能保证独立董事的选任能够客观、独立和公正,并且对发起联合提名的中小股东而言,个人付出辛苦的成本很高,受益的却是绝大多数中小股东,这种成本 – 效益的不一致,将严重影响其推选独立董事候选人的积极性。独立董事由谁提名的程序决定着选出的代表的结

---

① 朱羿锟,等. 高管薪酬:激励与控制 [M]. 北京:法律出版社,2014:117 – 122.

果是否公平、公正，这是选任制度的关键。在美国，有一些市场中介组织专门负责为公司遴选独立董事的候选人；英国则设立"促进非执行董事举用委员会"（PRONED），从事独立董事的推荐工作。在我国，有人建议由董事会设立大部分或全部由独立董事组成的举用委员会，进行独立董事候选人的预选、资格审查等提名工作。对此，一是直接由全国独立董事协会选择并代表中小股东推举独立董事候选人或改变对提名权的限制——除对股份比例做出要求外，不妨允许一定人数（如50人）以上的股东可以联名选择提出独立董事候选人；二是在选举产生独立董事时应采取控股股东回避制，并且控股股东没有正当理由不得否决或要求撤换选出的独立董事。投票时则应采取累加表决制，以进一步保障中小股东的利益。

（3）考虑到独立董事的任期会影响独立性判断，对独立董事的任期应有所限制。因为经过一定时期的共事，日久同化难以避免，所以各国对独立董事的任期都有所限制。我国证监会《指导意见》规定独立董事的每届任期为3年，连任不得超过6年。笔者认为这一年限似乎过长，可借鉴美国《密歇根州公司法》（Michigan Corporation Act）的做法，将任期规定为3年，超过限制任期或被更换的独立董事可作为董事留任但失去其独立董事资格。

（4）建立独立董事合理化薪酬制度，以加强薪酬委员对高管薪酬的治理作用。英国《公司治理联合准则》B1.7规定，独立董事的薪酬要与他付出的实践和他所承担的责任成正相关性。我国《在上市公司建立独立董事制度的指导意见》规定：上市公司应当给予独立董事适当的津贴。该规定从一定程度上可以说是认可了公司支付独立董事一定的报酬。薪酬委员会主要由独立董事构成，高管薪酬基本上由薪酬委员会做出决定，如果薪酬委员会的组成成员从公司拿高薪，并且这个高薪是董事会决定的，就很难让人不怀疑薪酬委员会会对高管有所"回报"。实际上，很多时候，薪酬委员会的确会做出这样的"投之以桃、报之以李"的回报举动。那么独立董事的薪酬到底如何给予呢？在美国，独立董事是直接从公司拿报酬的[①]。但这并不是一个最佳方法，作为一个外部人，独立董事直接从公司领取报酬，其独立性就大打折扣，更好的方法是从中介组织领取报酬。笔者建议，我们首先可以建立中立的独立董事协会，由这个协会考核独立董事的任职资格，建立独立董事市场。公

---

① 绝大多数的美国上市公司都给独立董事提供现金形式的年费，2005年分别有91%的纳斯达克上市公司和96%的纽交所上市公司向其独立董事提供现金年费。纳斯达克最大的100家公司给董事的现金年费的中位值是3万美元，纽交所最大100家公司给董事的现金年费中位值是5.5万美元。大约一半的美国上市公司向独立董事支付其出席董事会定期会议的会议费，这一比例的2005年在纳斯达克为54%，纽交所52%。除此固定薪酬之外，美国公司独立董事还可从公司获取作为激励措施的本公司股票期权，还可报销参加董事会的费用。

司向协会报告独立董事的薪酬预算，协会根据公司对独立董事的需要向公司收取年费，独立董事每年从协会处领取各类报酬。如此，独立董事经济独立，从一定程度上隔断了他们和高管的联系。此项改革可以增进薪酬委员会的独立性，改善独立董事只当"花瓶"的现状。

（5）健全独立董事委托出席制度。独立董事身为法律、商业、管理领域内的专家、学者、资深从业人员和其他专业人士，由本人亲自出席公司董事会会议是实现有效监督的主要方法，一旦允许任意委托他人代为参会，那么独立董事制度很可能丧失独立、客观、公正、专业的监督作用。现阶段我国相当数量的上市公司都不同程度地存在独立董事委托他人出席董事会的情况。据统计，仅在陕西24家上市公司中，就有7家公司共9名独立董事未亲自出席审议2002年年度报告的董事会会议，占全省上市公司独立董事总数的15%，其中有2名未委托表决，2名委托其他非独立董事表决，3名委托其他独立董事表决。① 以中国铝业2007年4月20日公布的年度报告为例，中国铝业共有5名独立董事，其中除王××没有委托出席外，朱××和刘××两位独立董事在上一会计年度的仅有的7次董事会中，委托他人出席了3次，李××、穆××也各委托他人出席了1次。为此，在上市公司建立薪酬委员会（薪酬与考核委员会）前提下，我国立法上还必须健全独立董事出席董事会制度，规定独立董事原则上事当躬亲，唯有在法定情形下才允许委托他人参会，且必须规定受托人的资格、条件，限制每个会计年度中委托他人参会的次数，以上信息在上市公司年报中应予披露。

（三）披露薪酬委员会（薪酬与考核委员会）的运作过程

全方位披露薪酬委员会（薪酬与考核委员会）的运作可以促使薪酬委员会（薪酬与考核委员会）履行职责受到广大投资者众目睽睽的监督。建议对薪酬委员会会议过程、薪酬委员会履职情况，包括每位董事对于一些重大事项的意见都予以披露，使责任真正落到人头，有效督促其勤勉尽责。

（四）完善薪酬委员会（薪酬与考核委员会）薪酬决策的正当程序

高管报酬问题，不是支付多少的问题（how much you pay），而是如何支付的问题（how to pay）②。薪酬决策的程序公正是薪酬合理化的底线保障。程序公正的实质就是管理和决定的非人情化，其一切布置都是为了限制恣意、专断和过度的裁量。正当程序是人类在理性的范围内目前为止所能够运用的最合理的程序制度，其理念源于英国普通法上的自然公正原则，它包括以下两个规则：①任何人不得当自

---

① 孔兵. 完善制度 促进独立董事勤勉尽责发挥作用 [N]. 上海证券报，2003-10-13.

② Michael C Jensen, Kevin J Murphy. CEO Incentive: It's Not How Much You Pay, but How. Harvard BusinessReview, 1990: 138-149.

己的法官;②任何一方的诉词都要被听取。① 随着法治实践中正当程序的价值和内涵日渐丰富和完善,这两项规则已被大大超越,扩展到公开、公正、公平和民主参与等程序原则。我国向来重实体轻程序,随着法治化进程的加快,注重程序公正日益成为现代法治国家共同的价值取向。在高管薪酬的治理问题上最起码也要保障程序的公正。唯有高管薪酬决策程序的公开、公正,才能保证薪酬决策结果的合理性,才能保证高管薪酬数额取得公信力,为公众所接受。美国著名的公司法专家克拉克说过:"有关薪酬公正性最核心的问题是这个薪酬由谁决定的。如果执行董事为自己确定薪酬,那么即使数额不是很大也是不公正的;如果执行董事的薪酬是独立董事确定的,那么即使它很高也可以认为至少具有程序上的公正性"。② 在薪酬决定的程序上,薪酬委员会应单独开会,有独立的议事日程和会议进度,讨论相关人员的薪酬时,相关人员应予以回避,并且应当进一步明确薪酬委员会直接对股东会负责,其做出的决议不被董事会会议推翻,使其在控制薪酬上起到实质性的作用。③

(五)协调好与其他专门委员会的关系,建立信息共享机制

完善薪酬委员会制度可以提升薪酬委员会的独立性,然而,在强调独立性的同时,我们还必须充分考虑董事会作为一个团队必须发挥其效率协调好各个部门工作的要求。④ 董事会拥有诸多专门委员会,薪酬委员会作为其中之一,理应在信息共享以及工作任务的衔接方面加强与审计委员会、提名委员会以及战略委员会、环境委员会等专业委员会的沟通与联系,建立不同专门委员会之间的信息共享机制。上述几个委员会之间要注意彼此相互协调,比如提名委员会在提名时要多考虑报酬委员会对高管人员的业绩评价,审计委员会要对报酬委员会通过的报酬进行审计等。⑤ 薪酬委员会和环境委员会也应建立互动、沟通机制,将薪酬和企业社会责任挂钩,对于自然资源和矿业领域的公司而言,如美国铝业公司(Alcoa),安全是高管们业绩考核的核心要素,如果这样的公司未达到其安全目标要求,那么它就不得发放奖金。为了进行危机公关,环境灾难中,责任公司的高管一般都将其奖金捐献给环境组织。此外,在保证独立性的基础上,薪酬委员会应该积极地从人力资源部等相关职能部门获取工作所需的信息,使得其对董事和高管人员的业绩做出更客观

---

① [英]威廉·韦德. 行政法 [M]. 徐炳,译. 北京:中国大百科全书出版社,1997:135.
② 李维安,武立东. 公司治理教程 [M]. 上海:上海人民出版社,2002:20-21.
③ 韩姗. 我国国企高管薪酬的程序控制 [J]. 广西政法管理干部学院学报,2011 (6).
④ 连红霞. 论国有独资公司薪酬委员会制度的完善 [D]. 中国政法大学 2011 年硕士学位论文,第 36 页. 载中国优秀硕士学位论文全文数据库.
⑤ 谢朝斌. 试论股份公司董事会专业委员会及其独立性规制 [J]. 甘肃政法学院学报,2004 (3).

的评价,并制定出公正的薪酬激励计划。总之,正如有学者指出的那样,"薪酬委员会的相关立法,应遵循国际趋势,落实经营权及所有权分离原则,配合外部顾问、董事会、人力资源制度、审计委员会及内控稽核委员会,正确制定公司政策、依据受评对象的贡献指数及在信息对等的情形下,透明公开薪酬项目,健全薪酬委员会功能及运作模式,方得避免'肥猫'、公司被掏空、盈余分配不均等问题。"①

(六)完善薪酬委员会(薪酬与考核委员会)怠于行使职权时相应的问责机制

"问责制"(accountability)是一种超越"违法责任"的责任机制,其要义在于每一个扮演一定角色的社会成员都要承担相应的义务和权责,并加以常规化的督促,若有违背或落空则必当追究,不允许"脱法"。②欲健全薪酬委员会怠于行使职权时相应的问责机制,应先厘清董事的义务问题。薪酬委员会成员同属董事会中的一员,对股东均负信义义务(忠实和注意的义务),此为传统公司法上对董事义务的二元划分标准,朱羿锟教授还提出了董事义务的三元化标准,即赞同将诚信义务作为董事信义义务中一项新的独立义务来对待。因为理性回路下的注意路径不能对情感回路下的"董董相护"对症下药,董事就可能基于互惠和群体思维等情景以及单纯接触效应和框定效应下的生物本能,无意识地"董董相护",使得高管"寻租"如愿以偿,问题薪酬得以滋生。③以诚信路径予以涵摄,则可以对高管"问题薪酬"不枉不纵。笔者以为,在薪酬委员会成员的忠实、注意义务之外强化诚信义务(国外法上又称"善意"(good faith)义务)的约束,可以丰富薪酬委员会问责机制,这有待于公司立法与司法上予以完善。容本书第六章作进一步阐述。

五、提高职工,尤其是国有企业上市公司职工在高管薪酬问题上的参与决策权

高管高薪所引发公司股东及社会公众普遍不满的情况在我国如何遏制,除了完善薪酬委员会(薪酬与考核委员会)制度之外,协调投资者、管理者和其他利益相关者尤其是公司职工之间的利益关系不失为一个良方。

由于公司被视为"准公共"(quasi-public)机构,社会公众认为其应当像政府一样经受"透明、问责及外部约束"的压力,而这些压力来自于诸多利益相关方。因而薪酬安排的另一个思考维度是,包括公司职工在内的其他非股东利益群体对过

---

① 郑颖懋,李秀玲. 薪酬委员会之功能及运作模式:评析证券交易法第14条之6 [J]. 朝阳商管评论, 2012 (11).

② 史际春,冯辉. 问责制研究—兼论问责制在中国经济法中的地位 [J]. 政治与法律, 2009 (1).

③ 朱羿锟. 论高管"问题薪酬"的董事问责 [J]. 现代法学, 2010 (4).

高薪酬的关注和干涉。① 在我国高管薪酬的决定机制完善中，要提高职工，尤其是国企上市公司职工在高管薪酬问题上的参与决策权，这对抑制高管过高薪酬具有积极作用。欧洲公司高管薪酬比美国低，有其深层次的原因。比如，许多欧洲国家有较强大的工会，这对公司高管是一种牵制，工会的作用很大。② 英国股民每年就高管的薪酬投票时，工会的一票就很重要。英国一个独立的高薪委员会在2011年11月底还提出建议，企业高管薪酬有必要从根本上简化，各公司也应该把普通员工纳入薪酬委员会，以制止薪酬委员会随意给予高管奖励。③ 在德国，工会具有很大的势力。德国的《共同决定法》（The Law on the Codetermination of Employees on the Supervisory Boards of Management of Enterprise）规定，监事会下属的报酬委员会三名成员中，由劳工代表担任监事会副主席。劳工代表通常是反对管理者的收入与职工的收入差距过大，这就在奖赏个人和确定社会可接受的报酬水平上提供了平衡机制，这也正是德国管理董事的报酬并不如英国和美国的经营者那样高的主要原因。④

相比之下，我国《公司法》（2014年修订版）第108条规定了股份有限公司设董事会，其成员为5~19人。而在董事会成员中可以有公司职工代表。董事会中的职工代表由公司职工通过职工代表大会、职工大会或者其他形式民主选举产生。该条款规定了董事会成员中可以有公司职工代表，这也意味着可以不设职工董事。据社科院报告称，中国百强上市公司几乎没有职工董事。⑤ 实践中已设立的职工董事"贵族化""花瓶化"现象十分严重，公司职工参与薪酬治理的现状不容乐观。为此，被定位为同时兼顾出资人、企业和职工三方利益的职工董事，如何真正发挥作用还在不断完善当中。可喜的是，上海市新颁布的文件规定职工代表大会对国企高管人员薪酬有审议权，在职工参与高管薪酬制定上先行一步⑥，在2009年国资委下发的《董事会试点中央企业职工董事履行职责管理办法》中赋予了职工董事在包括薪酬制度和职工切身利益相关制度的制定时在董事会中拥有独立的表决权，⑦ 所以，保证职工董事在董事会上真正到位，从一线职工中选出，做到"去贵族化""去花瓶化"，并落实其高管薪酬问题上的参与决策权，是解决我国公司高管薪酬问题的一个探索方向。

---

① 罗培新. 公司高管薪酬：制度积弊及法律应对之限度——以美国经验为分析视角 [J]. 法学，2012（12）.
② 王佐发. 高管薪酬制度的反思与重构 [J]. 法学论坛，2009（2）.
③ 唐盛. 上市公司高管薪酬股东说了算 [N]. 证券时报，2012-01-10.
④ 高海. 国外董事报酬决定法律制度比较与借鉴 [J]. 重庆工商大学学报，2008（3）.
⑤ 辛红. 央企职工董事地位尴尬监控作用有限 [J]. 法制日报，2008-10-26.
⑥ 高露. 沪国企高管薪酬须经职代会表决 [N]. 法制日报，2008-09-24.
⑦ 钟晶晶. 央企职工董事可参与薪酬决策 [N]. 新京报，2009-04-08.

第四章 上市公司高管薪酬的信息披露：把薪酬清单曝在阳光下

【本章提要】本章讨论了上市公司高管薪酬信息披露制度的内容（薪酬形式、依据，有关公司治理信息包括薪酬委员会的独立性等）、基本原则（在薪酬披露过程中所应当在实质内容上遵循的原则，主要包括客观真实性原则、充分完整性原则、准确可靠性原则、及时有效性原则等；在薪酬披露过程中，应当遵守的形式性原则，包括符合规范性原则、容易理解性原则、容易获得性原则）、国外高管薪酬信息披露的立法改革情况和薪酬披露制度在我国的进展及缺陷，指出我国高管薪酬披露文件比较分散、披露工具比较单一、披露内容相对简单、披露责任不完善，因而有必要进一步完善中国式上市公司高管薪酬披露制度，列明所有薪酬清单曝在阳光之下。这包括以《公司法》《证券法》强行法规范（硬法）进一步细化薪酬披露的具体内容，辅以证券交易所的自律性规范（软法）跟进，实现软硬兼施，共同编织起紧密的薪酬披露法网，另外薪酬风险管理、披露工具和违规的问责方面均需加强等。

第一节 上市公司高管薪酬信息披露概述

一、上市公司高管薪酬信息披露的内容

这里所说的信息披露，主要是指强制信息披露。信息是资本市场的神经，披露制度是资本市场健康发展的法律基石，上市公司必须不折不扣地予以遵守。正如华尔街流行的那句经典不衰的格言所说："阳光是最佳的防腐剂，电灯是最有效的警察。"只有把高管薪酬清单曝晒在阳光下，广大投资者方可了解公司，方能做出公司是否具有投资价值的判断。因此，充分、及时、真实的信息披露有助于减少商业欺诈，改善公司治理，搭建投资者与高管之间的交流沟通平台，帮助投资者做出有根据的理性决策乃至监督问责，从而提高市场效率。

一开始上市公司高管薪酬信息的披露并非是信息披露的重点，而且，在二十多年前薪酬披露与个人隐私权的冲突还有一定的争议，在1988年澳大利亚新闻用纸有限公司一案中，公司主张披露董事大体薪水相当于对其隐私权的侵犯。法院驳回了这项请求。Cox法官认为公司董事薪酬披露应被视为商事活动中的一个伴随情

况。现在这个观点被普遍采纳。① 近年来随着高管薪酬问题浮出水面，薪酬披露日渐受到重视。而国际上的普遍趋势是披露规范的制定更加严格化。一般而言，高管薪酬披露的信息内容包含以下四个方面：一是高管所获薪酬的详细清单，即公司向高管支付薪酬的具体形式如何，金额为多少；二是薪酬方案及制定方案的依据，核心是保证按绩给薪；三是薪酬委员会成员的独立性披露；四是薪酬决策的程序公开。上述四个组成部分有机地构成了高管薪酬披露的整体内容。

二、上市公司高管薪酬信息披露的原则

上市公司高管薪酬披露的原则是指高管薪酬披露所应当遵守的基本尺度或根本准则，它是高管薪酬披露的内容、形式，以及薪酬确定程序等方面的指导思想，是高管薪酬披露的行动指南。

确立上市公司高管薪酬披露的原则具有重要意义。第一，从上市公司高管薪酬披露行为准则角度看，薪酬披露的基本原则撇开了信息披露固定的内容及格式等具体的制度，提供了所有公司都能够执行统一的披露标准，代表了法律对薪酬披露的基础性要求，使得信息披露有一行动底线要求，以保证信息披露的有效性和可比性。正如英国发布的《格林伯瑞报告》认为的那样，薪酬披露可以让公司薪酬委员会有足够的途径来获得可靠（reliable）、最新（up-to-date）和可比较公司（comparable company）的薪酬信息。第二，从高管薪酬披露立法角度看，确立高管薪酬披露基本原则是薪酬披露具体制度的抽象和概括，可以为其制度安排提供指引。第三，从司法实践角度看，薪酬披露的基本原则有利于为解决薪酬披露纠纷提供裁判准绳，弥补信息披露的法律漏洞，在遭遇法律规则空白、没有可以援引的法律具体规则的时候，可以援引薪酬披露原则解决问题。

依据不同标准，我们可以将薪酬披露的原则做出不同的分类。关于公司信息披露的标准，学界上主要有如下几种观点：①说为信息的全面性、资料的真实性、时间的时效性、空间的易得性、内容的易解性与形式的适法性；②说为真实性、准确性、完整性、及时性、适法性；③说为真实性、准确性、完整性、及时性；④说为实质性和形式性标准，前者包括真实性、准确性、完整性、及时性与公平性，后者包括规范性、易解性与易得性。② 笔者以为，根据薪酬披露法律制度基本原则的内容与形式要求的不同，可以将薪酬披露原则划分为实质性原则和形式性原则。实质性原则是指在披露薪酬过程当中所应当在实质内容上遵循的原则，主要包括客观真

---

① Jennifer Hill. 澳大利亚董事和高级职员的报酬披露制度 [M]. 史晨霞，译//王保树. 商事法论集. 北京：法律出版社，2002，6：279.
② 叶林. 证券法教程 [M]. 北京：法律出版社，2010：69.

实性原则、充分完整性原则、准确可靠性原则、及时有效性原则等。

客观真实性原则是薪酬披露遵守的最重要也是最根本的原则，其内涵是指薪酬信息披露应以实际发生的薪酬分配为依据，如实反映薪酬分配政策和薪酬支付情况，以为广大投资者获得可信赖的投资信息。其要求是薪酬信息披露应当一五一十地客观、真实反映公司薪酬分配的具体情况，没有虚假报告、歪曲事实和粉饰数据。如中海油总公司在 2009 年披露高管薪酬时，真实性原则就没有被很好遵守，在上世纪末和 21 世纪初中海油以红筹股形式上市时，为了消除海外投资者对中国企业的投资顾虑，经国家主管部门认可，中海油按照国际惯例和香港公司的标准设计了包括公司高管层薪酬、期权激励在内的一整套公司治理和激励机制，并定期向资本市场披露。但实际上，所有高管层成员从 2001 年公司上市第一天开始就把董事会批准的收入捐给了母公司中海油总公司，因而披露的数字只是他们的"名义收入"，而他们的实际收入大大大于这个"名义收入"。①

充分完整性原则是指薪酬信息披露报告应当对薪酬支付情况做出全面、充分的揭示和反映。只有建立在公司薪酬信息全部公开的基础之上，才能将应当公开的高管薪酬的底细全部都一览无遗呈现在监管者、投资者、社会公众面前，对薪酬信息的判断和监督才能做到准确无误。如果上市公司对应当披露的高管薪酬信息有所隐瞒或挂一漏万，那么"即使已经公开的各个信息具有个别的真实性，也会在已公开信息的总体上造成整体的虚假性"。② 充分完整性原则具体要求包括：将凡是可能对投资者决策判断造成影响的相关薪酬信息均应得到全方位的披露，进言之，在披露某一具体薪酬信息时，必须对该薪酬信息的所有方方面面进行周到、全面、充分、系统的揭示。实践中，薪酬信息披露不全面、不完整的例子较多。如中国工商银行、中国农业银行、中国建设银行、中国银行、中国交通银行在各自 2010 年年度报告中披露的薪酬均是税前合计总薪酬。这几家银行虽然对薪酬的构成进行了说明，但是仅仅是披露了薪酬的主要构成，并没有将薪酬的所有构成部分都披露出来。其他上市银行甚至对所披露的薪酬额度构成都未进行说明。这些都体现了我国上市银行薪酬披露内容的不完整性。③在 2013 年 15 家广州市上市国企中，广汽集团、广日股份、粤传媒以及珠江实业这 4 家国企均未披露董事长年薪。其中，广汽集团在年报中解释了其未披露原因——2013 年广汽工业集团年度审计报告仍未完成，因此张房有董事长应发薪酬尚未经考核确定。而其余 3 家董秘给予记者的回应

---

① 周俊生. 央企上市公司信息披露竟是儿戏？[N]. 上海商报，2009 – 04 – 15.
② 陈甦. 论上市公司信息公开的基本原则 [J]. 中国法学，1998 (1).
③ 谢海芳，刘婷婷. 巴塞尔薪酬披露规定对我国上市银行的启示 [J]. 西部经济管理论坛，2013 (2).

均是，董事长薪酬由参股公司、控股股东或者集团公司发放，因此上市公司没有披露。但董秘解释的这些信息无法在年报中看到。①

准确可靠性原则是指对薪酬信息进行披露在语言运用、数据统计方面所需要遵守的原则。面对市场的变化莫测，广大投资者尤其是中小投资者在知识素质、专业能力、投资水平、语言理解能力等方面差异巨大，因而也会导致对披露内容的理解具有差异性、多样性，正所谓"一百人眼中有一百个哈姆雷特"。为了减少和避免薪酬披露信息理解多样性、歧义性的发生，对披露的薪酬信息应以普通投资者的语言理解能力、逻辑判断能力作为标准。准确可靠性原则要求披露文件使用的语言清楚明白、清晰可靠、准确无误，对所引薪酬数据应当提供出处、来源，事实应充分、客观、公正，使得广大投资者在内容及含义理解上确定无疑、没有歧义产生，不会发生误解，而且文件中不得刊载任何恭维性、祝贺性、能产生广告效应和模糊不清的语言。实践中，贯彻这一原则还不尽如人意。比如南方航空2014年年报只列示高管人员的薪酬由公司依据《中国南方航空股份有限公司高级管理人员薪酬管理制度》并经董事会确定后发放，但该制度规定总经理基薪22.4万元，实际上公司向高管支付了多少薪酬从年报中无从知晓。

及时有效性原则是指薪酬信息披露在时间性要求方面所需要遵守的原则，为了能够使投资者以最新、最快的方式掌握、利用所披露薪酬信息，薪酬披露必须按照有关法律及规章制度，将信息发生与发布之间的时间差压缩到最低限度。确立该原则的意义在于公众投资者可以根据市场行情及最新薪酬信息及时做出调整，也可以根据公司薪酬信息以及最新变化做出理性选择。及时有效性原则要求公司披露薪酬信息应当是以最快速度进行，并时刻保证处于最新状态。一旦公司的薪酬形式以及水平发生变化，应当在薪酬报告中立即向公众公开其变化细节。如巴塞尔协议薪酬披露规定在薪酬披露的方法和频率这部分明确要求银行每年都要进行薪酬信息披露，并且该部分还特别强调，一旦获知信息后银行应积极地及时发布信息。②

再从形式性原则来看，形式性原则是指确定的薪酬信息内容需要通过合理、适当的法定化的形式表现出来，能够使投资者更加便捷、清楚明了所披露的内容。如果采用不当形式披露，其效果不亚于薪酬信息未予以披露。形式性原则具体而言又包括符合规范性原则、容易理解性原则、容易获得性原则。

符合规范性原则是指薪酬披露在内容和格式方面要求必须按照统一的标准进行，是作为法律义务要求上市公司必须遵守执行。薪酬披露的符合规范性原则主要

---

① 冯叶. 广州上市国企的打工皇帝去年赚了多少钱？[N]. 南方都市报，2014-05-05.
② 谢海芳，刘婷婷. 巴塞尔薪酬披露规定对我国上市银行的启示[J]. 西部经济管理论坛，2013（2）.

第四章 上市公司高管薪酬的信息披露：把薪酬清单曝在阳光下

目的在于使薪酬信息披露具有统一的格式标准要求，保证披露薪酬信息内容具有可比性，并且杜绝规避披露事项的现象发生。为此，中国证监会根据《公司法》《证券法》规定颁布公司信息披露的内容与格式准则，是贯彻了薪酬信息披露的规范性要求。

容易理解性原则要求上市公司高管薪酬信息语言运用、图表制作等表达方式都应当尽量做到通俗、浅显、易懂，不能使用深奥晦涩的专业性语言、图表，以致一般投资者发生理解障碍。如美国SEC（美国证券交易委员会）1992年的薪酬披露规则要求主要用图表的形式而非用文字的形式披露公司高管薪酬，以便投资者能够更轻松读懂其义。我国上市公司信息披露制度对于容易理解性原则作了一些基本的规定，如《上市公司治理准则》第89条要求"上市公司披露的信息应当便于理解"。但该条对披露语言并没有做出相关的具体要求。直到2014年修订的《公开发行证券的公司信息披露内容与格式准则第2号——年度报告的内容与格式》才对此做出具体要求，如第15条明确要求：公司应当对可能造成投资者理解障碍以及特定含义的术语做出通俗易懂的解释，年度报告的释义应当在目录次页排印。第四节董事会报告第20条第（六）项中规定"语言表述平实，清晰易懂，力戒空洞、模板化"。在实践中，据不完全统计，社会公众对于上市公司披露的信息的理解程度：认为"完全能够"的占被调查总人数的9.75%，认为"基本能够"的人占38.00%，认为"部分能够"的人占35.47%，认为"基本不能够"的人占13.57%，认为"完全不能够"的人占3.18%。[①]可见，我国信息披露容易理解性原则落实得不太理想，因此，完善未来上市公司高管薪酬披露立法可以借鉴美国SEC的规定，将容易理解性原则作为强制披露的基本要求予以贯彻。

容易获得性原则是指上市公司所披露的高管薪酬信息应当为一般的投资者所便利获取，即是说应当畅通公众获取薪酬信息的途径，使之便捷、高效。目前我国公司薪酬信息可通过证券交易所、证券监管机构指定场所或公众新闻媒体披露，让投资者获取信息。随着网络技术的发展，公司通过网络公布公司经营及高管薪酬信息，日趋普遍。例如，巴塞尔薪酬披露规定指出，银行应当尽力在一个网站或在一个文档中对薪酬信息进行披露，同时应当确保披露信息的公开性、访问网站或文档的便利性。巴塞尔薪酬披露规定的这条要求保障了投资者对薪酬信息的可获得性。[②] 我国上市公司特别是国企上市公司都应该在自己的官网以及监管部门的官网上披露高管薪酬，以便投资者能够免费查询。

[①] 郑诗斌. 论上市公司高管薪酬信息披露 [D]. 暨南大学2011年硕士论文, 第10页.

[②] 谢海芳，刘婷婷. 巴塞尔薪酬披露规定对我国上市银行的启示 [J]. 西部经济管理论坛, 2013（2）.

三、上市公司高管薪酬信息披露的重要意义

既然高管薪酬问题很大程度上是由于股东和高管之间的信息不对称造成,因而完整的信息披露让高管薪酬状况曝晒于阳光下,使之更加透明化,便于股东了解高管薪酬支付了多少,又是如何支付的,才能让股东对公司是否按绩给酬做出合理判断。薪酬披露正是薪酬规制中重要的一环,其意义深远。

首先,高管薪酬信息披露与公司治理息息相关,健全的高管薪酬信息披露是公司治理结构良好的标志。

澳大利亚学者詹尼斐·希尔(Jennifer Hill)教授指出,高管薪酬问题是公司治理的核心问题,并认为充分的薪酬信息披露是有效调控高管薪酬以及帮助公司治理的关键。[①] 20世纪90年代以来,以英、美为代表的国家掀起了轰轰烈烈的公司治理改革运动,出台了一系列旨在加强公司内部治理,确立完善的"公司最佳行为准则"的公司治理措施。其中,重点改革对象是高管薪酬信息披露。英国在1992年发布的《凯得伯瑞报告》(Cadbury Report)、1995年发布的《格林伯瑞报告》(Greenbury Report)、1998年发布的《汉佩尔报告》(Hampel Report),以及美国在1998年发布的《公司董事协会报告》(National Association of Corporate Directors Report),经济合作与发展组织在1998年发布的《OECD公司治理准则》(OECD Principles of Corporate Governance),都对公司高管薪酬信息披露做了详细规定。高管薪酬信息披露让薪酬计划从制定到执行都充分暴露在公众投资者的监督之下,对高管自肥腰包的机会主义行为进行有效约束,让公司的薪酬治理变得更加透明和规范。

可见,真实、完整、充分、准确、及时的高管薪酬信息披露能够有效规范高管薪酬,最终达到完善公司治理结构的目的,这也是吸引投资者投资、便利股东问责与监督的关键所在。因此,高管薪酬信息披露规则完善与否,是否得到切实遵行,已成为判断一个公司治理是否良好的风向标。

其次,有助于督促高管更好地"在其位,履其职"。薪酬信息披露能够有效防止商业欺诈,将高管自我交易和利益冲突的风险降低,抑制高管权利的滥用。虽然董事持股制度、声誉机制、信义义务及问责制度等都可以在一定程度上消除董事会在高管薪酬决策中的"被动性",但强制性要求披露董事会参与高管薪酬的决策过程,将迫使董事会以更加谨慎、积极认真的态度来履行高管薪酬决策职责,而不充分、不及时甚至虚假的高管薪酬信息披露将对公司形象造成严重损害,使投资者"用脚投票"。正如杰弗里·N. 戈登(Jeffrey N. Gordon)指出,"高管薪酬信息披

---

① Jennifer Hill. Remuneration Disclosure in Australia and the United States [J]. Corporate Governance, 1997, 5 (2): 60 – 66.

露制度将促使董事会对股东更加负责。高管薪酬信息的透明度将促使股东觉醒,及时对董事会不合理高管薪酬决策做出反应,使得高管薪酬接受社会公众的监督,让更多的高管薪酬丑闻得以揭露,从而增加董事及高管声誉成本,并削弱了高管层对薪酬的影响力。"[1]

最后,薪酬披露有助于揭开"肥猫"高管薪酬的"黑盒子",可以有效降低公司的成本,让投资者更清楚、明白整体薪酬的安排和业绩的关系,增加公司透明度,为投资者投资提供重要参考。投资者只有在减少信息不对称,揭开"肥猫"高管薪酬的"黑盒子",从而在获得公开化信息的基础上才能做出更加正确的决策,因此薪酬披露既是上市公司与投资者的沟通桥梁,也是投资者做出投资决定的基本依据,可以使股东更好地评议董事会的经营业绩和报酬政策,并执行公司监督者的职能。诚如加拿大爱德华·亚科布奇(Edward M. Iacobucci)教授所言,高管薪酬信息的披露有助于降低股东监督成本,减少股东"搭便车"行为,将有效改善股东在高管薪酬事务上的"理性冷漠"态度。[2]

而且,一个公司的高管薪酬计划不仅涉及投资者的利益,同时与公司债权人也密切相关。完善的资本市场体系是依赖各市场主体的全面保护才能形成,因而实现投资者、公司高管、公司债权人以及雇员之间的利益结构平衡至关重要。正如1992年澳大利亚公司法改革议案第二次研讨明白了以前联邦政府披露的态度:关于投资的有关信息的披露以及直接或通过顾问获取这些信息对于确保一个公正和高效的投资体制必不可少。实际上,一个信息非常灵通的市场可增强投资者信心,并且增加投资者在澳大利亚商业活动中投资的意愿。[3] 相对于其他的法律规制方法,薪酬披露是对公司运营干预最小、减少股东和管理者之间的信息不对称、增加薪酬决策机制的透明化、协调股东和管理者利益的最好的方法之一。

四、上市公司高管薪酬信息披露的副效应及局限性

(一)副效应

高管薪酬强制信息披露制度从其外部性而言也会产生副效应。

一是强制性披露增加了公司运营负担,如公司编辑、制作、发布薪酬信息而产生的印刷费用、邮寄费用、聘请会计师和律师的费用以及有可能因信息披露而引发

---

[1] Jeffrey N Gordon. Executive Compensation: If There's a Problem, What's the Problem? The Case for Compensation Disclosure and Analysis [J]. Journal of Corporate Law, 2005.

[2] 邓辉,张怡超. 公司高管薪酬信息披露制度功能之辨正 [J]. 当代法学, 2010 (6).

[3] Jennifer Hill. 澳大利亚董事和高级职员的报酬披露制度 [M]. 史晨霞, 译//王保树. 商事法论集. 北京:法律出版社, 2002, 6: 267-293.

的诉讼费用等。

二是制造了薪酬信息披露的另一潜在的间接成本即"噪音"（noise）问题。如果公司披露更多、更详细的高管报酬信息，股东就必须花费额外的时间和精力来对那些冗杂、累赘、令人困惑的信息进行梳理、甄别，以发现真正有价值的信息。①

三是容易使薪酬信息在市场中蔓延，诱发高管薪酬攀比之风，导致所谓的"零和效应""禀赋效应""棘轮效应"（ratchet effects）、"沃比根湖症"（Lake Wobegon syndrome）。

"零和效应"，又称"零和游戏"，是博弈论的专门术语，指参与博弈的各方，在严格的竞争条件下，一方的收益必然意味着另一方的损失，博弈各方的收益和损失相加总和永远为"零"。传统上公司所采用的固定薪酬模式涉及了"零和效应"问题。在薪酬谈判中，如果股东和高管双方关注高管薪酬的具体数额，假定公司业绩是固定的，那么，如果高管获得更高的薪酬，则意味着股东将得到更少的回报。②

"禀赋效应"，是指人们对一旦拥有的物资的评价要比不拥有这项物资的时候大大增加，因而，人们更加倾向于"敝帚自珍"，这就是经济学中的"禀赋效应"。在高管薪酬信息披露中"禀赋效应"也照样存在。当高管薪酬谈判引入权变薪酬之际，高管一般反对将既得的固定工资削减，甚至愿意得到更少的权变报酬也不愿放弃固定工资，最终导致在高管固定薪酬水平维持基础上，权变薪酬的支付又大大增加。

"棘轮效应"，最早为经济学家詹姆斯·杜森贝里（James Stemble Duesenberry）用来描述消费的不可逆性质，这里指薪酬决策中"只能上调，而难于下返"的惯性趋势，就像前进中的"棘轮"一样很难逆转。薪酬信息披露导致比较不同公司高管之间的薪酬成为可能，这种薪酬比较为高管索求更高的报酬提供了动力，也为受到高管"俘获"的董事会成员向高管支付更高报酬找到理由，并由此而导致高管薪酬整体上涨。这就是薪酬信息披露中的"棘轮效应"。

"沃比根湖症"，源自盖瑞森·凯勒小说中虚构的小镇，那里所有儿童的智商都高于平均水平，这里喻指多数CEO都想排到薪酬分布的第75个百分位，每个人都在平均水平之上。③ 在高管薪酬决策时，董事会更倾向于向高于一般水平的高管支付薪酬，于是其他公司都会跟风效仿导致水涨船高，最终推动高管薪酬整体水平不

---

① 张怡超. 上市公司高管报酬信息披露制度的法学与经济学分析［J］. 西部法学评论，2010（6）.

② 邓辉，张怡超. 公司高管薪酬信息披露制度功能之辨正［J］. 当代法学，2010（6）.

③ 卢西恩·伯切克，杰西·弗里德. 无功受禄：审视美国高管薪酬制度［M］. 赵立新，等译. 北京：法律出版社，2009：65.

断上涨,进而导致董事的招募困难,最终严重扭曲薪酬体系。①

(二) 局限性

强制信息披露确实对保障股东的知情权有所改进,但薪酬信息披露制度本身有其"短板"之处,不可能单打独斗就能彻底解决薪酬问题。

(1) 高管薪酬信息披露本身不能确保薪酬决策者为薪酬决定负责。以美国为例,SEC 的主要任务是监督公司向公众披露信息,但是这并不意味着 SEC 对信息进行了实质的审查或者说对公司的业绩进行了考察。SEC 仅仅是一个存储高管薪酬数据的资料室,除非数据出现错误,否则在数据归档之后,SEC 的任务就完成了,问题在于 SEC 在监管信息的正确性方面表现不佳,被判处 150 年徒刑的麦道夫在监狱中承认,SEC 的调查很简单,甚至有两次,麦道夫自己都认为要完蛋了,但结果什么事都没有发生。②

(2) 对公司而言容易规避其实施,在没有相关配套法律的情况下信息披露制度难以独善其身。对薪酬问题的细节披露往往导致公司刻意规避相关法律,如信息披露要求薪酬决策需要薪酬顾问提交相关报告,那么这会引发高管为了满足金融分析师的预期(目的是抬高股价)要求薪酬顾问出具提升客户薪酬的报告,损害公司的长期利益。

(3) 对高管的激励有限。高管薪酬信息披露具有"模本创立(norm-creative)"功能,普适性的披露标准将促使公司之间高管薪酬模式趋同,这制约了薪酬个性化激励功能的发挥。道格拉斯·C. 诺斯(Douglass C. North)提出了适应性效率(adaptative efficiency)的概念,强调如果一个社会固定在一个社会制度安排中,这个社会将丧失变革的能力;相反,如果允许社会最大程度采取各种试探性的做法,则很可能找到解决问题的方法。对高管薪酬问题而言,"一体适用"(one-size-fits-all)的高管薪酬模式,将可能阻止一些公司采纳非常规的薪酬计划,而这些非常规的薪酬计划很可能对某些规模和类型的公司而言是非常适合的。③

(4) 对股东权利保护有可能落空。股东通过掌握薪酬信息来实现对高管的监督有赖于两个前提条件,第一是股东获取到确切的信息,第二是股东对薪酬信息极为敏感,可以及时作出反应并采取保护自己的措施。但高管薪酬信息探知本身并不等同股东即可改变薪酬制度来保障自己的投资利益,事实上,股东就"问题薪酬"向

---

① Executive Compensation and Related Party Disclosure. Exchange Act Release No. 33 – 8655, 34 – 53185, 71 Fed. Reg. 6546 (proposed Feb. 8, 2006).

② 梁琳. 论我国公司高管薪酬制度的法律构建 [D]. 华东政法大学 2010 年硕士学位论文,第 19 页. 载中国优秀硕士学位论文全文数据库.

③ 邓辉,张怡超. 公司高管薪酬信息披露制度功能之辨正 [J]. 当代法学,2010 (6).

高管问责维权之路艰难而漫长。正如 Charles Elson 教授所言："信息披露就像是阿司匹林，可能会让你感觉好一点，但是它甚至不能治疗最普通的感冒。"在缺乏相应责任的情况下，薪酬的披露也就无法起到应有的作用。①

（5）高管薪酬信息披露所带来的薪酬透明度将引发社会公众不满，引起劳工和工会关注，导致高管、公司和公司员工之间产生敌对情绪。这些相关外部人员所持的反对意见可统称为"公愤"，这些负面反应在薪酬安排中给董事决策带来的成本则称作"公愤成本"。这些负面反应越广泛和强烈，即公愤越严重，董事和高管付出的成本就越高。"公愤成本"一方面反映了社会分配的不公；另一方面，当潜在的成本足够时，高管便会放弃本来支持的薪酬方案。②

总之，高管薪酬信息披露制度是一把双刃剑，在增强了高管薪酬信息的透明度的同时也导致了高管薪酬的上涨。为此，我们既不能抹杀高管薪酬信息披露的功用，也不能一味迷信薪酬信息披露万能论，应辩证地来评价该制度的价值和功能，并且要与董事会监督（薪酬委员会的治理）、股东控制论（如增强股东薪酬话语权）以及司法介入等制度有机统一、配套进行，方能达到治理薪酬过高最佳效果。

第二节　国外高管薪酬信息披露的立法改革

一、美国高管薪酬信息披露与时俱进的制度沿革

高管薪酬信息披露在美国较早地被纳入法制监管的轨道。早在 1933 年的《证券法》（Securities Act）、1934 年的《证券交易法》（Securities Exchange Act）这两部法律中都有相关规定。1938 年初，美国 SEC 第一次要求公司代理人声明书也必须自觉将高管的薪酬是否在合理范围内进行说明并公之于众。1942 年、1952 年、

---

① 梁琳．论我国公司高管薪酬制度的法律构建［D］．华东政法大学 2010 年硕士学位论文，第 20 页．载中国优秀硕士学位论文全文数据库．

② 温从军，郑依彤．反思美国高管薪酬制度问题之根源．http://www.110.com/ziliao/article-220283.html．

1978年、1983年和1992年美国SEC又多次修改高管薪酬披露规定。① 下面就1992年以来的高管薪酬披露规则的改革情况阐述如下。

(一) 1992年高管薪酬披露规则

在1992年，美国经济出现大滑坡，失业率居高不下，还首次出现许多产业领域的发展都被日本超过。虽然国内经济不景气，但是公司高管的薪酬却继续不断创下新高，这就使美国普通民众的不满日益见涨。在此背景下推动了美国证券交易委员会（SEC）不得不对原有的高管薪酬披露规则进行修改，增加了许多新规定。② 当时，美国国会举办了多起有关经理阶层薪酬问题的公众听证会，接受了大量议员要求修改1934年《证券法》并将公司高管薪酬披露纳入该法的提议。美国证券交易委员会（SEC）根据政府的要求，针对所有大公司（含上市公司），提出了高管薪酬披露的明确要求，对S–K条款和披露表格（表格14A（Schedule 14A）和表格10K（Form 10K））进行了大幅度的修改。在这次修改中，涉及S–K款的内容主要包括：

第一，根据规定，公司薪酬委员会必须向全体股东提交本公司高管阶层的详细薪酬书面说明。该说明应涵盖公司高管薪酬规定的原则、薪酬政策的具体目标、薪酬的基本类型、具体组成以及支付的方式；同时，还将绩效考核的薪酬、经营成果的认定方法以及是否采用股份作为薪酬等内容纳入应当说明的范畴。美国证券交易委员会（SEC）认为，该书面说明可以让公司的所有股东"身临其境地参加了薪酬委员会或者犹如亲眼看见薪酬委员会会议，从而能够知晓和了解董事会是如何做出特定的薪酬决定的。如此就能帮助股东就薪酬委员会是否善意尽责地履行职责做出自己的评估。"③

第二，披露时要求采用官方规定的标准化的图表。美国证券交易委员会（SEC）在1992年的薪酬披露规定中，明确要求公司高级管理人员的薪酬披露不能采用文字的形式，而必须采用图表的形式。图表的基本内容必须涵盖公司业绩、期

---

① 在1978年的修改意见中，首次披露了额外补贴以及类似的职务方面的消费信息。美国SEC要求具有披露义务的公司必须使用表格的方式，除了基本高管的基本信息必须披露外，还要将额外补贴、奖金以及相关保险费用等情况一并在专栏中予以披露。该规定主要是针对20世纪70年代许多高管享受的以游艇、豪华座驾、高档俱乐部会员资格、低利息贷款、狩猎以及旅途费用等工资之外的各种名目繁多的补贴。在1978年的修改意见之前，前述各种补贴并没有被列入披露的范畴，1978年的修改意见不仅增加了前述内容，还将必须公开薪酬高管的名额从前三名修改为前五名，扩大了披露的范围。

② 1992年当选的美国总统克林顿正是利用了当时的社会矛盾，提出了反对高管薪酬过高的口号，从而得以顺利入主白宫。

③ Executive Compensation Disclosure. 57 Fed. Reg. 48, 126, 48, 138 (1992).

107

权及期权增值权授予、薪酬汇总、期末价值、期权及期权增值权行使、长期激励计划等。总之，采用图表方式旨在帮助股东直观地进行分析比较。

第三，董事会薪酬委员会的内部人的情况与人事连锁必须特别加以说明。美国证券交易委员会（SEC）在1992年制定的披露规则中的S-K第404款明确要求：公司必须将其内部人参与高级管理人员薪酬决定的情况以及高管与董事之间的人事连锁情况予以说明。

最后，高管违规披露应承担相应的法律责任。美国证券交易委员会（SEC）规定：如果应当对高管报酬信息进行披露的公司没有履行相应的义务，仅仅是提供了样板文章（boiler plate）或根本就无动于衷，则（SEC）会书面通知相关公司必须就其行为进行书面解释，否则将处以高额罚款；如果行为尤其严重，将被宣布委托投票书及相关投票无效。

（二）2002年《萨班斯-奥克斯利法案》中的高管薪酬披露规则

2001年12月，安然公司（美国当时最大的能源公司）宣告申请破产保护。此事件对美国的上市公司和证券市场打击极大，此后不断出现各种负面新闻，如2002年6月的世界通信公司丑闻，这些不良事件的大量出现，严重影响了投资者对资本市场稳健运行的信心。为此美国政府不得不在大乱之后进行大治，加强对市场的管控。2002年7月26日，《萨班斯-奥克斯利法案》在美国国会高票通过，并于7月30日由时任总统的布什签署实施。该法案颁布的目的是为了加强对公司尤其是全国性的大公司的监管，强化上市公司等公司的信息披露制度。由于该法案是由众议院金融服务委员会主席奥克斯利和参议院银行委员会主席萨班斯两人联袂提出，故美国法学界又将该法案叫作《萨班斯-奥克斯利法案》。《萨班斯-奥克斯利法案》的颁布和实施促进了美国公司高管薪酬信息披露规范的完善，使高管薪酬的信息披露明显加快，让公司大小股东都能清楚、及时地了解到公司的财务状况和具体运营上的异动。该法案要求公司的高级管理人员不仅要签署保证书，证明其提交的定期报告完全符合美国证券交易委员会（SEC）的具体要求，还要对其提交的定期报告是否能准确地、真实地反映公司运营情况负责，如果出现虚假信息，则苛以重责。

（三）2006年上市公司高管薪酬披露规则

美国证券交易委员会（SEC）于1992年制定的上市公司高管薪酬披露规则经过多年运行后存在许多瑕疵。在实践中，公司高管的薪酬总量很难被精确计算出来，即使非常专业的投资者也不例外。究其原因，公司高管薪酬的信息在授权委托书中很难体现，实践中有很多福利不属于披露的内容或被有意无意地屏蔽。2000年之后，从美国上市公司的高管阶层的总体薪酬来看，较2000年之前升幅巨大。2004年出版的《不看业绩发薪水》（Pay Without Performance）（作者：哈佛大学学者卢西恩·伯切克（Lucian Bebchuk）和杰西·弗里德（Jesse Fried））一书形象地勾勒了美国上市公司高级管理人员薪酬飙升、无功受禄的情况,并用各种数据和图表加以说明。时任美国证券交易委员会(SEC)主席的克里斯托弗·考克斯(Christopher Cox)在2006年1月发表的书面声明中明确表示:"过去10年中,发放给高管和董事的薪酬组合已发生巨大的变化。我们的披露规则未能跟上市场变化的步伐,而且在一些案例中,现行披露规则没有反映真实薪酬状况,反而模糊了人们的视线。"①具体言之:

首先,当时薪酬信息披露项目并不能满足公众的要求。1992年信息披露规则没有要求对上市公司的高级管理人员的报酬中所隐含的股票报酬、延期报酬、退休福利、公司贷款等加以披露,以致实践中这些报酬形式不仅被隐瞒,而且很难计算其准确的价值和具体的总额。实际上美国上市公司的高级管理人员的报酬总额远远高于所披露的数额。为此,戈登(Gordon)教授明示:"美国报酬信息披露规则提供信息是不充分的,因为仅仅要求披露已经授予的股票数量,而不是可能授予股票的数量或者是授予股票的标准,这就导致了代理规则中披露的有关股票信息的不完整性。"②

其次,薪酬重要数据的披露比较散乱、不集中。在美国上市公司的代理报告和上市公司的年度报告的注脚中,都可以散见其薪酬信息。退休计划的信息与现金以及股票相关的报酬分属不同表格,对高级管理人员的贷款独立成表格的现象比较常见。福利的信息披露常常流于形式。

再次,薪酬"伪装"(camouflage)方法掩盖了高管的真实收入。常见的"伪装"(camouflage)方法如下:①采取非现金的方式(额外津贴或其他名目繁多的福利形式)来发放薪酬是最常见的方式。这在美国上市公司中普遍存在,而且当作公司日常运营的基本成本加以处理。②授予股票期权。为了使个人财富穿上合法的外衣,同时又不用在披露报告中体现出来,股票期权迅速成为当时全美上市公司高级管理人员的挚爱。这种隐蔽的方式掩盖了高管薪酬的额外组成部分。③支付养老金。以支付养老金的方法来摄取公司的财富,不仅没必要进行披露,即使应股东的要求进行披露,也很难界定其是否违法。为此,这种薪酬支付方式普遍受到上市公司高级管理人员的欢迎。

2006年8月11日,鉴于1992年的规则相对当时美国的国情来说已经明显过时,美国证券交易委员会(SEC)又颁布了《高管薪酬和关联人披露》(Executive Compensation and Related Person Disclosure)的法案,该法案引领着公司薪酬披露从

---

① 苏德哈卡 V 巴拉康德兰. 公司治理从高管薪酬改革破题 [N]. 国际金融报, 2006-11-23.

② 张怡超. 美国经理报酬信息披露制度改革及对我国的启示 [J]. 河北法学, 2009 (10).

"规则导向"向"原则导向"转变,无论是规则中具体要求的披露项目还是没有列举到的项目,公司都需要披露,这从法律的角度使公司承担了需要披露高管人员已经或将要从公司获取的全部薪酬的义务,降低了公司逃避披露义务的可能性,使薪酬更加透明。① 这次改革的力度之大前所未有,目的是为了提高披露的真实性、完整性。

2006 年美国证券交易委员会(SEC)关于薪酬披露信息的改革包括如下几个方面:

1. 在披露对象上扩大了上市公司必须披露的公司高级管理人员的范围

根据 2006 年的新法案,财务经理人员(CFO)无论薪酬高低,均要将其薪酬进行书面披露。公司 CEO、CFO 以及其他三名报酬最高的高级管理人员都属于必须按要求进行薪酬披露的对象。在实践中,如果普通雇员的薪酬超过了前述人员,那么从取得最高报酬的雇员开始,依次递减,前三名雇员的薪酬也要予以披露。披露的内容主要是其薪酬的总额和所从事的具体工作,与其他披露人员相区别的是,位居前三名的普通雇员不必对其薪酬的具体构成进行分类报告。

2. 在披露内容上强调高管薪酬的讨论与分析

薪酬讨论与分析(Compensation Discussion and Analysis,CD&A)制度是美国在 2006 年薪酬披露制度改革的一个亮点。CD&A 制度旨为上市公司提供一个宏观上的观察(general overview)。该制度要求上市公司对其高级管理人员的薪酬提供一个总的叙述性讨论分析(narrative discussion),该分析的基本内容必须包括公司报酬目标(compensation objects)、报酬政策(policies)、报酬程序(procedures)和报酬决策(processes)等实质性因素,这些因素必须以表格数据来说明。该法案以前的规定由报酬委员会报告(compensation committee report)和业绩图标(performance graph)予以具体披露,新法案颁布后就用 CD&A 进行替代,原有的规定予以废止。

3. 在披露工具上实施了"报酬总表"和补充表格方面的改革

(1)报酬总表(Summary Compensation Table)的具体栏目对比之前的规定有显著的不同。新的法案关于上市公司高级管理人员应当披露的栏目主要由八个大项构成,具体是:工资奖金、期权授予、股票授予、非股权激励计划报酬、养老金、延期支付报酬的变化、所有其他报酬、报酬总额。新法案在 1992 年法案规定的基础上增加了两项(1992 年披露规则主要包括六项,即工资奖金、其他年度报酬、限制性股票、股票期权、长期激励报酬、其他报酬)。具体来说,增加了如下内容:其一,为了使公司的高级管理人员的薪酬具有可比性,新法案将"报酬总额"栏目

---

① 傅颀. 美国高管薪酬信息披露制度最新进展研究及启示 [J]. 商业会计,2013(10).

作为一个新的栏目放进披露表格中予以披露;其二,为了使股东清楚公司高级管理人员的股票期权的真实市场价值,新法案要求上市公司根据美国财务会计准则委员会(Financial Accounting Standards Board,FASB)会计准则第 123R 规定(FASB 123R),按照期权或者股票授予当日的美元价值将股票期权的具体价值予以披露,具体栏目放在股票授予和期权授予的报酬信息披露栏;其三,将原来的"其他年度报酬"项目放在"所有其他报酬"项目中披露,同时,将其他没有披露的内容都放在该栏目表中予以披露。该栏目表包括了公司高级管理人员每年薪酬计划报酬的实际增长率、职务消费(披露标准一万美元以上)以及其他没有税收义务的延期薪酬支付。

(2)公司高级管理人员特别持有的股份必须用额外增加的表格进行披露。新的法案规定,额外增加的表格包括两个:其一,每一个会计年度年末必须采取图表的方式(而非旧的表格中脚注的方式)制作的特殊股份报酬表格,详细地披露其拥有的所有特殊股份报酬,对未来即将或可能获得的也要予以披露其具体的数量和总额。其二,公司高级管理人员期权行权和股份的授予表格,主要披露的是申报前的上一年度公司高级管理人员享有的股票期权报酬的具体数量和总额,这些必须折算成现金价值来计算。

(3)加强了对公司高级管理人员的退休金(retirement)和被解雇之后的薪酬(post-employment compensation)披露。2006 年新法案将公司高级管理人员因各种原因终止合同后的薪酬纳入应当披露的范围。一方面,使用了新的养老金计划和额外福利表格。另一方面,启用新的非法定延期报酬计划表格。此表格主要是针对所有延期发放的薪酬。该表格还要求将通常情况下,以公司的名义或以公司高级管理人员的名义所作出的各种社会捐赠予以披露。

(4)增加了董事报酬,特别是董事独立性的披露规定。2006 年新法案要求上市公司的董事在公司获取的薪酬也应予以披露。董事薪酬披露的项目与公司高级管理人员应当披露的项目大体相同,但其范围略为缩小,即董事薪酬披露的项目仅仅限于上一年度的薪酬情况,而公司的高级管理人员则需披露三个会计年度的薪酬。而且,新法案不仅加强了对董事会会议、薪酬委员会与公司治理相关情况的披露,还将董事及董事候选人的独立与否以及其相应的社会关系都相应披露。以往诸如公司报酬委员会、提名委员会、审计委员会的成员不需要披露,新法案将他们一并披露。

此外,上市公司必须使用浅显英语(plain English)来予以披露薪酬状况,以降低成本,即应用通俗、浅显易懂的英语语言来组织(organization)、表述(language)

和设计（design），以消除投资者的文化程度差异障碍，使其都能通晓披露信息。①

2006年新法案的透明化改革对公司高级管理人员薪酬无限扩张的趋势起到了一定抑制作用。当然，也带来了一定副作用。比如：不能立即兑现的股票期权的货币价值可能人为地推高薪酬，公司之间的互相攀比可能会产生"棘轮效应"，从而进一步助推薪酬飙涨。正如薪酬专家罗纳德·穆勒（Ronald o. Mueller）指出，企业在确定其高管的薪酬时通常会参照同行的水平，他们对同行这方面的情况了解越多，就越有可能给高管的薪酬加进更多"内容"。②

（四）从2009年后的新规定看美国上市公司高级管理人员薪酬披露的新趋势

2008年全球金融危机的加剧和失业率的不断攀高，普通民众对公司高管薪水不断上涨日益不满。为了缓和社会矛盾，美国证券交易委员会（SEC）在原有法案的基础上又推陈出新。2009年12月16日，SEC开会决定上市公司必须更加全面地向股东和投资者披露公司内部风险投资的决策部门和创造最大利润的公司高级管理人员薪酬的决定依据。2010年7月，美国总统奥巴马签署了《多德-弗兰克法案》（Dodd-Frank Wall Street Reform and Consumer Protection Act）。该法案明确规定：美国证券交易委员会（SEC）负责制定披露的规则和具体标准；进一步要求披露薪酬委员会的独立性包括薪酬顾问、律师、财务和其他顾问等情况的披露、披露已支付的薪酬与公司财务绩效之间的关系。此外《多德-弗兰克（Dodd-Frank）法案》的第953（b）条还将首席执行官的薪酬与普通员工薪酬的比率和公司高级管理人员薪酬的代理权征集明确纳入应当披露的范围。

总之，美国薪酬信息披露制度的立法沿革是一个紧跟高管薪酬市场变化、贯穿"阳光是最佳的防腐剂"的哲学理念，并且不断走向薪酬透明化的进程。关于透明度的提高，Murphy给出了一个形象的数字："在20世纪30年代，企业向SEC提供的披露书一般在3～5页，其中薪酬问题的披露在1页之内；2006年新规定之前，按收入计算排名前一百位的企业的披露书一般为45页左右；2006年新规定之后，

---

① 根据美国《证券交易法》（Securities Exchange Act）第13条（a）和第15条（d）对使用通俗化英语作了明确的规定。新的规定对披露语言的"通俗"列出了明确的标准，即：a. 披露薪酬的信息必须体现在每一个章节、段落、句子之中。b. 必须避免使用语法繁多的复杂语句。c. 明确的（definite）、具体的（concrete）、常用词语（everyday words）必须占全文的95%以上。d. 多使用主动语态。e. 避免使用多重否定（multiple negatives）。f. 描述性（descriptive）标题和副标题应占披露的主体。g. 图表相对文字优先使用。h. 不要使用法律术语（legal jargon）和高科技商业专门术语（highly technical business terms）。i. 不要使用特定词汇（glossary）和特定名词术语（defined terms）。j. 图片、标识（logos）、图表、表格等方法应优先于其他表达方式。

② 李青. 美SEC拟修改企业高管薪酬披露规则. http://www.people.com.cn/GB/54816/54827/4022096.html.

第四章 上市公司高管薪酬的信息披露：把薪酬清单曝在阳光下

增长为 70 页左右，而且这 70 页几乎全部是薪酬问题了。"① 不过，高管薪酬披露尽管越来越严格和全面，但天价薪酬问题仍屡禁不止，因此还需要通过其他公司治理结构手段（如股东的控制、司法的介入）不断完善。

二、其他国家薪酬信息披露不甘人后的立法改革：硬法软法并进

（一）英国

英国在 1985 年的公司法中有要求董事披露有关薪酬事项的规定，但内容明显过于简略。1995 年英国工业联合会（Confederation of British Industries，CBI）为了"在公司高管薪酬问题上找到好的策略并为这些策略在英国上市公司的实践准备好条件"②，提交了《格林伯瑞报告》，《格林伯瑞报告》规定的披露事项十分明确：

（1）上市公司薪酬委员会有义务以董事会的名义向股东进行披露，薪酬披露报告作为公司年报的重要组成部分一起上报。

（2）披露报告的内容主要包括：公司高级管理人员的薪酬水平、本公司与其他公司薪酬的对比、业绩标准、退休金、劳动合同以及提前终止劳动合同补偿的承诺。

（3）诸如公司高级管理人员的基本工资、股票期权等长期激励计划、年红利、额外收入等都必须包含在报告中。

（4）要披露高管股票期权方面的信息是否符合会计标准。

（5）报告中应包括公司高级管理人员在上一年度累计的养老金总额（有记录员和精算师签名），并对股权、其他相关商业利益、每一年的红利和额外收入做出解释。如果股票期权和其他长期激励福利被一次性在短期内支付，报告要说明其情况和就是否正当予以说明。

（6）提供的任何超过一年的服务合约应当在报告中详细说明。

（7）长期激励机制（包括股票期权）应取得绝大多数股东的同意，特别是以现金作为支付方式的长期激励机制。

上述报告属于软法性质，但对上市公司同样具有约束力，英国将其作为申请上市的最基本要求公之于众。2002 年，英国贸易和工业部制定了新的披露规则，此次改革主要是针对董事的薪酬问题进行的。董事会的年度董事薪酬报告应包含薪酬委

---

① Murphy K J. The Politics of Pay: A Legislative History of Executive Compensation [J]. Marshall Research Paper Series. Working Paper FBE 01.11. 转引自姜浩端. 对中美高管薪酬监管措施的比较分析 [J]. 重庆理工大学学报：社会科学，2012（5）.

② A Study Group Directed by Richard Greenbury. Directors'Remuneration. http://www.econsense.org/_CSR_INFO_POOL/_CORP_GOVERNANCE/images/greenbury_report.pdf.

113

员会的人员组成情况、基本薪酬政策制定的依据和公司运营的财务信息。财务信息包括董事会所有董事的具体薪酬、所拥有的股票期权总额、长期激励计划所得、养老金、因董事的原因支付给第三方的金额。

此外，英国伦敦证券交易所也制定了一些属于软法性质的上市公司薪酬披露规则，具体如下：①上市公司要上市交易必须做出具体承诺，其内容是将每一位公司的董事的薪酬总额及其基本组成因素向公众做出详尽的披露。应当披露的范围包括服务期超过一年的所有服务合同。②公司薪酬委员会必须在规定的时间里将年报寄送给全体股东，在年报中必须具体阐明公司高级管理人员的薪酬政策和相关法律、事实依据。如果薪酬委员会中有执行董事或受到其他公司交叉董事职位影响的非执行董事，公司必须在报告中详尽说明。

英国除了软法规制外，硬法方面也有建树。2006 年新修订《公司法》(Company Law) 第 6 章即对上市公司高级管理人员的薪酬报告制度作了较大完善：首先，确定了上市公司而非高级管理人员具有薪酬报告的法定义务，如果不履行相关义务，将承担相应的法律责任。其次，将薪酬报告以详尽的列举形式规定应当披露的内容，尤其是确立了薪酬比率披露制度，即披露最高收入的董事和高管，以及收入最低的 10% 的员工之间的薪酬比率。① 最后，完善了上市公司高级管理人员薪酬报告制度的批准和签字程序。

（二）德国

德国高管薪酬披露制度也是软硬兼施。属于硬法形式的《德国商法典》(German Commercial Code) 5285 条款规定：上市企业应当披露监事会成员和上市企业高级管理人员的薪酬总额，包含基本工资、股票红利、消费津贴、保险金、佣金和其他的福利待遇。前任上市企业高级管理人员和监事会成员的养老金支付额度需要单独披露。2002 年，德国颁布了《康默准则》(Cormme Code)，该准则具有软法性质，与《德国商法典》的规定存在明显的差异。《康默准则》在规定上市公司有披露本公司高级管理人员薪酬义务的基础上，要求披露公司高级管理人员和监事会成员薪酬时应当单独进行，不能汇总进行披露。对固定工资、浮动工资和长效激励机制要分开进行披露。《康默准则》认为，只要是上市公司支付给高级管理人员的薪酬，如果其他雇员没有享受这部分待遇，那么上市公司就应当采取"执行或阐释"的方法予以特别披露。所谓"执行或阐释"的方法是指上市公司需要按照规定的程序和要求披露单个监事会成员和公司高级管理人员的薪酬明细，还要具体说明给予相关薪酬的理由。但实际上，Allianz、Daimler-Chrysler 等大型上市公司常常以薪酬

---

① 牟文超. 英国公司治理体制的演变及启示——兼论董事薪酬相关制度安排 [J]. 经济管理，2011 (9).

属于个人隐私作为理由来拒绝披露高级管理人员和监事会的薪酬情况。他们是担心薪酬披露,将会导致公司之间互相攀比,最终使所有公司的薪酬趋向一致,从而使本公司薪酬失去诱惑力。为此,2005 年 8 月 11 日,德国出台了首部主要针对上市公司关于董事薪酬的专项立法《董事薪酬公开法》(Director Compensation Disclosure Law),为股东知情权提供进一步保障。2006 年 6 月 12 日,为适应《董事薪酬公开法》的有关规定,《德国公司治理法典》(The German Corporate Governance Code)也进行了系列的修正,其主要涉及董事的薪酬问题,包括薪酬的确定,董事的薪酬披露义务,薪酬的披露方式以及是否需要对董事会成员的薪酬体系向投资者作介绍等。①

(三) 日本

在日本,上市公司高管薪酬披露进行了一系列的改革,以确保实际的规制效果。日本公司法认为,董事薪酬是否正当必须通过法定的程序来判定,在股东大会前后都应按规定的程序进行披露。此外,在董事提交薪酬议案时股东大会参考资料应详细记载决议事项的算定基准等事项(日本《公司法实施规则》第 301 条第 1 款;第 82 条第 1 款,关于公开公司的社外董事,应区别于其他董事的记载;第 82 条第 3 款)。日本《公司法实施规则》第 73 条第 3 款、第 94 条、第 133 条第 3 款、第 121 条规定的披露制度更为详细,即使上市公司的章程规定了网络公开制度也不能免除相应的程序。日本《公司法实施规则》第 82 条第 1 款详细地规定了决定退职慰劳金时应记载退职董事的简历,并将相关信息向公司股东进行披露。2009 年 4 月实施的《公司法实施规则》第 8 条规定了赋予责任豁免的高管提交议案时参考资料应当记载的事项。2010 年 3 月 31 日,日本金融厅为了加强对公开公司的监管,修改了"关于公开企业内容等的内阁府令",将公司的高级管理人员的薪酬披露放在有价证券报告书中进行。该报告书明确要求:①如果存在决定董事薪酬具体数额的指导方针,则应该将该指导方针予以披露。②应当披露董事、监事的薪酬总额及其具体构成。③个别董事、高级管理人员薪酬的特别披露。披露的内容应该包括被披露人的姓名、职务、领取的薪酬、职工优先认股权、奖金、退职慰劳金等,并以 1 亿日元作为披露标准,年薪在 1 亿日元以上的,则需要披露。在该规定开始适用的本年度,关于公开了 1 亿日元以上的高管薪酬的公司的媒体报道受到极大关注。这个一亿日元的基准,是参照了美国上市公司 CEO 的薪酬,而日本上市公司董事的平均薪酬为 2500 万日元。②

---

① 彭真明,陆剑. 德国公司治理立法的最新发展及其借鉴 [J]. 法商研究,2007 (3).

② 福原纪彦. 董事的报酬规制与责任的轻减 [M] // 王保树. 商事法论集. 北京:法律出版社,2012,21:452.

三、小结

（1）薪酬信息披露从表现的文件形式来看，通常可以分为集中型和分散型两种模式。① 集中型模式主要以美、英作为主要代表，它主要以集中报告或图表的方式将公司的薪酬进行集中披露。分散型模式则以德国为主要代表，② 它主要以分散的方式如通过年度报告附注或治理报告的方式来披露薪酬信息。集中型的披露模式由于投资者需掌握的信息被公司统一披露，且相对比较全面，并以单个文件的形式进行披露，在披露过程中还必须遵守相关的程序，这就使投资者对公司的经营状况了解比较直观，而且集中型的披露采用图表和专项报告的披露方式相对比较规范，信息量也比较大，在信息获得的难易程度方面，集中型的薪酬披露模式明显优于分散型模式。这主要是因为投资者并不具备各种专业知识，他们不可能从公司治理报告、财务报告以及其他海量文件中提炼自己所需要的信息以供决策。投资者通过获取集中披露的文件便可以高效地掌握公司状况，大大增加了公司治理信息的透明度。考虑到集中披露模式的前述优点，到目前为止，世界各国普遍比较垂青该模式，该模式也因此成为国际社会的主流薪酬披露模式，代表着未来的发展方向。

（2）薪酬信息披露从内容上看，通常分为全面披露和简单披露。全面披露模式所披露的内容相对比较全面，具体涉及公司高级管理人员的薪酬组成细节，对公司整体薪酬所涉及的政策以及计划安排都有详细的披露。采用此模式的代表国家有英、美两国。相对全面披露模式来说，简单披露模式下，公司通常只就相关人员薪酬的基本情况进行简单的披露，投资者仅能就披露的信息略知一二，在德国2005年通过《董事薪酬公开法》之前主要采取这种模式，之后可以说向美国全面披露模式看齐，如《董事薪酬公开法》规定了需要详细披露董事会每一成员的名字、薪酬数额等。日本在2010年3月内阁府令（有关企业内容公开的内阁府令）颁行之前，

---

① 张怡超. 美国经理报酬信息披露制度改革及对我国的启示［J］. 河北法学, 2009 (10).
② 意大利也是属于此一模式，意大利公司治理报告简要地披露了公司经营董事薪酬，说明经营董事薪酬是否以及如何与公司业绩挂钩，股票期权情况如何，每个董事的薪酬数额则在公司的账目附注中有所披露。

并不要求公开每一位董事的具体报酬额,之后也有向全面披露过渡的趋势。① 实际上,随着世界经济全球化的深入发展,世界各国都逐渐从立法上要求本国的上市公司必须依据公司治理的相关规则以及证券交易所颁布的上市规则进行详尽地全面披露,这其中当然包括高管薪酬信息的全面披露,以便投资者能尽量掌握充分的资讯。

(3)薪酬信息披露从法律规制手段来看,有硬法和软法之别。《公司法》等硬法形式的强制薪酬披露是各国对公司高管薪酬进行调节的主要手段,但也辅之以公司治理准则、报告或证券交易所自律规则之类的软法形式予以细化,这样"软硬"兼施,做到薪酬披露规则密而不漏。

第三节 我国上市公司的高管薪酬信息披露

一、我国上市公司高管薪酬信息披露制度的现行规定

1. 法律方面的规定

我国2005年对《公司法》进行了大修订,《公司法》第117条(2014年版《公司法》第116条)明确规定:"公司应当定期向股东披露董事、监事、高级管理人员从公司获得报酬的情况。"《公司法》第142条(2014年版《公司法》第141条第2款)规定:"公司董事、监事、高级管理人员应当向公司申报所持有的本公司股份及其变动情况。"《公司法》第148条(2014年版《公司法》第147条)规定:"董事、监事、高级管理人员应当遵守法律、行政法规和公司章程,对公司负有忠实义务和勤勉义务。"此外,我国的《证券法》明确要求上市公司的年报必须对本公司的高级管理人员的基本情况进行介绍,虽然没有明确要求披露薪酬,但要求高级管理人员必须向公众公布其个人的持股情况。

2. 行政法规方面的规定

1993年4月22日,国务院公布了《股票发行与交易管理暂行条例》。该条例

---

① 根据日本2010年3月内阁府令,董事、监事、执行役等公司高级管理人员的报酬作为"公司治理的相关事项"之一必须公开(第2号样式(记载上的注意)(57)a(d)、第3号二样式(记载上的注意)(14))。关于决策人报酬应公开的事项,大致分为以下3种。也就是:a.按公司高级管理人员区分(董事、监事、执行役、社外董事及监事)报酬的总额和对象的人数;b.包括来自联结子公司中所获得的报酬,对领取1亿日元以上公司高级管理人员,该人员的姓名、职位和报酬金额;c.公司高级管理人员报酬金额的决定或者有报酬金额的计算方法的有关方针,该方针的内容和决定方法(没有确定方针的情况下)。参阅酒井太郎.有关董事报酬的日本法律规范和企业惯例[M]//王保树.商事法论集.北京:法律出版社,2013,23:234.

的第 59 条明确规定上市公司年报中必须向社会披露其高级管理人员的基本情况、持有公司的股份情况以及其各种报酬的明细。该规定实为我国有关上市公司高级管理人员承担薪酬情况披露义务的最早规定，为以后通过法律、法规、规章进一步完善我国的薪酬披露制度打下了坚实的基础。

3. 部门规章方面的规定

我国有关上市公司高级管理人员的薪酬披露的行政规章规定散见于证监会、财政部颁布的各种文件中。如财政部 2006 年修订的《企业会计准则第 36 号——关联方披露》规定将关键管理人员薪酬作为关联交易进行披露。为了完善股权激励方面的监管制度，证监会先后颁布了《上市公司股权激励管理办法（试行）》《国有控股上市公司（境内）实施股权激励试行办法》《国有控股上市公司（境内）实施股权激励试行办法》和《公开发行证券的公司信息披露内容与格式准则第 2 号——年度报告的内容与格式》（经 2007 年、2012 年、2014 年多次修订）等文件。这些规章明确了股票期权和限制性股票属于上市公司高级管理人员薪酬披露的内容，并进一步完善了相关规定，其应当披露的内容涵盖了高级管理人员的各种详细信息，包括专业背景、各种形式的工资和持股情况。在年报里还要披露高级管理人员辞职的原因以及因离职而给付的各种福利。在人事方面，上市公司还需加强高管兼职情况的监督，要求高管披露其是否在股东单位获取收益。

4. 有关上市公司的自律规定

根据我国《深圳证券交易所股票上市规则》和《上海证券交易所股票上市规则》（2014 年修订）规定，明确要求证券交易所在专门的网站将高管的姓名、所占有的限制性股票或股票期权的数量、股权激励计划拟授予高管的总量等情况向公众披露，并及时披露获授股份解除限售公告或者股票期权行权公告。此为上市公司的自律行动准则。

纵观我国对上市公司高管薪酬披露制度的规定和修改，可以看到，通过不同层级的法律、法规和规章，基本上形成了我国上市公司高管薪酬披露制度框架，为其日趋合理化和更加透明化奠定了基础。

二、中美比较视野下我国高管薪酬信息披露制度的缺陷

从前述分析我们可以看出，目前我国上市公司高管薪酬披露制度框架已经搭成，但是，通过与国外发达国家特别是美国的薪酬披露制度对比，我国上市公司高管薪酬披露制度仍然存在诸多缺陷，[①] 具体如下：

---

① 查婧. 中美高管薪酬披露规则比较 [J]. 财会通讯，2009（10）.

首先,我国上市公司所披露的有关其高管薪酬情况相对美国公司来说比较散乱。如2009年万科企业股份有限公司高管薪酬信息披露即为典型的分散式披露,散见于公司年度报告中,如披露的内容分散在"股东变动及股东情况""董事、监事和高级管理人员""董事会报告""重要事项"以及"财务报表附注"五个部分。[①] 这种方式对于不具备相关专业知识的投资者来说过于复杂,因为普通投资者根本不具备这种专业能力,将相关分散的信息概括成具有决策价值的信息。美国所采用的集中披露方式刚好解决了我国分散型模式中的信息分散需要专业人士进行概括整理的问题,极大地提高了投资者及时掌握相关信息的效率和能力。

其次,相对美国所采用的表格披露、薪酬讨论与分析图表以及叙述性描述来说,我国上市公司所采取的披露高管薪酬信息的工具比较单一,效果欠佳。美式表格披露可以让普通投资者轻松看懂高级管理人员薪酬的各种情况,若还出现缺陷的话,还可以采取一些文字进行旁边解说。与美国相比较,我国相关法律法规对上市公司高级管理人员薪酬信息披露的规定明显过于单调。这种类似德国的披露模式通常只是要求披露相关人员的薪酬总数额,对发放薪酬的依据和制定依据的背景并没有清晰地说明。如此简单的数据或概括式解释总体上缺乏直观性和实际可操作性,在实践中不利于普通投资者的决策。

再次,在上市公司高管薪酬披露内容方面,我国与美国相比仍有差距。美国的法律要求薪酬披露图表中包括所有法定的披露项目,如授予股权的全部市场价值、公司高管名义所作出的各种社会捐赠、在职消费、业绩与薪酬的关联度、高管薪酬与其他员工收入的比例、薪酬顾问的独立性等等。而我国薪酬披露要求中相形见绌,特别是一些职务消费的隐形收入都没得到相应披露,投资者知情权难以得到彻底的保障。

最后,我国上市公司高管薪酬披露中出现问题时的责任追究制度尚不完善。在美国,为了制止不负责任的行为,出台了20世纪30年代美国经济大萧条以来,处罚措施最严厉的公司法律——《萨班斯-奥克斯利法案》。该法案规定对于违规披露的行为,个人最高可处罚100万美元,并可同时判处10年监禁,对恣意证券欺诈的公司主管处罚额可达500万美元,并可判处高达25年的监禁,这种从重处罚的方式很好地提醒上市公司的首席执行官和首席财务官务必认真履行职责,否则将

---

① 可丽娟. 上市公司高管薪酬信息披露法律问题研究 [D]. 山西财经大学 2012 年硕士学位论文,第 23 页. 载中国优秀硕士学位论文全文数据库.

面临牢狱之灾。反观我国2014年《证券法》第193条对不当披露法律责任的规定,① 实际震慑力相形见绌。对高管违规披露的罚款最高为30万元的规定仍是沿用1998年《证券法》的旧文,不足以让违披责任主体伤筋痛骨。而且实施信息披露的实际操作者(通常为董事会秘书)与信息披露的责任主体(董事长或总裁)相分离,造成责任主体不明确,易于导致类似于公司两权分离后经理人的背德行为的出现——信息披露的操作人基于私利而进行不当披露。② 而按我国《证券法》信息披露义务主体的规定,只有"董事、其他信息披露义务人"的表述,没有明确列入"董事会秘书"。2007年上海证券交易所发布的《上市公司信息披露事务管理制度指引》规定了信息披露中董事长或总经理作为第一责任人,董秘负责具体协调。从该条规定很难看出董秘的责任范围及第一责任人董事长或总经理与负责披露事宜人之间的责任边界。这些无疑为上市公司高管薪酬不当披露及事后追责埋下隐患。

三、中国式上市公司高管薪酬信息披露制度的完善

有论者指出,完善的披露制度其实是一种"卸妆"行为,股东借助于法律之手可以拨开管理层通过"化妆"而笼罩在上市公司经理人员薪酬体系上的部分迷雾。③要使股东科学投资决策和合理进行控制问责,我国不仅要对上市公司的高管薪酬正确地筹划安排,还要建立有效的薪酬披露制度。笔者认为,我国现行的上市公司高管薪酬披露制度体系尚存不少缺陷,有必要进行更加透明化的整合、完善。具体来说,可以从以下几个方面着手:

首先,应当以《公司法》《证券法》强行法规范(硬法)进一步细化薪酬披露的具体内容,辅以证券交易所的自律性规范(软法)跟进,实现软硬兼施,共同编织起紧密的薪酬披露法网。就薪酬披露内容而言,应集中、全面进行披露,拓展其披露的广度和深度,满足真实、准确、完整、有效原则的基本要求。具体而言:

(1)除基本工资、奖金外,各种报酬的总额及具体构成应当详尽披露,特别是各种股票或期权应折算成具体的金额予以披露,不能像前述一些上市银行2010年年报那样对所披露的薪酬额度构成都未进行说明,仅披露薪酬的总额。而且对薪酬

---

① 2014年修订《证券法》第193条:发行人、上市公司或者其他信息披露义务人未按照规定披露信息,或者所披露的信息有虚假记载、误导性陈述或者重大遗漏的,责令改正,给予警告,并处以三十万元以上六十万元以下的罚款。对直接负责的主管人员和其他直接责任人员给予警告,并处以三万元以上三十万元以下的罚款。

② 谢志华. 关于上市公司信息披露的若干问题 [J]. 财会学习, 2007 (12).

③ 黄福宁. 上市公司经理人员薪酬的法律规制 [D]. 中国政法大学2005博士学位论文,第110页。

与业绩的关联性以及制定薪酬的依据需要解释得更加透明,不能含混不清。此外,要像英美国家那样要求披露高管与员工薪酬之间的比率,使公司薪酬分配的差距受到公开监督,以实现合理化、公平化。

(2)细化披露对象的隐形消费项目,应当明确高管履职待遇、业务支出的具体构成。实际上,在我国,诸如办公费、差旅费、通讯费、业务招待费、出国培训费、小车费和会议费以及董事会费等各种名目繁多的消费固然可以进行一定程度的监管,但是,对诸如因私使用公司的汽车、住房、通讯等种类的隐性收入往往很难发现和监管。针对我国具体情况,有学者以2007—2011年我国A股上市公司为样本,从代理成本角度研究了企业管理层实施高管薪酬自愿性披露的动机和策略。实证研究发现企业高管获取的货币性私有收益越高,管理层自愿披露高管在职消费信息的程度就越低。① 为此,我们应当在上市公司的年报或财务报表中,将上市公司的高级管理人员的"履职待遇"(公务用车、办公用房、培训)、"业务支出"(业务招待、国内差旅、因公临时出国、通信)按照中央《关于合理确定并严格规范中央企业负责人履职待遇、业务支出的意见》的规定予以披露和说明,只有这样,才能使其真正具有实际可操作性。

(3)进一步完善上市公司高管在其任职的所有关联单位获取的薪酬披露制度。根据我国证监会2014年修订的《公开发行证券的公司信息披露内容与格式准则第2号——年度报告的内容与格式》,董事、监事和高级管理人员在除股东单位外的其他单位的任职或兼职情况应予以披露,此外还应报告期末每位现任及报告期内离任董事、监事和高级管理人员在报告期内分别从公司及其股东单位获得的应付报酬总额,这里没有明确是否包括披露在除股东单位外的其他单位的任职或兼职时获取的实际薪酬。实践中,根据对2008年1209家上市公司的年报统计,其中有448位董事长在上市公司中领取"零薪酬",但这些"零薪酬"的董事长背后有可能从国资委或关联企业获取高额的薪酬,这实际上侵害了中小股东对公司薪酬激励机制的知情权,损害了中小股东的利益,对证券市场的健康发展极为不利。② 再如"中石化有一半的董事是在股东公司拿薪水,这就意味着在上市公司财报数据中无法求证其真实性,所以其实是想披露多少就写多少。"③ 而2013年广日股份、粤传媒以及珠

---

① 黄再胜.高管薪酬自愿性披露存在信息操纵吗——来自中国上市公司的经验证据[J].南开管理评论,2013(4).

② 葛家澍,田志刚.上市公司高管薪酬强制性披露研究[J].厦门大学学报:哲学社会科学版,2012(3).

③ 劳佳迪.多位高管薪酬不够透明 追问披露细节锋利依然[N].新闻晚报,2013-03-27.

江实业年度报告中董事长薪酬由参股公司、控股股东或者集团公司发放即没有披露。① 美国采取了"名义高管"薪酬披露的做法，要求上市公司不仅要披露高级管理人员在本公司的任职和收入情况，还要对其在所有挂名的公司所获取得利益进行披露。考虑到我国公司高管在关联单位任职的问题也普遍存在，我们也可以采取更严格全面的做法，对上市公司高管在其任职的所有关联单位（不仅仅是股东单位）获取的薪酬形式及数额大小进行披露。

其次，完善披露工具，使用统一标准的图表形式，满足薪酬披露符合规范性、容易理解性、容易获得性的原则要求。在美国 SEC 披露规则中，表格披露的方式相对比较全面，如果我国能将高管薪酬等数据以类似美国式的图表形式向公众公示，其披露效果显然要强于现行的披露手段，方便投资者及时掌握。

再次，努力推进与公司风险管理有关的薪酬政策披露。② 高风险、高回报是资本投资的逻辑。公司高管为追逐高额薪酬往往采取高风险的经营政策，这种激进的冒险行动使公司暴露于较高的风险之中，为此，美国 2008 年金融危机之后加强了对上市公司风险管理与薪酬政策之间关系的披露要求，对我国相关薪酬政策的披露具有重要的借鉴意义。近年来我国一些公司（如中航油）发生的海外超级投资亏损的教训说明在某一定程度上与其激励冒险的激进行为的薪酬政策有关。为此，我国上市公司（尤其是金融投资类上市公司）应出台强制披露规则，就高管薪酬与公司风险之间的关系做出解释和说明，以防范高管为牟取私利采取高风险的经营行为导致失败，提高我国上市公司公司治理水平和风险防范能力。

最后，薪酬信息披露违规的问责方面需加强。一是证监会、证券交易所应本着"勿以善小而不为"的有法必依、违法必究原则，加大查处、问责力度，如《公开发行证券的公司信息披露内容与格式准则第 2 号——年度报告的内容与格式》在 2012 年修订时即明确规定了应对上市公司高管在股东单位的任职薪酬予以披露，而据同花顺 iFinD 数据显示，截至 2014 年 4 月 28 日，*ST 吉炭、南方航空、天地科技、恒天海龙、中海集运的年报仍显示总经理零薪酬，推测其因要么是持有大量的企业股票，要么是从股东单位领取薪酬，要么就是领取基本薪酬但不在年报中列示③，但无论哪种情况，公司都应勿以恶小而为之，要不折不扣遵守《证券法》以及《公开发行证券的公司信息披露内容与格式准则第 2 号》的规定，对高管零薪酬现象及其原委解释清楚，证监会、证券交易所对其应加大薪酬披露的监管力度，及时问责。二是进一步完善我国《证券法》不当披露的法律责任规定，如在行政责任

---

① 冯叶. 广州上市国企的打工皇帝去年赚了多少钱？[N]. 南方都市报，2014-05-05.
② 傅顾. 美国高管薪酬信息披露制度最新进展研究及启示 [J]. 商业会计，2013 (10).
③ 张燚. 央企上市公司薪酬榜：麦伯良以 869 万年薪居首. 人民网，2014-05-05.

方面可适当加大惩罚力度，针对高管违规披露信息的行为，应与时俱进，从现行规定的"处以3万至30万"罚款幅度，提高到"5万至50万元"，以提高法律威慑力。三是要明确负有披露义务和披露责任的主体（包括但不限于董事、经理等）范围，特别是明确规定处于披露第一线董秘的法定责任，厘清跟董事长（总经理）的责任边界。对没有履行法定义务并给投资者造成损失的，董秘同样应当直接承担相应的民事赔偿责任，而且不可以用失职后公司内部处分责任抵清、免除，从而保障我国高管薪酬信息披露在法治化的轨道上运行。

第五章 上市公司高管薪酬的股东控制：重塑民主监督机制

【本章提要】 现代公司权力中心由"股东大会中心主义"转向"董事会中心主义"，甚至"经理人"支配主义，股东大会直接决定高管薪酬的做法已不适宜，而作为高管薪酬的民主监督控制机制却应得到重塑和加强。上市公司股东对高管薪酬的控制分为直接控制和间接控制两种，直接控制主要包括股东查阅权、股东质询权、征集委托投票权、股东提案权、股东薪酬话语权的行使；间接控制包括股东大会对董事的人事任免权、中小股东对公司利润的分配权。本章通过国外高管薪酬的股东控制情况，以及我国高管薪酬的股东控制现状（股东控制制度支持羸弱）的论述，对其完善提出了如下建议：如需要进一步充实股东知情权、改进股东提案权制度、健全征集委托投票制度、完善"股东薪酬话语权"制度（授予股东对于高管薪酬方案的投票权）、加强机构投资者对高管薪酬的管控。

现代公司实行财产所有权与经营权分离，随着"股东大会中心主义"向"董事会中心主义"的转变，甚至滑向"经理人"支配主义，股东大会作为公司最高权力机关不再是一个万能的机关，与之相对的是，公司董事会（经理层）的权力不断扩张，成为实质意义上的公司权力中枢机构。股东大会为公司非常设机构，除了极少部分担任公司董事、监事职务的股东以外，大多数股东并不直接参与公司经营以及日常管理。股东大会作为直接决定高管薪酬的天然场所已不适宜，而作为高管薪酬的民主监督控制机构却应重塑和加强。

由于股东是公司的出资者且是公司最密切相关的利害关系人，即便经营管理者享有公司的经营控制权和部分剩余价值索取权，但这并不意味着股东授权给董事会经营管理权限之后，可以置自身利益而不顾，而是仍要通过各种方式对公司进行监督，以免股东大会沦为"橡皮图章"。我们认为，股东对公司的监督也应体现在对高管薪酬的控制方面，应落实完善股东的民主监督权利，增强股东对高管薪酬的控制力，避免高管自定薪酬谋取不正当的利润，从而损害股东利益。美国公司法名家克拉克教授将股东的权利归纳为三类：表决权、诉讼权和资讯权（即信息获取权）。表决权具体表现为股东可以选举董事，批准某些特别事件，通过、修订或废止公司内部规章，在有充分理由时，可以撤换董事以及通过股东决议批准董事会的行动或者要求某些行动；诉讼权具体表现为股东可以起诉公司、董事和高级职员，在适当的情况下还可以提起代表诉讼或公司权益诉讼；资讯权具体表现为股东可以获得各种有关公司信息和免受欺诈的权利。① 高管薪酬的股东监督主要包括股东查阅权、股东质询权、征集委托投票权、股东提案权、投票表决权、股东大会对高管（主要是董事）的人事任免权、中小股东利润分配权等权利的行使，以及对不合理薪酬提起诉讼的司法救济权来实现②。而且随着公司治理结构改革的深入，各国机构投资者所起的作用越来越大，因而我国也应重视机构投资者对董事报酬的管控作用。

第一节　股东控制高管薪酬的学说基础

一、两权分离学说

自公司诞生之后，所有权与经营权两权分离理论也随之提出。亚当·斯密（Adam Smith）1776 年在《国民财富的性质和原因的研究》（An Inquiry into the Nature and Causes of the Wealth of Nations）中写道："股份公司的经营，全由董事会处理。董事会在执行任务上固不免受股东大会的支配，但股东对于公司业务多无所知，如他们没有派别，他们大多心满意足地接受董事会每年或每半年分配给他们的红利，不找董事会麻烦。这样省事而所冒危险又只限于一定金额，无怪许多不肯把资产投资给合伙公司的人，都向着这方面投资。因此，股份公司吸收的资本通常超过任何合伙公司。"③ 该书是英国资本主义处于上升时期对经济高度发展过程中呈现出的必然趋势的一种描述与判断：公司治理中所有权与经营权相分离已为大势所趋，公司高度的专业化经营倒逼公司的控制权越来越多地被经营管理者所操控，由此产生了公司代理关系及代理问题。而高管薪酬的争议正是这种所有权和经营权之间的冲突下的产物，抑制高管天价薪酬的有效路径即是回归股东对公司的控制。

二、委托代理学说

在 20 世纪 30 年代，美国经济学家伯利和米恩斯因为洞悉企业所有者兼具经营者的做法存在着极大的弊端，于是提出"委托代理理论"（principal-agent theory），倡导所有权和经营权分离，企业所有者保留剩余索取权，而将经营权让渡。"委托代理理论"早已成为现代公司治理的逻辑起点。在两权分离理论的基础之上，不可

---

① 罗伯特·C 克拉克. 公司法则 [M]. 胡平等，译. 北京：工商出版社，1999：70 – 72.
② 股东对不合理薪酬提起诉讼的讨论放在"高管薪酬的司法介入"一章来进行.
③ 亚当·斯密. 国民财富的性质与原因的研究（下卷）（中译本）[M]. 商务印书馆，1981：303.

避免地使得所有者在公司不断发展而自身的专业指导有限的前提下，将公司的经营权委托给拥有专业管理经营经验的经营者，而股东与经营者之间产生的关系则为最典型的委托代理关系。委托代理理论认为，委托人所追求的自身利益的不断扩大化，而代理人追求的则是自身的薪资得到最大化，一旦代理人的薪资决定权被代理人自身所掌控，那么这种隐藏在委托代理关系背后的道德风险会使得高管薪酬的设置进一步充满争议。同时，在如何将公司运营成本降到最低以及如何通过有效的激励经营者从而达到股东利益最大化的问题，也成为委托代理理论中亟待解决的核心问题。

三、股东民主学说

股东是公司的开创者和所有人，应拥有公司的控制权，股东民主就是指全体股东当家做主，共同行使应由股东群体行使的权利，维护股东群体的共同利益。股东民主的核心是充分挖掘股东会制度的资源，坚持股东集体参与决策，反对个别股东在股东会之外向股东会、董事会和公司经理层发号施令。① 在公司治理中，若股东民主得不到贯彻和体现，股东会则会沦为控制股东和经营者剥削和压榨小股东的工具。股东民主学说主要包括以下几个方面。②

第一，股东自主表达意志。股东作为公司的所有者，其能通过股东大会充分、自由、真实地表达自己的意志，股东大会制度的不断完善有利于股东与经营者之间的利益平衡。经营者身居公司要职，作为最为了解公司运营状况的关系人，会产生道德风险和逆向选择的倾向，只有将股东的权利诉求自由、真实地表达出来，使股东大会监督制衡的作用充分发挥出来，才能避免公司运营权力失衡，杜绝经营者滥用职权。具体到公司高管薪酬的决定机制上实现股东民主，就是要让股东能够有权按照自己的意愿对公司高管薪酬进行投票表态，以对高管薪酬拥有更多的话语监督权。

第二，股东的地位平等。股东地位平等是遵循私权主体平等原则的结果和体现，也是《公司法》的基本原则。在公司实践中，资本多数决使得大小股东的发言权并不平等，致使在现实中出现了股东大会沦为少数控股股东的代言工具，而小股东的利益却无法得到有效的保障。这样董事、经理只成为控股股东的代言人，往往容易自定薪酬，损害小股东利益。韩国公司法名家李哲松指出："大股东为了避免这些负担（公司实现盈余向全体股东分派时有资金上负担，在税收上也有负担）而

---

① 刘俊海. 弘扬股东民主理念激活股东大会制度 [J]. 董事会, 2008 (10).
② 王娜. 论股东对公司高管薪酬的控制 [D]. 河北大学 2012 年法学硕士学位论文，第 7 页.

回收盈余,选择支付巨额董事报酬的方法,不仅从资本充实的观点上,而且在侵占其他股东的分派可能的盈余上,带来违背股份平等原则的显著的不公正。再说,在没有盈余的状态下获取过高的报酬等于优先于公司债权人回收出资,是没有道理的。因此,比起公司状况和董事职务的性质,过高地规定董事报酬的章程规定及股东大会决议很明显是多数决原则的滥用,应该是无效的。"① 因此,公司法必须重视保障中小股东权益的保护,如我国 2005 年修订《公司法》时即规定了股份有限公司股东大会选举董事、监事时,可以实行累积投票制,以抗衡资本多数决原则的滥用,落实实质意义上的股东平等。

第三,股东与经营者的利益平衡。股东民主理论最主要的目标是希冀在公司运营过程中,实现股东与经营者之间乃至各方利益的平衡,有效化解公司中的利益冲突(高管自定巨薪必然导致与股东利益甚至债权人利益冲突),达到股东与经营者的双赢局面,甚至是包括债权人、雇员、消费者在内等多方力量的多赢局面,这样健全的公司治理机制才得以建立起来。

四、利益相关者学说

利益相关者学说认为公司是各种利益相关主体共同参与与投入的统一体,由于参与的主体代表不同的利益,彼此之间必然会产生利益冲突,而在此利益冲突的解决调和点,则是合理的高管薪酬的设定。公司作为一个多种利益的结合体,那么其中利益相关者的范围界定,首先是公司的所有者——股东,即在高管薪酬的设置上,股东作为利益相关者,必然需要积极地参与到高管薪酬的设置中,从而达到一个利益的平衡。

五、小结

上述学说从不同角度回答了高管薪酬的股东控制的理论依据问题,两权分离学说解释了公司的所有权与经营权分离后,公司的控制权为经营者所掌握,原先单纯的劳动者薪酬的概念为公司高管的薪酬概念所代替,薪酬转变成所有者对经营者的激励工具,成为所有者与经营者利益之间的一种分配机制。委托代理学说被认为是一种降低代理成本,协调高管与股东利益的工具,但随着公司的发展,高管薪酬自身却演变成为一种典型的代理成本问题,高管薪酬与公司绩效关联性差。造成这一后果的主要原因就是高管薪酬脱离股东的控制,股东权能受到弱化,作为股东利益代表的董事会与高管人员相勾结,损害股东利益。而公司薪酬治理改革的重心在于

---

① [韩]李哲松. 韩国公司法 [M]. 吴日焕,译. 北京:中国政法大学出版社,2000:447.

加强高管薪酬的股东控制。股东民主学说恰好"修复"了中断的股东民主"链条",合理划分股东大会和董事会的法律权限,监督经营者更好地为股东利益服务。利益相关者学说解释了在高管薪酬的设计上,股东作为最主要的利益相关者,必然需要积极地参与到高管薪酬制度的建设中,从而达到一个利益的平衡,使得高管在公司中通过经营业绩得到合理的薪酬。

第二节 国外高管薪酬的股东控制

由于现代公司治理中"强管理、弱所有"的弊端存在,中小股东常身处信息闭塞境地,加之理性的冷漠,会有"搭便车问题(free rider)"和"集体行动困境(collective action)"产生,因而并不积极行使股东监督权利。鉴于此,为了强化股东参与高管薪酬的控制,千方百计提供畅通渠道,提高股东控制薪酬安排的能力,此为高管薪酬的股东控制系统工程之着眼点、突破口。根据影响能力的不同,可以分为直接控制和间接控制。直接控制包括股东查阅权、股东质询权、征集委托投票权、股东提案权、投票表决权的行使;间接控制主要指股东大会对高管(主要是董事)的人事任免权和股东对公司利润分配的决定权。

一、股东对高管薪酬的直接控制

(一)股东查阅权

股东查阅权属于股东知情权的一种子权利,是知情权的重要内容,一般指股东依据法定程序进行查阅账簿资料、会计报表以及财务报告的权利;股东也有权申请法院选任检查人调查公司的财产、业务、经营管理状况。

由于代理成本和信息不对称的存在,股东要对高管巨额薪酬实施有效控制具有相当复杂性及困难性,法律的功能之一就是降低代理成本和减少信息不对称。代理成本首要是信息成本,信息透明化有助于节约代理成本。一般强制信息披露制度能够保证股东获取高质、完整的信息资源,但强制信息披露制度在为投资者提供投资决策或为中小股东选择"退出(exit)"提供信息的同时,也使股东处于被动的地位。从股东积极主义的角度分析,只有主动行使查阅权才能达到互补的效果,才能让股东行使"发言权(voice)"享有充足的信息。下面就美国、英国、德国股东查阅权阐述如下。

1. 美国

从股东查阅权的行使主体看,存在两种立法模式:(1)少数股东模式,即持股达到一定比例的股东方可行使查阅权。1969年美国《示范公司法》第 52 条规定,只有持股 6 个月以上或者持股比例达到 5% 的股东才可以行使查阅权。1997 年法案通过之前,《纽约州商业公司法》(New York Business Corporation Law) 第 624 条也存在类似规定。(2) 单独股东权模式,即任何股东都可以单独行使查阅权。20 世纪 90 年代以来,美国某些州在修改公司法时就放松甚至取消了持股比例的要求,例如《纽约州商业公司法》经过 1997 年的修订,其第 624 条删除了股东行使查阅权关于持股时间和比例的要求,任何股东均可以要求查阅公司账簿记录;《特拉华州普通公司法》在第 220 条(2005 年修订)规定,任何股东都可以要求查阅公司账簿记录。①

从股东查阅权的查阅范围看,在 1930 年之前,有关经理报酬的大部分事项未被披露,股东也无从得知经理获得的报酬情况。因为公司没有公示经理报酬的义务,亦没有相关的法律对此作出规定。公司不愿公开除基本事项之外的信息,而且在当时的社会氛围下讨论其他公司的财务状态被视为是不正当的,欲得知他人收入情况者亦被视为是有窥阴癖(voyeurism)或恶癖(bad taste)。② 但在经济大萧条(great depression)之后,这种现象发生了巨变。经济危机导致了股价大跌,股东损失巨大,员工薪水普遍减少,亦有大量员工失业。然而,即使是在这一时期,经理人还是收受了数百万美元的年薪和奖金。当这一事实曝光,人们开始怀疑,经理人是否并非为股东而是为自己利益从事工作。因此,赋予股东对高管薪酬的知情权,加强股东的监督控制,成为必由之路。

从股东查阅权的行使条件看,股东享有的查阅权既需要符合法定的正当程序,亦须符合正当目的的要求。对于"正当目的"如何界定?作为公司法制度较为完善的美国特拉华州的公司法给正当目的的定义是:与股东作为股东的利益存在合理相关的目的。③ 从各国立法情形来看,应更倾向采用列举式立法模式来具体规定"正当目的"的范围,以减少恣意解释引起的诉讼效率的低下与混乱。④

2. 英国

在英国,公司法规定了股东获取薪酬披露信息的主渠道是股东依照法定权限和程序,通过查阅由公司直接向股东提供的资料获取有关经营者薪酬的构成信息。如英国 1985 年《公司法》第 265 条规定:针对上市公司,基于 200 名以上股东或持

---

① 吴高臣. 股东查阅权研究 [J]. 当代法学, 2007 (1).

② 崔埈璇. 资本主义的变迁与股份有限公司经理的报酬 [J]. 当代法学, 2013 (2).

③ 周建伟. 美国公司法股东查阅权制度演变初探 [J]. 北京政法职业学院学报, 2005 (4).

④ 即便是以概括式为立法模式的国家,也对概括的内容加了限定和补充,使其更具有操作性。如:美国特拉华州以判例法的形式来弥补《特拉华州普通公司法》概括式的规定。

有股份达 1/10 以上股东的要求，内阁国务秘书可以指定一名或多名核查人员全面调查上市公司的事务，并向股东汇报调查内容。1985 年英国《公司法》还要求公司必须允许股东查看合同期限超过一年的董事服务合同的复本。

3. 德国

传统上德国不直接对外公开公司经营资料，股东的查阅权仅限于法定信息披露的内容，公司内部资料不得查阅，但对公司经营的疑问可申请向董事会秘书咨询有关事宜。公司经理必须报告所有公司事务，其中就包括经理和高级职员的薪水等。此外，在多大的范围内应该把关联企业和其他参股公司的事务作为公司的事务来进行报告，则是一个很难确定的问题。典型案例有，科隆州高等法院在 1985 年的一起案件中做出判决，由子公司支付给既为母公司同时又为子公司工作的经理薪水和红利是需要报告给母公司的事务；杜塞尔多夫州高等法院在 1988 年也做出判决（针对《股份公司法》（German Stock Companies Act）第 131 条）认为，如果董事会成员同时是康采恩子公司中监事和监察委员会成员，则必须公布其在董事会的全部收入。根据哈姆州高等法院在 1986 年所做的判决，母公司的股东甚至可以要求查阅子公司股东的决议、资产负债表、盈利和亏损账目。①

4. 小结

各国一般都规定，上市公司关于薪酬信息部分的强制披露报告必须放置于公开场合，社会公众通常可自由获取。但是，如果股东欲要获悉高管的具体薪酬安排、薪酬方案的制定过程和依据，就必须要经过申请，各国对此规定的广度和深度不一。总体上，英美国家相比德国的股东查阅权保护要好些，如英国股东行使查阅权可要求公司公开董事服务合同、注明股票期权的登记簿、列明组成董事报酬各部分细节的附件，以供股东查阅。

（二）股东质询权

股东质询权是指请求人基于股东身份而享有的请求公司有权机关（董事会或监事会）对公司的经营、财务等情况进行说明的权利。股东质询权主要解决的是股东"不在其位而谋其政"的信息不对称问题；与查阅权相比，质询权可以为中小股东获取更多的信息，而且获取的信息更加直接、更加容易理解，因此，确立股东质询权有利于激活股东大会，避免股东大会形骸化。② 许多国家都对股东质询权进行了规定，其有效行使将有助于正当控制高管薪酬。

---

① 高旭军. 德国资合公司法 [M]. 第三版. 单晓光, 等译. 北京：法律出版社, 2005：454.

② 蒋学跃. 股东质询权刍议 [J]. 河北法学, 2009 (2).

1. 德国

在德国,自1913年德国法院首次以判决的方式承认股东质询权以来,立法对之不断跟进,规定比较详细。"1930年,德国将股东质询权制度纳入立法草案,于1937年正式确认此项制度。1965年和1986年分别修改过两次之后,最终成为今日的德国《股份公司法》第131条法规。"① 根据《股份公司法》第131条的规定:经股东申请,董事会应在股东大会上向任何一名股东告知公司的事务,但此种告知以客观评价议事日程的内容为限。董事会承担的咨询义务也仅限于与股东大会讨论事项有实质性关系的信息。对股东质询权的范围进行界定为德国立法努力的重点和方向,在决定董事、监事是否免除责任的讨论中,针对当事人的个人事项究竟在大多程度上可以提出质问,必须依具体情况而定,在决定免责时,有关个别董事和监事的薪酬信息通常并不需要问及。

2. 法国

法国《商事公司法》在最初没有股东质询权的规定,② 1984年3月1日法国通过了第84~148号法律,在原有第162条的基础上增加了一款内容,即该条第3款:自第1款规定的材料交付之日起,股东均有权书面提出问题,董事会或监事会必须在大会期间予以答复,从而赋予了股东提出质询的权利。③ 公司董事会和监事会在股东大会期间必须对这些问题做出回答,而且,对质询权行使的股东持股数量也无限制,从而保障了广大中小股东也有权提出质询。此外,除了股东通过股东大会行使质询权外,法国公司法上还创设了日常质询权制度,即持有公司5%以上股份的股东有权向董事长或管理委员会提出书面质询,但是,质询范围仅限于与公司经营的相关事务,每个会计年度以2次为限,具有说明义务的义务人须在1个月内予以回复。若股东不满意回复的内容,可以寻求适当的救济途径,在紧急情况下有权指定相关专家就公司的有关经营情况做出报告。

3. 日本

为了充分激活股东大会机能,日本1981年修改《商法典》时确立了股东质询权。其理由是,按照股东大会的原则,对议题进行说明,并且赋予成员提问的机会是应该的,而且这也是股东行使其他股东权所必需的。④ 而且日本还设有事前的书

---

① 聂芳. 股东质询权的法律问题研究 [D]. 南昌大学2010年硕士学位论文, 第10页.

② 该法第162条只规定:董事会或监事会必须向股东邮寄或送交必要的材料,以使股东能在了解事实的情况下进行表决,并对公司的经营状况和业务进展情况发表意见.

③ 钱玉林. 论股东的质询权 [J]. 比较法研究, 2005 (1).

④ [日] 末永敏和. 现代日本公司法 [M]. 金洪玉, 译. 北京: 人民法院出版社, 2000: 121.

面质询制度,即允许股东在股东大会之前以书面形式提出问题,但董事对问题的答复仍应在股东大会上进行。在2005年新颁布的《公司法典》中股东质询权又被重新修订,该法第314条规定,董事、会计参与人、监事及执行官,在股东大会上股东要求对特定事项进行说明的情形下,必须对此事项进行必要说明。但与股东大会目的无关的情形、因进行该说明明显损害股东的共同利益的情形及其他法务省令规定的有正当理由的情形,不在此项。此外,日本还明确了行使股东质询权遇阻的救济制度,若在股东大会上,董事等不给股东质询机会、无理由或不当拒绝说明、进行了虚假说明或者无正当理由提供不充分的说明,则被视为股东大会决议程序不正当、违反法律法规的表现,依据《日本公司法》第831条第1款第1项,这将成为股东大会决议被撤销的原因。违反以上规定的董事除了要承担损害赔偿责任以外,另外还将处以100万日元以下的罚款。①

4. 英国

在英国,质询权早先没有纳入成文法体系,股东虽有权查阅公司簿册记录,但并没有规定股东在股东年会上的质询权,股东在查阅年终报告和年终账目后即便认为很可能出现了问题,也无权在股东年会上提出质询。但之后在判例或者由民间协会以及公司组织内部制定的公司治理规则对质询权作了一些承认。如有判例认为:"股东年会是一个论坛,董事会向股东提交有关一年来公司事务执行情况的报告,以便股东质询和批准通过。"② 2000年英国公布的《凯德伯瑞报告》规定:股东有权在股东大会召开前夕或者股东大会会议期间提交书面材料来强化董事的责任。而且,英国2002年改革后的《公司法》对薪酬方案问题的质询权作了明确规定:董事会薪酬委员会出台的薪酬方案应当提交股东大会全体决议,薪酬委员会首席董事应当陈述采用这个薪酬方案的原因,而不能仅仅单纯把上市公司的薪酬方案向股东披露。股东有权对董事会薪酬委员会就薪酬方案问题进行质询,董事长应当对其作答。

5. 小结

总体来看,大陆法系国家对股东质询权的规定比起英美法系国家来说不仅时间更早,而且更全面具体。如规定了股东可以在股东大会上行使股东质询权,但也可在股东年会之前书面提出(如日本),或设有日常质询权制度(如法国),而且有相应的救济机制来保障股东顺利实现质询权(如日本)。当然,在股东质询权发展

---

① 张凝. 股东大会会议体制下的股东质询权——日本董事等说明义务制度的理论借鉴[J]. 北方法学,2011(5):66.

② Andrew Hicks,S H Goo. Case and Materials of Company Law[M]. Blackstone Press Limit,1994:178. 转引自蒋学跃. 股东质询权刍议[J]. 河北法学,2009(2).

较为薄弱的英国,在 2002 年《公司法》改革后也开始重视股东质询的作用,规定了股东有权对董事会薪酬委员会就薪酬方案问题进行质询,董事长应当对其作答。这些做法值得我国借鉴。

(三) 征集委托投票权

委托投票征集(proxy solicitation)又称股东委托书征求,是指征集者为了取得在上市公司股东大会的表决权优势,而以公开的方式请求股东委托征集者或其指定的第三人出席股东大会并代为投票的民事行为。① 从国际经验看,征集股东委托投票权是上市公司股权分散化、流动化的必然产物,委托投票征集是提高股东投票参与程度的一个现实选择,是实现股东民主,使高管与股东的利益达到平衡的有力武器。

1. 美国

在美国,证券市场极度发达,股权结构也高度分散、争夺股东支持异常激烈,因而委托投票征集制度发展较为成熟。自 1934 年《证券交易法》规范以来②,美国委托书征集的规则经过近 30 年的发展,已变得非常复杂。③ SEC 在委托投票规则制定态度上也历经很大的转变,委托投票征集制度现已成为投资者应对公司高管薪酬问题的一大利器。1992 年之前,根据 SEC 的委托投票规则 14a – 1(1):任何对投票权施加影响的交流都会被认为是对投票权的征集,需要进行相应的信息披露,否则将承担欺诈之责。这就大大阻碍了股东利用委托投票工具开展反对公司管理层薪酬安排的活动。为此,SEC 在 1992 年秋进行了修正。修正后的规则 14a – 2(b)规定:任何人如果没有为了自己或者他人利益直接或者间接谋取作为委托投票人的权力,那么他们所进行的征集活动可以豁免相关信息披露和其他要求,而且还放宽了股东对于自身投票倾向声明的限制。根据新修正规则,拥有 500 万美元以上股票的股东,可以不经 SEC 的事先批准,与其他股东进行私下交流,并可以公开其观点或宣布表决倾向。股东不必经过批准就可以通过平面或者广播媒体公开他们自己的投票立场。据此加州公众雇员退休金基金会(CalPERS)通过网站宣传他们的策略,并大大影响其他股东在薪酬问题上投票的立场。委托投票规则的这些修正推动了股东能够以低成本参加反对管理层的委托投票争夺战。有研究表明,1992 年的规则修正提高了股东提案的支持率。一些机构投资者开始利用新规则进行委托投票竞

---

① 洪源. 投票权征集的法律问题分析 [J]. 中国审计,2003(20).
② 1934 年《证券交易法》明确了委托书的征求应依证券交易委员会(SEC)的命令为之,同时课予证券商及银行在委托书征求过程中的协力义务。
③ 罗培新. 股东会委托书征求制度之比较研究 [J]. 法律科学,1999(3).

争反对公司经理人员的薪酬安排。①

值得注意的是,2010年美国《多德－弗兰克(Dodd-Frank)金融改革法案》的第953(b)条又进一步明确了公司高级管理人员薪酬的代理权征集应予以公开披露。

2. 德国

相比美国而言,德国没有专门针对委托投票征集立法,其相关的规定散见于《股份公司法》中。根据德国《股份公司法》规定,银行可以获得最长期限为15个月的代理权以行使客户的投票表决权,并且银行应当向客户做出如何投票的建议以供客户选择;当客户没有指示如何行使投票代理权时,银行可以按照本身建议投票,但是投票应当符合客户最佳利益。银行对于征集代理投票权数量上没有限制,也无需向监管部门递交代理权征集资料。除此之外,由于德国采用双层制的公司治理结构,征集代理权影响董事会控制公司的可能性很小。所以,德国的股权结构和公司的双层管理机制限制了委托投票权制度的发展。② 目前尚没有资料发现银行征集中小股东投票权反对高管薪酬的案例发生。

3. 日本

随着日本经济的高速发展,公司的股权随之不断分散,日本亦追随美国关于股东征集投票权的相关规定,于1948年首次制定出台了《关于上市股票表决权代理行使之规则》作为其《日本商法》第239条关于股东征集投票权原则性规范的一个补充。日本关于此项权利的主要特点体现在以下方面:

第一,明确了委托投票征集的范围,即对于股东征集投票权力的保障有所明确,减轻了股东私下联络所带来的不必要风险。

第二,对于人数少于十个的征集实行豁免披露。与美国不同,在日本,该豁免规定意义很大。因为日本大公司的股份通常集中于少数的几个大股东手上。这样,从理论上说,许多大股东之间为征集代理权而进行的联络可以避免信息披露规则的约束。③

虽然日本委托投票征集制度十分有利于股东权利的行使,但由于日本公司治理

---

① Randall S Thomas, Kenneth J Martin. The Effect of Shareholder Proposals on Executive Compensation [M]. Twelfth Annual Corporate Law Symposium: Developments in the Law of Business Organizations. 67 University of Cincinnati Law Review, 1999: 1039 – 1040.

② 武玉超. 委托投票征集制度研究 [D]. 中国政法大学2009硕士论文, 第24页. 载中国优秀硕士学位论文全文数据库.

③ 贾环安. 股东投票代理权征集的法律规制 [D]. 西南政法大学2007年硕士论文, 第7页. 载中国优秀硕士学位论文全文数据库.

中国内银行起到主导作用，使得运用委托投票征集的股东文化仍很薄弱，从而对高管薪酬的控制受到一定制约。

4. 小结

英美法系国家由于为市场主导型的公司治理模式，证券市场发达，公司股份结构分散，相比实行银行主导型公司治理模式的大陆法系国家，委托投票征集权制度更为完善，我国在此方面应以美国先进的委托投票征集权制度为鉴。

（四）股东提案权

股东提案权（proposal right），又称股东的议题追加权，是指符合一定条件的股东，在股东会召开之前，在董事会提出议题外，增加其他议题的权利。[①] 简而言之，股东提案权是指符合法定条件的股东享有向股东大会提出议题或议案，以寻求股东大会合法程序表决的权利。股东提出议案，旨在落实公司民主精神，维护股东民主权利的公平行使，在一定程度上保障了中小股东参与公司事务的权利。股东在股东大会上针对公司高管薪酬制度提出提案是股东行使权利的重要方式。高管薪酬既然是公司治理的一个重要问题，自然也是股东提案关注的焦点之一。

在美国，自1935年9月起，国会开始着手制定委托书规则，到1943年1月，SEC正式施行股东提案权制度。为了更适应市场的变化，股东提案权规则经过了十次修订。美国股东提案权也得到各国和地区公司立法支持，如德国《股份公司法》第124条、《日本商法典》第232条之2中第1款、《韩国商法》第362条之2第1款、《加拿大商业公司法》（Canada Business Corporation Act）第137条（1.1）、我国《台湾地区公司法》第172条之一。

由于美国股东提案制度最丰富，变化也大，下面就其涉及薪酬问题的规则变革阐述如下：

1. 关于股东提案的一般规则[②]

在美国，规范股东提案（shareholder proposal）的主要规则是SEC根据1934年《证券交易法》所制定的14a–8规则（Rule 14a–8）。根据该规则，符合条件的公司股东有权要求公司将自己的提案加入委托投票材料当中，并提交股东大会予以表决。

2. 提出股东提案的条件

SEC于1998年修订了股东提案的条件规则，抬高了股东提出提案的门槛：有资格提出股东提案的股东应是公司股份名义上或者实质上的所有人，并且还需符合

[①] 张民安，蔡元庆. 公司法 [M]. 广州：中山大学出版社，2003：193.

[②] 黄福宁. 上市公司经理人员薪酬的法律规制 [D]. 中国政法大学2005年博士学位论文，第121页.

以下两个条件之一：

（1）股东应当在提出该项提案之前，连续持有市值不少于2000美元的表决权证券，并且在该次股东会议结束前继续持有。

（2）在提出议案前，股东持有至少1%以上的表决权证券且持有该股份的时间不少于一年，并且在股东大会召开期间继续持有这些股份。

同时，每一位公司的股东在每次股东大会上只能提出一份提案。并且包括所附材料在内的提案内容不得超过500字。

根据规则14a-8，股东应当在公司上一年度发放委托投票材料日的120天内，就将自己的提案提交到公司主要办公地。① 对于特别股东大会，股东提案也应当在公司开始印制和邮寄委托投票材料之前的合理时间内提交给公司。

3. 针对高管薪酬的股东提案规则：SEC在1992年改革之前的禁止态度

在美国，计划高管薪酬乃董事会分内之事，从公司高管角度来看，股东就高管薪酬提出议案，是对公司日常经营管理的干涉，而根据14a-8规则，如果股东提案涉及的是公司的日常管理事项，公司就可以把该项提案排除在委托投票材料之外。在1992年以前，SEC也一直秉持此见，将这一类提案排除于委托投票材料之外，理由是涉及高管薪酬的股东提案属于公司日常管理事项，公司可将这类股东提案排除在委托投票材料之外。

4. 股东提案新规则：SEC在1992年的包容改革②

1991年有国会议员针对公司高管薪酬问题提出《公司薪酬责任法案》（The Corporate Pay Responsibility Act），议案中要求经理人员的薪酬应当经过股东表决。而该法案第2节要求修正1934年《证券交易法》第14条，规定有关公司支付给董事和首席执行官的薪酬的股东提案应被视为属于股东有权提出提案的范围之内，不应将其排除在委托投票材料之外。时任SEC主席Breeden亦承认高管薪酬引起了公众关注，需要重估SEC的规则。

---

① 如果公司在上一年度没有召开年度股东大会，或者公司今年股东大会的召开日期与上一年度股东大会召开日期相差30天以上，那么提出提案的股东应当在公司开始印制和邮寄委托投票材料之前的合理时间内提交给公司。

② 值得指出的是，在适用1992年规则的以后年份里，美国对于高管薪酬问题的股东提案支持率呈现不断上升的趋势。例如，在1994年对于高管薪酬有关的提案表示支持的仅为12.8%。1993—1997年，股东薪酬提案的赞成票的平均比例只有11.3%，而且没有一个提案是有足够的支持票的。2007年在8个公司中有大约50个关于高管薪酬的股东提案得到了40.8%的支持率。2008年在至少11个公司中，有90个以上关于高管薪酬的提案得到了41.7%的支持率。参阅 Randall S Thomas, Kenneth J Martin. The Determinants of Shareholder Voting on Stock Option Plans [J]. 35 Wake Forest L. Rev., 2000：31-50.

1992 年美国 SEC 为了缓解 "问题" 薪酬的压力，开始改弦更张，认定股东有权依据规则 14a-8 就高管薪酬提出提案，并交付股东表决。因为薪酬问题已不再是一个公司传统上的日常经营问题，而是重大的社会政策问题，不能排除在提案之外。由此，公司如果想排除股东提案，就得另找借口。通常最有力的理由就是认为股东的相关提案违法。①

5. 提案救济规则

美国对于股东提案遭拒的救济途径有三种：除股东大会召集权救济之外，还包括了行政救济与司法救济。美国《证券交易法》规定，在股东提交议案后，发行公司如认为其具有正当的理由得拒绝股东的提案时，必须在向证监会申报委托书征集资料确定的 80 日内，将拒绝的股东提案内容、支持提案的说明、提案不予列入征求资料的理由、该理由的法律说明及法律顾问的相关说明等材料，一式六份报证监会。② 如果提案人对于董事会做出不予列入征求资料的决定不服，可向证监会申请，由证监会审查作出行政裁决。证监会审查后认为提案应当列入公司委托征求资料中，则公司必须将其加入资料内进行公告。在证监会作出行政裁决后，当事人不服的可以通过起诉的方式，由法院做出最后判决。

（五）股东的薪酬话语权

股东的薪酬话语权（Say on Pay）又称股东对高管薪酬的投票表决权，股东投票表决权主要应用于董事任免和公司重大交易事项。但是，近年来，股东的薪酬话语权的范围拓展到高管薪酬制度设计中，赋予了股东对公司经理薪酬方案进行投票表决的权利。③ 股东的薪酬话语权最早为英国立法者于 2002 年所创，随后被欧美许多国家的立法者所追随。该项制度是在不改变现行公司法基本权限划分的前提

---

① 例如在 2001 年，可口可乐公司的一个股东提出提案，要求董事会制定政策，限制公司管理层在公司宣布裁员之后一年之内行使股票期权。公司认为公司已经施行了数个股票期权计划，公司管理人员按照计划在特定日期就可以行使期权，公司无权单方改变期权的行权日期。如果实施该项股东提案就将导致公司违约，从而违反了州法。提案的提出者认为，提案的本意并非要让公司违法，他愿意在提案当中增加 "在不违反任何州法或者联邦法律的前提下" 的字眼。SEC 最后要求可口可乐公司将此项提案纳入委托投票材料，同时也没要求提案作如此词句上的修改。从这一例子可以看出，公司已无法仅仅因为股东提案的内容是高管薪酬问题而拒绝将其纳入委托投票材料。公司需要寻找其他理由，这就意味着争辩的焦点已经被转移到提案的具体内容是否符合 SEC 的其他规则上来。

② 李荣. 我国提案制度的缺陷与完善——兼论新《公司法》第 103 条第 2 款 [J]. 社会科学研究，2006（6）.

③ 黄再胜. 国外经理薪酬治理研究进展与评析——基于股东能动主义视角 [J]. 外国经济与管理，2011（4）.

下，扩大股东的薪酬话语权，以股东大会决议的形式，对管理层薪酬方案进行投票，从而达到影响董事会或者监事会对管理层薪酬方案的制定，体现了股东民主、自治的立法趋向。目前，国外有许多公司赋予股东对高管薪酬的投票表决权，如CNET科技资讯网于2009年9月21日报道，微软授权投资者每三年对高管薪酬有表决权，2009年的股东大会上将首次行使表决权。①

1. 英、美等国对股东薪酬话语权的相关规定

（1）英国。英国上市公司的股东，尤其是经私有化改革的原国有上市公司的股东，对于公司高管超高薪酬的质疑由来已久。早在20世纪90年代，上市公司高管的天价薪酬就被批评为是"肥猫的不义之财（fat cat pay）"，引起了人们的关注。1979—1994年期间，英国大型上市公司的CEO薪酬上涨的幅度高达600%，而在高薪的背后并没有给公司带来高额的回报。相反的，许多公司因经济困境而不得不大量裁员，失业人口数与高薪CEO们形成了鲜明对比。对此，在1995年，英国制定了《格林伯瑞准则》（Greenbury Code），其中规定：董事会提供给股东一份关于高管薪酬的年度报告，但并未包含股东对于年度报告的批准，准则规定仅在特殊情况下，即当薪酬政策发生变化或对薪酬组成存在争议的情况下，董事会允许股东对于高管薪酬进行投票。英国工党于1997年上台后又采取了一系列措施，用于限制董事薪酬的规模，1999年政府审计发现，270个公司中仅有7个公司选择在年度股东大会上批准薪酬报告。随后在2002年8月通过了《董事薪酬报告条例》（Directors' Remuneration Report Regulations），第一次以立法的形式确定了董事薪酬报告制度（Directors' Remuneration Report，DRR），DRR修改了英国公司法的内容，它规定："公司在它的年度文件中应包括高管薪酬报告，这份报告比伦敦证券交易所的上市规则更为详细，并且在年度股东大会上提交大会投票，但是投票不具有约束力。"这些措施在2003年生效，规制对象涵盖了除另类投资市场外所有在英国上市交易的公司。在2002年《董事薪酬报告条例》中规定：董事会每个年度均需制作董事薪酬报告，该报告需要董事会通过，董事或董事会秘书代表董事会签署，公司审计员需要对该报告进行审计，就其是否依据公司法制作发表意见。

2006年新修改的英国《公司法》（Companies Act）第439、440条中，进一步明确了对高管薪酬的股东薪酬话语权制度。按照该法第439条的规定：上市公司董事会必须在年度股东大会召开之前，尽到通知义务，表明将在股东大会上提交董事薪酬报告，由股东投票表决。薪酬报告在《2008年大中型企业及集团（账目和报

---

① 黄顺芳. 微软授权投资者对高管薪酬有表决权　今年首行使. http://it.sohu.com/20090921/n266886889.shtml，2014年7月21日访问。

第五章 上市公司高管薪酬的股东控制：重塑民主监督机制

告）条例》的表格 8 中规定了以表格的形式所必须载明的具体内容。①

英国开创了股东薪酬话语权制度先河，但该制度最大的特点在于股东对高管薪酬报告的投票表决结果仅具有建议性作用，并无法律上的约束力，因而该制度并没颠覆现代公司法中关于公司内部各机构权力划分的规定，即董事会没有义务必须服从股东大会的表决结果，修改其制定的薪酬方案。

（2）美国。从制度变迁的角度看，美国股东的薪酬话语权制度晚于英国。20 世纪 80 年代，面对美国高管薪酬成倍增长之后，社会各界开始呼吁这种不公平的现象需要受到管制。但是，当时的美国政府、相关投资者及公司高管都认为，只要高管薪酬与公司业绩相关，则这样的薪酬并无不妥。所以，在 20 世纪 90 年代，美国国税局只针对与公司绩效不挂钩的高管薪酬进行一定的处罚。在 2003 年，美国 SEC 对股票上市规则进行了核准，要求公司须取得股东们对于薪酬方案的赞成。2006 年 SEC 需要公司更多关于薪酬细节的披露和解释，以确保公司的薪酬委员会能够真正的独立，并要求董事会协调薪酬顾问之间的利益、消除其分歧。然而，没有足够证据印证这些措施达到了约束高管、维护股东利益的效果。2007 年，金融服务委员会众议员巴尼·弗兰克（Barney Frank）发起立法，众议院通过了给高管薪酬一个不具约束力的股东表决。2008 年美国通过紧急经济稳定法案（Emergency Economic Stabilization Act，EESA），建立了问题资产救助计划（Troubled Asset Relief Program，TARP），要求那些受计划资助的优秀基金公司引入"股东薪酬话语权"制度。在 2009 年美国又颁行了《美国复苏与再投资法案》（American Recovery and Reinvestment Act of 2009，ARRA），参议员克里斯·多德（Chris Dodd）修订 EESA 第 111 条，在修订法例中"股东薪酬话语权"制度得到延续。

2010 年 7 月 21 日，美国总统奥巴马签字并由美国国会授权通过的《多德－弗兰克华尔街改革和消费者保护法案》（简称《多德－弗兰克法案》）（Dodd-Frank Wall Street Reform and Consumer Protection Act）中第五章（Subtitle E）即"责任与高管薪酬"（Accountability and Executive Compensation）一章中再次明确规定了"股东薪酬话语权"条款。其第 951 条规定：至少每三年要对高管薪酬安排召开一次股

---

① 该表格所要求必须披露的信息共分两大部分：无须审计的信息与必须经审计的信息。根据该表格第二部分的规定，无须审计的主要是非数据性的信息，包括薪酬委员会成员的名单；若授予董事股票期权，评判其工作表现的标准；对员工和股东利益的具体考量以及聘用合同中关于董事提前解聘的相关规定等内容。薪酬报告中需要审计的部分为该财政年度公司实际上支付给每个董事的报酬，这些信息被规定在该表格的第三部分，其中主要包括固定工资、奖金以及其他非货币化收益、已授予的股票期权和其他长期激励方案、养老金以及其他向前任董事支付的报酬等内容。

东大会对之予以表决。①《多德-弗兰克法案》的第951条实际上是对1934年《证券交易法》的修改与补充,该条的内容被作为一个全新的条款——第14A条（Section 14A）写入到1934年《证券交易法》中。根据《多德-弗兰克法案》第951条的规定,报告公司至少每三年应对其高管的薪酬安排进行一次定期的股东咨询性投票。同时,股东至少每六年应对此项咨询性投票的频率进行一次表决。根据该条的规定,股东应进行表决的高管薪酬安排为S-K规则（Regulation S-K）第402项（Item 402）所规定的有关事项。此外,在该法案实施后,公司的"黄金降落伞"计划也须通过股东的咨询性投票。② 随后,美国SEC于2010年10月8日,提出《证券交易法》部分条文修正案的最终规定（Final Rule36）,即依循《多德-弗兰克法案》第951条规定,增订《证券交易法》第14A条规定,公开发行公司应依循第14（a）（1）（2）的规定：在股东会或其他股东会议的公司委托声明书中（company's proxy statement）,至少每三年股东可对高管薪酬内容,进行无拘束力的投票（nonbinding shareholder vote）,通过投票权来表达股东意见,且至少每六年应股东可进行无拘束性的投票决定,每一年、每二年,或每三年对支付高管薪酬内容进行咨询性投票（Say-When-on-Pay 或 Say on Frequency Vote）。

（3）澳大利亚。澳大利亚在英国和荷兰之后采取了股东薪酬话语权制度,2004年效仿了英国并且通过了《公司法经济改革计划（审计改革和公司信息披露）法案》（Audit Reform and Corporate Disclosure Bill）(2004年),在《公司法》（Corporations Act）(2001年)中制定了250R（2）部分,在该部分中授权所有的公司赋予它们的股东在年度一般会议上对薪酬报告表决的能力。和英国一样,澳大利亚的董事会并没有完全听从这种没有约束力的股东投票。2007年持有Telstra公司（澳大利亚最大的电话公司）2/3股份的投资者反对CEO的薪酬超过2000万美元③,金融危机的爆发更加强化了公众对于高管薪酬助长了金融危机的发生的想法。2009年3月政府授权生产力委员会（Productivity Commission）作为政府的独立研究和咨询经济事务的机构,该机构提出："如果有不低于25%的股东投票连续两年反对董事会提出的薪酬报告,全体董事必须在下一次的股东大会上重新参选。"此规则被认为具有一定的约束力。

---

① 王靖林. 高管薪酬制度研究——基于美英高管薪酬制度得到的启示［D］. 华东政法大学2012年硕士论文,第30页. 载中国优秀硕士学位论文全文数据库.

② 施廷博. 上市公司高管薪酬监管法律制度研究——美国法的考察和我国的借鉴［D］. 华东政法大学2012年博士论文,第187页. 载中国优秀博士学位论文全文数据库.

③ Emma Alberici. Shareholders Oppose High Pay for Telstra CEO. ABC News, 2007-11-07, http://www.abc.net.au/news/stories/2007/11/07/2084768.htm?.

（4）荷兰。在荷兰，股东对高管薪酬实行的是具有约束力（而并非只提出建议）的投票制度（binding shareholder vote），是少数几个国家从法律上直接规定股东有权否决高管薪酬与奖励计划的国家之一（除荷兰外，只有挪威和瑞典）。2003年零售商 Ahold 的会计丑闻导致夏季消费的大幅缩水，然而对即将上任的 CEO 却保证了固定分红。公众对于"为失败而买单"的薪酬政策早已是愤怒至极，为此，荷兰政府在 2003 年成立了公司治理委员会（governance committee），该委员会负责制定出《塔巴克斯布雷特守则》（Tabaksblat Code），按照守则总体监督模式，对公司治理原则作出规定，若"遵守或解释"规则与其公司治理行动一致，守则条款应被无条件适用；若有任何违反条款的事项，都必须给予一个充分解释。相比英国模式，荷兰模式具有以下特点：

第一，相比英国关于下一年的薪酬政策以及上一年的薪酬实践的股东投票，荷兰股东只对下一年的薪酬政策进行投票，并不对薪酬报告细节部分进行投票。

第二，不一定是一年一次的股东投票，如果公司薪酬政策没作变化，那么也无须投票。

第三，股东进行的是具有约束力的投票，如果新的薪酬政策遭到股东否决，那么现有的薪酬政策仍然有效。①

（5）德国。德国实施的是非强制性的投票制度，它并没有强制性地要求公司实行股东投票制度，而是给予了公司更大的选择权。

德国与英美等国相比，相关规定显得比较宽松。首先，不同于英美等国，德国并没有将向股东大会提出董事薪酬议案作为董事会或监事会的法定义务加以规定，而是由董事会或监事会自身决定，同时也没有对该建议性投票举行的频率加以规定。另外，按照《股份公司法》第 120 条第 4 款的规定，股东大会投票表决的内容仅为董事会成员的薪酬体系组成，并不包括董事会成员所获得的具体薪酬数额。2009 年 9 月，德国通过了《管理层适当薪酬法案》（Act on the Appropriateness of Management Board Remuneration）。新法规定：在以下两种情况下发生时，赋予股东发起建议性的投票的权利：①公司自愿举行投票；②至少持有5%或是50万公司股份的股东要求投票。

（6）西班牙。在西班牙，为提高股东监督实效，公司治理准则建议董事会向一般的股东会议提交一份薪酬政策报告以便股东进行建议性投票。公司治理准则建议投票不仅对现行的薪酬政策，还要就薪酬报告所解释的现行政策与前一年度的薪酬政策的发生的最重要改变进行投票，包括薪酬委员会制定薪酬政策的细节，以及薪

---

① Kate Burgess, Richard Milne. European Investors Balk at Director Pay ［M］. Fin. Times, 2009：15.

酬顾问的身份。如《2006年良好公司治理统一准则建议草案》(Draft Unified Code of Recommendations for the Good Governance in January 2006) 第56条建议：董事会应向股东大会提交独立的董事报酬政策报告，以投票表决。冬季报告第4.2 (i) 条也建议应明确董事报酬政策为股东大会的议事事项，但是不建议像英国那样对报酬政策进行投票表决，而是旨在使股东有机会与董事会交流讨论。①

(7) 瑞士。在瑞士，特别是机构投资者在股东对于薪酬的建议性投票制度上已经取得成功，很多公司自愿选择实行股东对高管薪酬的投票制度。例如雀巢公司、瑞银银行、瑞士信贷等大公司都自愿举行股东投票。这种股东投票制度并不依赖于相关法规的强制，更多地依赖公司的自愿选择。②

2. 股东薪酬话语权制度的实施效果

目前，股东薪酬话语权 (Say on Pay) 制度的实施效果争论不一。从积极效果方面看，以英国为例，该制度极大地促进了公司董事会在制定薪酬方案时，同股东尤其是机构投资者股东之间的沟通。在2003年，英国Glaxo-Kline等公司还发生过报酬被股东投票拒绝的案例。③ 根据数据显示，在实施股东薪酬话语权制度前，英国每年平均仅有20家上市公司，在制定薪酬方案时会主动听取股东的意见。而该制度实施以后，这一数字在2005年达到了150家以及2006年的130家。公司与股东之间的关系变得更加密切，而股东的权利和监督作用也得以显现，股东大会也由最初的形式主义开始向实质会议转变。同时，英国保险协会 (ABI) 和全国养老基金协会 (NAPF) 作为机构投资者协会也在高管薪酬决定过程中发挥指导作用，将股东的建议投票设置为类似足球运动中的黄牌，而在股东反对薪酬报告后，公司董事并未进行足够的关注并进行方案的相对调整，那股东则有权行使"红牌"——更换公司董事。再从对高管薪酬发展趋势的影响来看，该制度虽然没有明显降低管理层的总体薪酬水平，但却有效地减缓了其增长速度。根据英国RREV、New Bridge Street 等几家著名的咨询公司的统计，从2002年该制度正式实施至2006年，董事薪酬年平均增长率降低至5%~11%。这种增长趋势的放缓，同各方势力均参与到董事薪酬制定过程中有着直接的关系。④

---

① 高海. 国外董事报酬决定法律制度比较与借鉴 [J]. 重庆工商大学学报：西部论坛, 2008 (3).

② Janet McFarland, Susan Krashinsky. Banks Go for Uniformity with Say on Pay Votes. Globe and Mail, Oct. 25, 2009.

③ 在2003年，Glaxo-Kline公司50.7%的股东拒绝签署薪酬报告，在同一年，有十几个大公司的股东也干预了公司的薪酬政策。

④ 郑观. 上市公司管理层薪酬制定中的股东话语权——股东咨询性投票制度及对我国的借鉴意义 [J]. 当代法学, 2012 (4).

第五章　上市公司高管薪酬的股东控制：重塑民主监督机制

在美国，股东可以用"增加股东话语权"制度来表明自己的不满。在 2011 年的年度股东大会季，股东们运用"薪酬话语权"（Say on Pay）规则，表达了对高管高薪的抗议。包括惠普（Hewlett-Packard）、Jacobs Engineering 在内的 39 家公司，高管薪酬方案均未获通过。①还有一些公司高管薪酬方案（如花旗、巴克莱等）遭遇股东否决后改弦更张，例如 2012 年 4 月份，花旗集团股东们投票反对一项承诺支付数千万美元给首席执行官潘伟迪及其他董事的薪酬方案。潘伟迪在 2011 年的薪酬总计 1500 万美元，包括 170 万美元的工资，530 万美元的现金奖金，延迟支付的 400 万美元股票分红，以及延迟支付的 400 万美元现金。他还将收到数百万美元的绩效奖金，该绩效方案已遭到批评。花旗集团表示，在年度股东大会上，约 55% 的股东对该方案投了反对票或弃权票。花旗集团成为美国第一家在"股东薪酬话语权"投票中遭遇大多数不赞成的大银行。② 又如，巴克莱 CEO 因遭到股东投票反对的压力，表示会放弃 2011 年一半的奖金。③ 在 98% 以上的 S&P 500 指数和罗素 3000 指数公司的高层管理人员的薪酬政策获得多数股东的支持。④

从消极效果方面看，首先，股东的地位在获取信息方面与高级管理层极不对称，掌握的信息有限，导致投票的实际效果大打折扣。上市公司所有权和经营权的分离，使得"强经营者、弱所有者"的地位出现，股东对公司的经营信息掌握十分有限，而且公司经营涉及诸多专业知识，要求所有参与投票的股东对公司运作了如指掌不大现实，尤其针对高管薪酬结构，包含了诸多激励机制，更显复杂，哪种巨额薪酬可能是激励机制导致之前年度的薪酬累积，或者是之前取得的股票期权在最近年度得以执行，哪种巨额薪酬超过了与业绩相挂钩的薪酬的额度，股东们一般难以辨清，结果就是股东一见到巨额薪酬，就从其表面上断章取义地做出投反对票的判断，而缺乏其他的专业分析。从成本角度考虑，股东们不愿意花费宝贵的时间和精力来了解这些对他们来说十分陌生而又复杂的专业知识，因为其付出多于收益，欠缺经济上的动机，股东表现出的可能更多的是"理性的冷漠"，而不是积极性。

其次，薪酬话语权制度创设的必要性值得商榷。根据现今大多数国家的做法，高管薪酬一般是由董事会决定，股东对于高管薪酬虽然没有决定权，但是，组成董事会的董事却是由股东大会（股东会）选举和更换的，因此，有些学者就主张，股

---

① 布莱恩·格罗姆. 分析：如何限制企业高管薪酬？[N]. 金融时报，2011 – 08 – 05.
② 李文. 股东开始向高层薪酬计划"说不！"[N]. 证券日报，2012 – 09 – 19.
③ 金家宇. 全球领先企业薪酬激励新思维 [J]. 董事会，2012.
④ Kaplan, Steven N. Executive Compensation and Corporate Governance in the U. S. : Perceptions, Facts and Challenges [J]. Chicago Booth Research Paper, 2012：12 – 42；Fama-Miller Working Paper. Available at SSRN: http://ssrn.com/abstract = 2134208.

东若是认为董事会的薪酬方案不尽合理,而董事会又怠于更改,完全可以在董事选举时,通过自身投票权的行使,使得董事无法连任,这同样可以达到目的,比起股东咨询性投票制度所花费的成本,这种方法显然更符合经济效益,但鉴于投票的结果一般不具有法律约束力,董事会究竟是否会因为投票的结果而对薪酬方案进行相应的修改,实在不得而知,所以,是否值得为此花费巨大的成本?值得深思。① Bainbridge 认为股东监督和外部法律监督的成本过高,而董事会决定高管薪酬已经是在自然演进中形成的良好规则,当组织股东投票修改薪酬计划或者重新物色高管的成本已经高于前后薪酬计划的差价之时,薪酬话语权投票显得浪费且无效。②

最后,薪酬话语权制度可能诱发诸多不必要的风险。公司的董事会可能为了迎合股东的需求,使投票有满意的结果,一味压低高管的薪酬,这只会导致公司管理精英人才的流失,阻碍公司的发展,最终也将损害股东的根本利益;而高管为了自身高额的薪酬方案能得到股东的投票支持,可能会利用各种手段巧立名目,将诸多的薪酬(尤其是带有激励机制的薪酬)隐藏于薪酬方案之中,股东根据薪酬方案的表面现状根本无法一时分析出其中的端倪,使股东的投票流于形式,无法达到限制高管薪酬的目的;更有甚者,出现操控股东投票结果的现象,高管为维持其薪酬,与特定的股东进行"私下交易",使投票的结果未能真实反映股东的意愿。

而且有些人认为"增加股东话语权"制度只对政治家有用,对股东的作用其实不大。英国作为第一个实行股东对高管薪酬投票的国家,它的探索给公司治理带来了重大改革,但是在这样一个仅具有建议性投票制度中,不能保证股东的建议能够被董事会听取。如媒体十分关注的 Glaxo-Kline 公司的案子中,这种仅具有建议性的股东投票权是没有法律约束力,董事会无须为之履行义务,股东也将一直作为一个倾听者。又如,在 2009 年 5 月,持有 59% 的 Royal Dutch Shell 公司股份的投资者投票反对支付高管奖金,原因是公司未能达到绩效的目标。根据该公司的长期股权激励计划的规定,如果公司在同行业中排名降低,高管是不会得到分红奖励的。2008 年,该公司排名下降,但是薪酬委员会仍然决定给予公司高管部分股份。③ 因此,直到现在,还很难说"增加股东薪酬话语权"制度是否真正地改变了高管薪酬的层次或是结构。"增加股东薪酬话语权"制度可能导致像罗纳达·吉尔森(Ron-

---

① 参见王玟玲. 高阶经理人薪酬决定与监督之研究 [D]. 东吴大学法学院法律学系硕士在职专班比较法硕士论文,2011 年 8 月.
② 转引自骆舒晴. 中国上市公司高管薪酬的法律介入 [J]. 浙江金融,2014(2).
③ Jeffrey N Gordon. "Say on Pay": Cautionary Notes on the U.K. [M]. Experience and the Case for Shareholder Opt-In, 46 Harv. J. on Legis, 2009:323.

ald Gilson）所说的，"增加股东薪酬话语权"制度是纯形式而非功能性的。① 更有学者指出，"薪酬话语权"功效被神话般夸大了。目前，学术界的证据并不能证明这些是最有效的解决薪酬问题的方法。另外在"薪酬话语权"对股东关系的影响方面，因为股东的不和，股东团体的异质性不能对公司的战略和运营做出明智的决定，因此不可能为薪酬委员会成员调整高管薪酬包，以满足全体股东需要。②

3. 国外薪酬话语权制度对我国的启示

英美法系发端的股东薪酬话语权（Say on Pay）制度几乎风靡全球各国，较之独立董事制度的推行更为迅猛和广阔（如德国没有引入独立董事但对股东薪酬话语权情有独钟），简直等于掀起一场股东民主运动，但各国投票表决的效力不尽相同，除了少数几个国家如荷兰、挪威等国只针对下一年的薪酬政策采取有约束力的投票外，大多数国家如英国、美国、西班牙采取的是建议性的投票制度，其提交股东大会的主要目的在于使股东有机会就报酬政策与董事会进行讨论，并没有从根本上改变董事会中心主义下董事会决定高管薪酬的权力版图。澳大利亚属于中间状态，实行一种有其特殊性的建议性投票制度，它只针对上一年度的薪酬实践进行投票，但是另一方面也具有一定的约束性，例如它规定：如果有不低于25%的股东投票连续两年反对董事会提出的薪酬报告，全体董事必须在下一次的股东大会上重新参选。

当前，我国还没有与西方国家股东薪酬话语权制度相类似的法规，现实状况是我国公司"一股独大"以及机构投资者有限的作用，给我国薪酬话语权制度的引入带来不利影响，因此这一制度在我国的实践很不乐观。

一方面，"一股独大""一言堂"的公司治理现状饱受诟病，国有股或法人股"一股独大"，在整个股本中占绝大多数份额，形成相对或者绝对控股权，因而也操纵了公司事务的决定权，为其牟取私利提供了便利。同时，此种股权结构特征决定了控股股东在选举董事、进行重大决策、信息披露以及其他经营管理活动等方面拥有控制权，使得公司内部权力制衡机制失灵，导致其他中小股东难以制衡大股东。若在此治理现状下引入国外的 Say on Pay 制度，即便赋予了中小股东对高管薪酬的投票权，也难以对大股东做出的公司薪酬安排进行否决性投票。其结果难免流于形式，徒增公司运营成本。

另一方面，国外的 Say on Pay 制度在很大程度上是机构投资者推波助澜的结果。相比而言，由于我国不同的公司所有权性质以及法律制度等方面的限制，我国机构投资者在公司治理中发挥的作用受到很大程度制约，主要表现在：首先，国

---

① 转引自王靖林. 高管薪酬制度研究——基于美英高管薪酬制度得到的启示［D］. 华东政法大学 2012 年硕士论文，第 31 页. 载中国优秀硕士学位论文全文数据库.

② http://blogs.law.harvard.edu/corpgov/2012/09/28/ten-myths-of-say-on-pay/.

有、民营公司中股权过于集中,国有公司的情况尤为突出,这将使市场中以证券投资基金为主的机构投资者所持有的股份不足以对公司高管薪酬形成干预。同时《证券投资基金运作管理办法》中对证券投资机构做出两个10%的限制规定,即一只基金持有一家上市公司的股票,其市值超过基金资产净值的10%;同一基金管理人管理的全部基金持有一家公司发行的证券,超过该证券的10%。① 以成熟证券市场为标准,一只基金持有一家公司10%的股票已足以对该公司形成控制,但是受到我国特定的股权结构限制,使得基金在绝大多数上市公司中持股比例难以对该公司治理活动形成控制力。其次,基金投资机构没有建立起相关的约束机制来预防基金管理者的道德风险。当前,国内的基金投资机构主要由国有信托公司和国有证券公司发起设立的基金管理公司,这些机构投资者也普遍存在"内部人控制"、所有人缺位和公司内部治理机制不健全等问题。从机构投资者对管理层薪酬影响来看,张敏和姜付秀的研究结果表明:中国的机构投资者在民营企业中起到了显著的治理作用,它能够显著提高民营企业的"薪酬-业绩"敏感性、降低民营企业薪酬的"黏性";但是没有发现机构投资者在国有企业中的治理作用。这说明了具有国有产权性质的公司会阻碍机构投资者参与公司治理,对机构投资者提高公司业绩有消极影响,即便是在后股改时期,这种负面影响并没有减弱。② 李善民和王彩萍研究了机构投资者持股与年度薪酬水平的关系、机构投资者与薪酬业绩敏感性关系。结果显示:仅有微弱的证据可以表明中国机构投资者能够影响上市公司的薪酬水平。其参与公司治理的动力不足。③ 最后,机构投资者作为以盈利为目的的投资机构,必然有先天的逐利性、投机性,其追逐短期效益的意愿远强于参与这些公司的内部治理活动。2007年开始爆发的美国次贷危机中,机构投资者充分表现出贪婪、自私、投机。他们一方面过度创新埋下金融危机隐患,一方面参与高风险的金融衍生产品投机,导致巨大损失,多家国际大投行、保险公司倒闭或被接管,我国机构投资者的逐利本性亦难改变,必须宜以法治引导。可见,机构投资者如何扬长避短,发挥公司治理作用,为薪酬话语权制度发挥正能量大有可为空间。

总之,股东对高管薪酬的话语权制度作为后金融危机时代解决高管薪酬问题和完善公司治理的重要改良手段,已引起国外学者的高度关注,但还未引起我国学者足够的普遍重视,我国仅规定了股东对高管的股权激励拥有决定权,如何发挥股东大会的作用对于高管薪酬既能治标又能治本,给予股东对高管薪酬的投票权,从而

---

① 参见《证券投资基金运作管理办法》第31条1、2款规定。
② 张敏,姜付秀.企业产权、机构投资者与薪酬契约[J].世界经济,2010(12).
③ 李善民,王彩萍.机构持股与上市公司高级管理层薪酬关系实证研究[J].管理评论,2007(1).

加强股东对高管薪酬的控制,是我国当前面临的一大课题。

二、股东对高管薪酬的间接控制

股东在股东大会上有选举、罢免和监督作为受托人的董事的权利以及审议董事会决议的权力,进而影响或撤销董事薪酬安排,具体表现在以下方面。

1. 股东大会对董事的人事任免权

现代公司机关分化为股东大会、董事会、监事会三大权力机关时,股东大会作为公司的最高权力机关,其作用不是在于对公司事无巨细的一切事务进行掌控,而是体现在对公司董事会成员的任免以及对公司重大事项所拥有的最终决定权上。在现代公司治理中,发扬股东民主是公司权力制衡的一大要求,基于维持股东大会和董事会之间的权力制衡的需要,各国公司法上股东大会都保持着任免董事的权力。而实践中控股股东或经营管理层操纵和控制董事任免的现象时有发生,其危害是打破了公司权力平衡机制,而为了恢复公司权力平衡,就有必要对控股股东或经营管理层在董事任免中的权力予以制约。一旦个别股东对于股东大会的人事任免不满,则股东可以通过"用脚投票"的方式,选择其他自己满意和信任的公司。从高管薪酬决议的角度看,任免董事在表面看来与之没有直接联系,但股东可以通过掌握人事任免和重大事项的最终决定权来控制董事会在合理的范围内制定高管薪酬,就像放风筝一样牢牢控制住线的一端。那些希望能够在董事会当选或者连任的董事,在制定薪酬决策计划时则会认真对待股东的意见和建议,并予以充分考虑和接纳。

2. 中小股东对公司利润的分配权

公司是各种利益群体的合成物,现代公司股利分配更是涉及多方利益群体的利益,包括公司高管、大股东、中小股东、职工、债权人等利益群体。这里,强调的是,大股东时常通过高薪政策满足作为自己的代言人高管的"私利",而置中小股东分红利益于不顾,为此,为了平衡上述利益冲突,就需要对高管薪酬安排计划与中小股东分红预案统筹兼顾。国外立法上都明确规定了中小股东的分红权利及相应的法律救济制度,如巴西为切实保护利益,规定上市公司必须将公司当期净利润的50%以现金股利方式支付给股东,乌拉圭净利润的强制股利分配行为为20%,而且立法对于违法分配股利也规定了相应救济制度,英国《公司法》第277条第1款规定"若公司能证明接受非法分配的股东知道分配的瑕疵或者依当时情形不可能不知道,则此等股东必须返还其所接受的分配金额";美国许多州的公司法规定,知悉分配违反法律或章程的股东有义务向公司返还其接受的违法分配额;日本《商法典》第266条规定"董事应就违法分配的金额向公司承担连带偿还责任"。总之,通过中小股东利润分配权力的立法保障,进而影响、促进高管薪酬安排的合理化,以最终实现公司利益的平衡。

第三节 我国上市公司高管薪酬的股东控制

一、我国高管薪酬的股东控制现状与问题

（一）股东对高管薪酬的直接控制

1. 关于股东查阅权

现代公司治理中，高管是公司经营的主角，如果基于高管对公司的绩效贡献，给予优秀高管以高薪回报并不会引起非议。但是在我国公司实践中，普遍存在高管为获取更高薪酬而粉饰自己的业绩，如不正当挂账，即利用往来科目和结算科目不结清经济业务而是挂在账上，或者将有关资金款项挂账往来账上，待时机成熟再回到账中，以达到"缓冲"，不露声色和隐藏事实真相。① 所以，股东通过查询公司会计账簿是监督公司高管勤勉尽责的有效手段，并且对高管薪酬决策提供了辅助控制作用。

我国早在1993年《公司法》中就对股东查阅权作出规定，但是规定极为简单和粗陋，相比较而言，2005年的修订版乃至2014年版的《公司法》都规定了"股东有权查阅、复制公司章程、股东大会会议记录、董事会会议决议、监事会会议决议和财务会计报告"，这些规定稍为丰富一些，具体体现在：首先，以法律形式赋予了股东查询公司章程的权利，使有限公司股东与股份公司股东都享有查询公司章程的权利。其次，扩充了股东查阅对象的范围。对两种类型公司的股东查阅权对象都进行了扩充：有限公司股东查阅权的范围增加了董事会会议决议、监事会会议决议、公司章程和会计账簿这些文件和记录；股份公司股东查阅权的对象则增加了公司债券存根、股东名册、董事会会议决议和监事会会议决议。但在司法实践中，司法机关一般是采取支持股东的知情权为一系列完整的权利，而非仅限于法律列举的几项书面文件。② 最后，在赋予有限公司股东查阅相关文件和记录的权利时，股东对这些文件和记录进行复制也得到了许可，这将有利于股东准确、全面地掌握公司

---

① http://blog.sina.com.cn/s/blog_5536be9e0100uwgt.html，2014年10月17日访问。
② 南京南连光华液化气有限公司诉詹德威知情权纠纷案中，《江苏省高级人民法院民事判决书》（2003）苏民三终字第029号中提到，股东的知情权是一完整的持续性权利，股东知情权的范围包括有权查阅公司股东会会议记录、董事会决议、公司财务会计报告、公司账簿、注册会计师，对财务报告出具的审验报告及监事会的检查报告等，不限于公司财务会计报告。在《浙江省德清县人民法院民事判决书》（2002）德民初字第352号中，法院指出，股东的知情权包括：财务报告查阅权、账簿查阅权等。

营运及财务状况,也为股东提起诉讼在证据方面提供了有力支持。

与国外相关制度相比较,我国股东查阅权仍有一定缺陷。一是股东查阅权的行使条件——正当目的标准认定不明。现行《公司法》规定有限公司股东查询会计账簿时,必须书面提供合理理由,说明目的符合正当性要求。① 由于正当目的主观性非常强,对其准确界定非常之难,而另一方面我国素为成文法传统国家,需要细化条文实现有法可依,如果对股东查账的正当性不作出具体的解释和说明,立法者势必有逃逸责任、不作为的嫌疑,不利于股东正确行使查阅权。二是立法者将会计账簿查阅权定性为有限公司的单独股东权,对股东持股比例、期限未作要求。而且股份公司的股东是否具有此项权利没有明确。三是在查阅权行使主体上,我国并未对查阅权代理的问题做出相关的描述。在美国的《特拉华州普通公司法》中指出股东可亲自查阅或他人代理查阅。司法界对这一问题却有着不同的意见:在杜国强与杜翠艳等公司知情权纠纷上诉案中,二审法院的判决结果为在无正当事由的情况下,股东无查阅原始凭证和内部销售表的权利,更无自行将公司财务会计报告提交指定会计师事务所进行审计的权利。而在广州首例股东知情权纠纷案中,法院对知情权的执行给予了明确,允许股东委托具有相关资格证的会计师以及律师一同查阅会计报表。②

2. 关于股东质询权

股东查阅权及复制权制度虽然可以保证股东获得公司相关信息,但是公司财务会计报告无非是一大堆枯燥的数字组成,对于广大中小股东而言,理解这些数字背后的含义都十分困难。更关键的是,股东查阅、复制的范围仅限于董事提供的信息,股东处于被动的接收地位,对于资料的错漏往往显得力不从心。此时,正是彰显股东质询权的制度价值。李建伟教授认为股东质询权的目的在于保证参加股东大会的股东能够获得有关会议议题充足、有效的信息,以弥补其在会前信息获得上的不足,从而使股东大会的讨论与决议能够在有根据的背景下进行,以保护中小股东的利益,在最大限度上使股东大会真正成为"一个董事会对股东负有责任的论坛"。③ 股东在股东大会上就公司经营事项进行质询也是股东积极参与公司经营的表现,我国《公司法》和《上市公司治理准则》都对此问题有所规定。2005 年修

---

① 这里值得注意的是,我国法律对于查阅权所需的正当目的,只有在股东查阅公司的账簿时需要,而非查阅任何公司记录都需要股东有正当目的。公司只有在股东查阅公司账簿时提出申请的理由有可能损害公司合法利益时,才能拒绝查阅。

② 吴程程. 论股东查阅权的保护 [D]. 中国政法大学 2012 年硕士学位论文, 第 14 页. 载中国优秀硕士学位论文全文数据库.

③ 李建伟. 论上市公司股东的质询权及其行使 [J]. 证券市场导报, 2006 (3).

订后的《公司法》第98条不仅重复了1993年《公司法》第110条的规定内容,同时又在第151条第1款中规定:股东会或者股东大会要求董事、监事、高级管理人员列席会议的,董事、监事、高级管理人员应当列席并接受股东的质询。《上市公司治理准则》第3条规定:股东对法律、行政法规和公司章程规定的公司重大事项,享有知情权和参与权。上市公司应建立和股东沟通的有效渠道。同时2006年3月16日证监会发行的《上市公司股东大会规则》第26条规定:上市公司召开股东大会,全体董事、监事和董事会秘书应当出席会议,经理和其他高级管理人员应当列席会议。第29条也规定董事、监事、高级管理人员在股东大会上应就股东的质询做出解释和说明。这几条规定确立了我国股东的质询权,进一步明确了股东质询的场合、被质询主体等事项,这可以说是立法的进步。但是这些规定都比较疏漏,只能算原则性指引,对质询权行使的主体、方式、范围、程序等都语焉不详,实践如何操作还须进一步探索。

3. 关于股东提案权

(1) 股东提案的提出。我国2005年修订《公司法》第103条第2款(2014年版《公司法》第103条第2款)规定了股东提案制度:股份有限公司单独或者合计持有公司3%以上股份的股东,可以在股东大会召开十日前提出临时提案并书面提交董事会;董事会应当在收到提案后二日内通知其他股东,并将该临时提案提交股东大会审议。中国证监会2000年发布《上市公司章程指引》第57条曾规定:持有或者合并持有公司发行在外有表决权股份总数的5%以上的股东,有权向公司提出新的提案。2014年修订版的《上市公司章程指引》第53条规定:单独或者合并持有公司3%以上股份的股东,有权向公司提出提案,这与《公司法》的规定保持了一致。

(2) 我国《公司法》中没有明确股东提案中能否提出经理薪酬问题。依照我国现行《公司法》规定,董事薪酬由股东大会讨论通过,因而担任执行董事的经理薪酬由股东大会决定,而并非越俎代庖,股东对此提出提案也是顺理成章之事。但对于未担任董事的经理的非股权薪酬(我国现行《公司法》规定,经理的股权激励计划仍由股东大会决定)而言,我国《公司法》规定了此类公司经理薪酬属于公司董事会职权的决定事项,而非股东大会的职权内容,因而股东提出关于此类公司经理薪酬问题的提案是否适格尚存争议。有论者提出,股东可以提案修改公司章程,将董事、监事以外的高管薪酬事项作为股东大会决议范围,同时提出相关高管薪酬提案,若章程修订通过则可对后者进行表决。①但这仅止于学者的一种学理解

---

① 王敏. 美国上市公司股东提案适当议题制度及其启示[J]. 政治与法律, 2011(4).

释。实践中，为效率起见，也出现了股东大会一并审议由董事会提交的董事、监事、高级管理人员薪酬议案的事例，如广东奥马电器股份有限公司股东大会审议了2015 年度公司董事、监事及高级管理人员薪酬的议案。① 为此，为了顺应股东介入控制高管薪酬的国外潮流及回应实践的吁求，我国《公司法》上明确股东可以对高管薪酬提出提案。

（3）我国《公司法》中没有明确股东提案的提出人是否要做出股份锁定承诺。在股东提案提出议案至表决期内，临时提案提出人是否要做出股份锁定承诺、能否抛售股份，我国《公司法》上没有明确规定。实践中，有上市公司董事会以提案人未做出股份锁定承诺为由否认中小提案合法性的纠纷发生。如黔轮胎 A 上市公司董事会在收到临时提案后，以深交所认为提出临时提案的股东未做出股份锁定承诺，程序不规范为由拒绝披露临时提案。②

4. 关于征集委托投票权

尽管我国《公司法》和《上市公司章程指引》中对表决权代理行使制度做出了一定的规范，以及深圳证券监督管理办公室发布了《上市公司征集投票权操作指引》，此后上海证券交易所、深圳证券交易所、中国证券登记结算有限责任公司联合发布《上市公司股权分置改革业务操作指引》，在第 8 条和第 15 条中涉及征集委托投票制度，但委托投票权如何征集的相关规范仍是很大一片空白。我国 2005 年《公司法》第 107 条（2014 年版新《公司法》第 106 条）规定：股东可以委托代理人出席股东大会会议，代理人应当向公司提交股东授权委托书，并在授权范围内行使表决权。从该法条规看，该法条规规定得极有原则，措辞指向为股东委托他人代理行使投票权，即从股东立场进行规定，而不是从代理人向股东主动征集委托权这一立场进行规制。尽管上述两个立场是同一硬币的两面，但区别还是存在：代理人的主动征集易致内部人的控制，需要强行法的规制和监管；而若是股东的委托，一般类似民法上的委托代理，合同法即可调整。我国大陆地区的主要法律规定，在措辞上就没有倾向于对主动征集委托投票权加以规制；在内容上也只停留在委托授权层次，对于"征集"委托书的规范和监管几乎空白。③

---

① 审议《2015 年度公司董事、监事及高级管理人员薪酬的议案》表决结果：同意 100,671,055 股，占出席会议所有股东所持股份的 99.3545%；反对 242,531 股，占出席会议所有股东所持股份的 0.2394%；弃权 411,501 股，占出席会议所有股东所持股份的 0.4061%。参见广东奥马电器股份有限公司 2014 年年度股东大会决议公告。

② 李春莲. 黔轮胎 A 大股东与中小股东剑拔弩张股东大会前对利润分配表决方式双方仍存分歧［N］. 证券日报，2015 – 05 – 13.

③ 秦子甲. 委托授权书征集：移植、修正抑或替代？ http://article.chinalawinfo.com/Article_Detail.asp? ArticleId = 46886，2014 年 7 月 27 日访问.

我国目前尚没有发生针对高管薪酬问题的委托投票权征集案例，但在其他公司治理领域的有关委托投票权的征集在我国已有发生，1994年深圳的"君万事件"初现委托书争夺战的雏形，① 到"金帝建设"董事会选举事件②，再到"胜利股份"的股权之争③，再到"严顾之争"④，都充分说明了我国目前的股东投票代理权征集的立法和其他相关规范仍停留在委托授权层次，对征集过程缺乏具体规范和监管措施，如对委托代理表决权的限制（如面对像"金帝建设"这样的大股东征集活动，中小股东相对处于被动地位，因此有必要对大股东的征集行为加以限制）、委托书征集过程中的信息披露、征集过程的不正当交易、违反委托书管理规范的法律责任等问题均未涉及。因此，对股东投票代理权征集的立法完善是十分必要的，以保障征集活动的安全、便捷和效率。

5. 关于股东薪酬话语权

我国法律如2014年版《公司法》第38条、《上市公司章程指引》第40条、《上市公司股权激励管理办法》第37条均规定，在股东参与薪酬决策方面股东享有对董事、监事薪酬的表决权，其中，作为利润分配方案一部分的股权激励计划需要

---

① 因包销大量余额B股而成为"万科"大股东之一的君安证券公司，通过取得股东投票委托书的形式，联合持有"万科"12%股权的其他4大股东突然向"万科"董事会发难，公开发出倡议书要求改革公司经营决策。后因其同盟中的一名股东临阵倒戈，最终"君安"改组"万科"的计划不了了之。参阅罗培新. 股东会委托书征求制度之比较研究［J］. 法律科学，1999（3）.

② 持有20%股份的"金帝建设"第二大股东通过征集股东投票委托书等手段，取得了"金帝建设"的全部席位，而持有26.48%股份的第一大股东"上海新绿"却无一人进入董事会，使"上海新绿"对"金帝建设"的控制权彻底旁落。参阅罗培新. 股东会委托书征求制度之比较研究［J］. 法律科学，1999（3）.

③ 2000年3月17日，广州通百惠公司针对山东胜利股份有限公司的董、监事人选问题公开征集中小股东表决权。通百惠公司在各大媒体上打出"你神圣的一票决定胜利股份的明天"的广告，并通过互联网媒体公开征集代理委托书。同年3月27至29日，通百惠再次大规模地公开征集股东授权委托书。通百惠三天之内共征集得2625.7781万股的授权，占公司总股本10.96%，占参加股东大会股东持有股份15.197%。参阅罗培新. 股东会委托书征求制度之比较研究［J］. 法律科学，1999（3）.

④ 2005年7月，律师严义明在互联网上贴出了一封《致科龙电器全体股东书》，以持股100股的小股东身份出面向广大股东征集投票权，要求罢免广东科龙电器股份有限公司顾雏军等六位董事职务，并自荐担任独立董事。这一举动被人们称为严义明"单挑"科龙电器董事长顾雏军，更被有些人称为"打响了中国证券市场独立董事独立运动的第一枪"。参阅法悟. "严顾之争"：并非两个人的战争［J］. 中国经济周刊，2005.

由股东会审议并表决,① 并且,一旦该事项涉及修改章程时,需要 2/3 以上有表决权的股东通过。我国现有规范的缺陷是:遗漏了股东对除董事、监事之外的公司高管的非股权薪酬的干预,这一部分的薪酬决策仍然由董事会来决定,无须股东表决,所以这部分薪酬的透明度是最低的,股东有可能不了解这部分人的具体薪酬收入。②

(二) 股东对高管薪酬的间接控制

1. 股东对董事的任免权

股东通过对董事的任免实现间接控制薪酬的目的,表面上与高管薪酬并不直接相关,实际上也是一种对高管薪酬的强烈干预措施。一旦董事在经理薪酬决定中有追逐私利行为,股东通过行使罢免权来罢免董事资格,从而对董事勤勉尽责起到很好的约束作用。我国《公司法》对股东罢免董事的规定还不尽完善,如未明确股东罢免董事是通过股东大会普通决议方式还是特殊决议方式,未规定控股股东回避表决制度等,这留待日后《公司法》修改予以完善。

2. 股东对公司利润分配权

公司股东与高管在委托代理关系中是既统一,又对立的矛盾体,法律切实保障了公司股东利润分配权利,反过来可以促进高管薪酬的合理化。我国《公司法》虽然原则上规定公司利润分配方案应经股东大会表决通过,中国证监会于 2008 年发布的《关于修改上市公司现金分红若干规定的决定》规定,"上市公司可以进行中期现金分红"。但实际上,上市股东分红执行得差强人意。此外,我国《公司法》只对一般股本利润分配方案规定了普通决议的方式,但对涉及资本公积转增的利润分配方案是按照特别决议还是普通决议的方式表决并没有明确。实践中,大多数上市公司董事会都是将利润分配与资本公积转增股本合在一起作为一项提案(即利润分配的议案)提出,由此遭遇法律尴尬,出现公司治理僵局。③

---

① 一个活生生的例子就是新浪公司在股东大会上,新浪管理层提出的关于期权和福利改革的方案就被股东否决。参阅韩姗. 我国国企高管薪酬的程序控制 [J]. 广西政法管理干部学院学报, 2011 (6).

② 刘赟. 高管问题薪酬的股东控制——对合理性审查标准的修正 [J]. 法学杂志, 2011 (10).

③ 2015 年 5 月 6 日,黔轮胎 A 公布了持股 7.71% 的中小股东提出的关于分配预案的临时提案,董事会认为,因为该提案涉及上市公司股本增减变动,因此需要以特别审议的方式通过,即 2/3 以上多数股东表决通过。但是,中小股东却认为,利润分配预案只需通过股东大会普通审议程序(即 1/2 以上股东表决通过)审议,董事会的上述做法是在为中小股东行使股东权利设置障碍。参阅李春莲. 黔轮胎 A 大股东与中小股东剑拔弩张股东大会前对利润分配表决方式双方仍存分歧 [N]. 证券日报, 2015 – 05 – 13.

二、完善我国股东对高管薪酬的措施

完善我国高管薪酬的股东控制制度难点是确定在多大程度上股东需介入监督高管薪酬决策这一过程,当前针对我国高管薪酬股东控制的上述不足和缺陷,担忧的主要问题不是股东过多干扰薪酬决策的问题,而是如何加强股东控制、重塑民主监督机制的问题,因为公司之本在于股东,失去股东民主监督制度支撑的高管薪酬决策,势必导致高管自我定薪,"问题薪酬"丛生。

(一) 完善股东在高管薪酬的直接控制方面

1. 进一步充实股东知情权(查阅权和质询权)

完善股东知情权制度关键在于如何在公司事务的知情权和公司自主经营权之间取得平衡。倘若不赋予股东充分了解公司信息的权利,股东其他各项权利将无法行使,也无法实现对公司的监督、控制。但是,如果股东知情权任其行使,则又不可避免会扰动公司正常的经营活动,甚至有时还可能侵犯公司的商业秘密。不过,目前,我国股东民主文化和维权意识皆较淡漠,我们更多的不是要担忧股东过分行使知情权有碍公司自主经营的问题,而是如何对中小股东的知情权提供更全面保障的问题。唯有知情权充分落实了,股东对高管薪酬的控制才能确立和展开、行稳且致远。

针对股东查阅权而言,一是应当扩张查阅权的对象,对股东查阅权的范围进行合理的扩大,虽在司法实践中,司法机关已倾向于支持不拘泥于法律列举的几项文件范围,但仍对股东要求行使自己权利时造成了很大的阻碍。[①] 譬如,在制作会计账簿的基本依据的原始会计凭证无法给出的前提下,股东所得知的公司经营状况未必是最客观真实的,因此如果原始会计凭证未囊括在查阅权范围内,则难以全面保证股东知情权。从我国现实需求出发,我国《公司法》应当明确规定会计账簿包括原始会计凭证,不仅有限责任公司股东拥有此一查阅权,股份有限公司股东也应享有此权,唯有如此,方可彻底保护好股东的查阅权。二是进一步明确"正当目的"的判断标准,如出于管理层的经营不当行为的调查目的,以防止在保障股东知情权的前提下,发生公司商业秘密泄漏,否则查阅公司账簿过于频繁会扰乱公司正常秩序、竞业竞争等情形。三是明确股东行使查阅权可以委托会计师以及律师进行,以

[①] 如2005年修订《公司法》第34条(2014年修订《公司法》改为第33条)是否包括原始会计凭证问题,根据上海第一中级人民法院对上海市2004年到2009年9月期间受理的46件股东知情权纠纷的统计来看,原告要求查阅公司财务账簿的有28件,占60.9%;要求查阅公司原始财务凭证的有13件,占28.3%。而不同法院对此的判决也各不相同。参阅杨路. 股东知情权案件若干问题研究 [J]. 法律适用,2010 (4).

充分保障股东知情权的实现。

针对股东的质询权而言,可借鉴英美国家的规定,上市公司高管薪酬政策经薪酬委员会决定后,董事长就公司薪酬政策的确定依据、业绩考核标准及制定程序等内容在股东大会上报告,股东可以提出质询,董事长必须予以答复。

2. 进一步改进股东提案权制度

为避免控股股东以及董事会垄断股东大会薪酬方案议题,也为中小派股东所关心的问题能被重视,建议赋予中小股东关于高管薪酬的提案权。值得指出的是,针对我国公司董事会掌握经理薪酬的决定权的现实,股东提出高管薪酬方面的提案是否有干预董事会之嫌?从美国SEC的前后态度的转变正好说明法律应当支持股东在高管薪酬问题上多多发言,因为高管薪酬问题已不单是公司日常经营问题,更是一个涉及利益相关者利益的社会问题。

那么,如何具体完善提案权制度?笔者建议我国《公司法》应增加以下关于股东提案权的内容:

(1)降低提案股东要件:将"公司召开股东大会,持有或者合并持有公司发行在外有表决权股份总数的3%以上的股东,有权向公司提出新的提案"的规定降为持有1%以上的股份(如美国规定提案提出的资格即为股东持有1%以上的表决权证券且持有该股份的时间不少于一年),并且股东持有股份必须自其提案之日前六个月继续持有到股东大会召开之日。

(2)股东提案符合下列条件:内容与法律、法规和章程的规定不相抵触,属于股东大会的职权范围,并且有明确议题和具体决议事项。

(3)完善股东提案权行使程序:符合提案条件的股东,应在股东大会召开之日的30日前以书面方式将提案提交或送达董事会,要求董事会将提案要领记载于股东大会通知中。而且,股东提案提出后为了防止在股权登记日后抛售,其表决权和切身利益相脱节,应规定提案股东在股东大会审议表决前,必须做出股份锁定的书面承诺,以此作为行使股东权利的必要条件。

(4)为避免股东提案权的滥用或长篇累牍提及无关事项,徒增董事会和公司其他股东的负累,我国也有必要对股东提案的数量及字数做出一些限制。域外法对此也做出了详细的规定:美国委托书规则14a-8(a)(4)就规定,每一位股东每年只能提出一份提案。《台湾地区公司法》《加拿大商业公司法》也分别对提案字数做出了具体规定。①

---

① 台湾地区2005年新修订的《台湾地区公司法》规定提案字数不得超过300字,否则不列入议案。加拿大2001年新修订的《加拿大商业公司法》中规定提案与支持性声明的字数一共不得超过500字。

3. 健全征集委托投票制度

征集委托投票制度为中小股东积极参与公司治理之利器，可对包括高管薪酬问题在内的各项公司事务更有力地监督。针对我国目前尚不存在全国较为详细的统一性规则，建议在《证券法》中对委托书征集制度进行规定，具体包括：

（1）在征集行为的认定标准方面。征集行为的认定标准可借鉴美国对"征集"所采取的定义，即只要10个以上的股东一起集中讨论公司的特定议题，原则上即构成委托书的"征集"。另外，委托投票的征集应当采取无偿的方式，因为征集委托投票制度的价值就在于使中小股东也能集中表达自己的意愿，从而参与公司的治理活动，对高管薪酬积极发言。若允许征集行为以有偿方式进行，势必造成部分股东为追求个人私利行使征集代理权，对公司造成巨大损失。如台湾地区市场上一度出现了"委托书收购市场"来收购股东出席股东大会委托书，借以包揽投票表决事项，① 导致关联交易或内幕交易、侵占公司财产的事例发生。

（2）在降低委托投票成本方面。一是应顺应科技时代的发展，允许股东通过电子网络方式授权给他人代为行使其投票表决权，通过"数字签名"等手段确定是否是股东授权所为，以降低投票成本②。

（3）披露事项的范围。现行我国法律对征集委托投票制度的信息披露环节，只作出简单概括性规定，即任何人在征集25人以上的同意权或者投票权时，应当遵守证监会有关信息披露和做出报告的规定。由于证监会尚未落实制定相关的信息披露内容，使征集人无所适从。笔者认为，对此依然可以借鉴美国做法，明确规定委托书征集时应披露以下信息：征集的目的、股东大会召开时间和讨论事由、征集人的详细信息、代理权的授予能否撤销、授予代理权的后果、如果征集目的达到会对股东产生何种影响、股东获取相关详细信息的方式或咨询渠道、与讨论事由相关信息的叙述性说明以及说明依据材料的种类和获取途径。

（4）完善相关禁止欺诈的法律制度。中小股东、控股股东、管理层均可征集委托投票，因而委托书征集中虚假信息披露也容易滋生，目前我国欠缺统一的立法，监管部门面临无法可依的尴尬局面。依最高人民法院2003年1月9日颁布的《关

---

① 李茂生．出席公开发行公司股东会委托书搜购行为的刑事责任问题商榷［J］．万国法律，1997（2）．

② 代理权征集费用有时对于中小股东仍是一个惊人的数字，如在2001年8月CA股权争夺战中，小股东山姆·怀利（Sam Wyly）仅持有100股CA公司的股票，在长达两个月的斗争中，付出了一共约为2000万美元的昂贵费用，而这样的代价也只有这位得克萨斯州的亿万富翁才能承受，然而这样的代价却并未带来多少回报，结果是改选公司管理层的投票权征集归于失败。参阅王淑梅．发达国家委托投票征集制度特点及启示［J］．求索，2004（4）．

于审理证券市场因虚假陈述引发的民事赔偿案件的若干规定》,投资人以自己受到虚假陈述侵害为由,依据有关机关的行政处罚决定或者人民法院的刑事裁判文书,对虚假陈述行为人可以提起民事赔偿诉讼。该条规定了法院必须以行政机构处罚为受理的前提,所以应当在《证券法》中针对委托书征集欺诈做出明令禁止规定,并且授权监管部门加强对委托投票征集活动的调查、监管并相应地完善行政处罚及诉讼程序。

4. 进一步完善股东对高管薪酬的话语权制度

从国外关于股东的薪酬话语权制度(投票权制度)的经验看,有论者指出,股东的投票权主要分为以下几个方面:①是针对之前的薪酬实践还是对之后的薪酬政策进行投票。②投票是建议性的还是具有一定约束力的。③投票是针对一般事项还是特别事项。④投票是强制性的还是可以由公司自主决定的。① 此外,国外关于股东投票权制度的差别还体现在投票表决举行的频率方面,其中英国最严格,要求是每年一次。

我国如何引入股东的薪酬话语权制度(投票权制度)呢?

首先,股东的薪酬话语权应实行每年一次具有约束力的投票权制度。因为只有实行有约束力的投票,才能改变股东大会"形骸化"现象,解决股东的"理性冷漠"和"搭便车"现象,有效控制和约束董事会,切断高管与董事会之间的利益输送链条,更好监督董事会,使其更加恪尽职守,为股东控制高管薪酬提供有效途径。

其次,我国《公司法》可借鉴欧盟委员会、德国的建议,规定股东对高管薪酬自主享有发起投票的选择权。欧盟委员会作出规定:公司在持有 25% 以上的公司股票的股东的要求下,股东可以发起对高管薪酬的投票权。德国最新立法也作出规定,在两种情况下股东可以对高管薪酬进行建议性投票:①公司主动举行投票。②持有 5% 或是 500000 股股本的股东要求投票。这赋予了股东进行投票选择的制度空间。我国可不妨做出类似规定:在上市公司中,持股 5% 以上的股东可发起对高管薪酬的投票,以便实现中小股东对高管薪酬的监督控制。

最后,应采取股东分类投票制度,以确保中小股东和机构股东一样能有效表达自身对高管薪酬方案的意见。如有论者指出,基于我国"一股独大"的特殊国情,不妨将股东投票的结果按股东种类(如分成控股股东、机构投资者、中小股东三类)加以分析统计,并分别公布各类型股东的投票结果。这种分别计票的方式可以

---

① 王娜. 论股东对公司高管薪酬的控制[D]. 河北大学 2012 年硕士学位论文,第 25 页. 载中国优秀硕士学位论文全文数据库.

确保机构股东和中小股东能有效表达自身对高管薪酬方案的态度。①

(二) 完善股东在高管薪酬的间接控制方面

(1) 在对高管的人事任免权方面,针对兼有董事身份的高管而言,我国《公司法》没有规定董事的候选人由谁提名,证监会发布的《上市公司章程指引》第 56 条、第 53 条第 1 款、第 82 条第 1 款对上市公司董事的任命做出了稍加细致的规定。同时,在《上市公司治理准则》第 55 条中规定了提名委员会的详细职责,提名委员会成员多数由独立董事构成。但是,提名委员会的设置规定不是强行法规范,而是董事会自由组建,而且实践中委员会的主要职责是研究问题,发挥咨询和建议作用。因而有必要完善股东对董事的人事任免权,适当对大股东的提名权进行限制,结合累积投票制度保障中小股东在提名时能表达自己的意愿,并完善相关披露制度,保证董事任免透明、公正。针对聘任总经理的高管而言,我国《公司法》上规定了由董事会决定,这其中保障提名委员会的独立、公正运作很重要,中小股东认为有异议的可以通过诉权请求法院撤销程序不当的董事会决议。

(2) 完善股东利润分配制度方面。首先,借鉴国外强制分红制度,可规定让中小股东获得股利分配不低于公司利润的 30%;其次,完善小股东股利分配权的司法救济,向股东大会提出违法分配股利方案负有责任的董事应对公司违法的股利分配行为所蒙受的损失承担连带赔偿责任;最后,《公司法》应明文规定涉及转派股票的公司利润分配议案应有 2/3 以上多数股东表决通过,以与增加股本的公司章程修改保持一致。

(三) 加强机构投资者对高管薪酬的控制②

按照《新帕尔格雷夫货币金融大词典》(The New Palgrave Dictionary of Money and Finance) 的定义,西方国家机构投资者是指管理长期储蓄的专业化的金融机构,由专业化人员负责资金的管理和运用。在我国,机构投资者主要指在资本市场从事证券投资的法人机构,如投资基金、证券公司、保险公司、养老基金和银行等。20 世纪 90 年代以来,西方国家公司高管天价薪酬问题成为公司治理问题的关注焦点之一,并被视为"经理人支配主义"下管理层进行"内部人控制"的一大弊端。因此,机构股东积极行动主义 (institutional shareholder activism) 的重要使命之一就是合理控制公司高管薪酬的高速增长。机构股东积极行动主义又称股东能动主义,就是指在公司控制权不发生根本变动的情况下,机构股东积极介入公司治

---

① 郑观. 上市公司管理层薪酬制定中的股东话语权——股东咨询性投票制度及对我国的借鉴意义 [J]. 当代法学, 2012 (4).

② 前述对高管薪酬的股东控制主要针对中小股东行权而言,因而这里有必要将机构投资者对高管薪酬的控制问题单列讨论,以示突出、强调。

第五章 上市公司高管薪酬的股东控制：重塑民主监督机制

理的相关议题，表达己见，促使董事会和管理层为实现股东利益最大化而努力。① 机构投资者参与公司治理主要有法律途径和非法律途径两种，法律途径主要包括知情权及临时股东大会召集权的行使、董事提名、提出议案、股东诉讼、归入权的行使、征集代理投票权等，非法律途径主要有私下协商、公开发表意见、发表公司治理准则、联合行动等。② 机构投资者对高管薪酬的监督控制也可通过以上途径实现。与作为个人投资者的股东相比，机构投资者更具有专业优势，被看作是最靠谱的监管者，因而高管薪酬这一公司顽症的治理也希望能通过机构投资者的介入得到解决。

尽管机构投资者对高管薪酬治理的影响程度值得怀疑，但是，美国有些证据表明持有5%或以上股份的大股东可以作为有效的治理机制，英国的机构投资者对高管薪酬干预的作用也在显著增加。英国机构股东委员会，在1991年机构股东责任原则报告和1998年公司治理准则联合报告的基础上，于2002年发布了机构股东与股东代理机构责任原则的报告，要求对不合适的报酬水平、激励组合以及丧失职位补偿等进行必要的干预。干预措施有：可以举行额外的会议与管理层讨论；会见主席、高级独立董事或者所有独立董事；与其他机构联合干预；在股东会上投票表决，但在投票反对时应将其意见和原因通知公司。实践中，公司薪酬委员会每年制定新的报酬政策，委员会主席要向英国两大投资机构联合信托经理人协会（Association of Unit Trust Managers）和保险公司协会（Association of Insurance Companies）陈述公司的报酬建议。在伦敦证券交易所的上市公司里，至少有100家大型公司的报酬政策是由这两个机构投资者协会来决定的。以国家养老基金协会（National Association of Pension Funds，NAPF）为代表的机构投资者协会还为其所投资的公司发布了指导意见，为公司制定管理报酬提供政策，并为股东在对这些政策进行投票时提供帮助。可见，在英国的高管报酬规制中，机构股东实际上已全程参与薪酬政策的制定乃至报酬细节的敲定，其对公司的强大影响力令其他国家的机构股东望尘莫及。③

我国的机构投资者经历了由小到大，不断发展的历程。20世纪80年代资本市场发展初期我国投资者主要是以中小散户为主，机构投资者对上市公司的影响甚微。而随着资本市场30多年的发展，截至2010年12月底，我国基金管理公司已

---

① 黄再胜. 国外经理薪酬治理研究进展与评析——基于股东能动主义视角 [J]. 外国经济与管理, 2011（4）.

② 孙蕾. 机构投资者参与公司治理法律问题研究 [D]. 吉林大学2013年博士学位论文, 第Ⅵ页. 载中国博士学位论文全文数据库.

③ 杜晶. 上市公司管理报酬法律制度的理论与现实 [J]. 清华法学, 2009（3）.

达 76 家，基金数量 376 只，证券投资基金资产总规模达 7352 亿元；全国社保基金和年金也稳步发展，两者持有的上市公司股票资产市值达到了 1000 多亿元。2014 年上海家化人事风波事件中管理层遭机构股东平安信托"驱逐"，表明机构投资者在参与公司治理中作用力量不可小觑。从实证角度看，有研究表明，我国机构投资者整体对高管薪酬存在显著的影响，即机构投资者持股有效地提高了高管薪酬水平和薪酬业绩敏感度，而且不同机构投资者对高管薪酬的影响存在差异，其中只有基金对高管薪酬水平和薪酬业绩敏感度表现出显著影响，而 QFII、券商、社保基金、保险公司和信托公司对高管薪酬水平和薪酬业绩敏感度不存在影响或影响不显著。① 从法理上分析，机构投资者介入国企性质的上市公司董事会，参与公司财务、人事以及发展战略等方面的重大决策，将很大程度上消除管理层权力"俘获"影响，对于高管侵占公司利益的腐败行为具有很大抑制作用，对于扭转高管自定薪酬、模糊薪酬业绩敏感性的格局具有促进作用，从而有效减少高管非货币私有收益；而机构投资者介入非国企的上市公司更有利于制衡高管权力，减少权力寻租的可能，维护好股东利益，长远来看公司做大做强也助长高管薪酬攀升。

为此，我国要吸收借鉴西方发达国家成熟机构投资者参与公司治理的经验，实现以下几点：

（1）应该降低非流通股比例，逐步健全一个公司控制权市场。国企混合所有制改革中，应引入机构投资者（包括保险基金、社保基金、养老基金、股权投资基金等）参与产权重组，鼓励机构投资者积极参与国有企业治理活动，从而促进权力制衡的公司治理结构，从源头上防止高管自定高薪现象发生。

（2）对机构投资者的资产流动性做出一定限制，使其资产的换手率降低到合法水平，从而保障其参与公司治理的稳定性、长远性，减少短视行为②发生。机构投资者资产换手率较高意味着机构投资者更愿意偏向于"退出"而非"发言献策"，我国目前证券投资基金的换手率平均在 4 倍以上，远远高于国外的机构投资者，这也是我国的机构投资者对上市公司治理漠然的一个原因。③ 因而在努力把上市公司质量提高上去、吸引机构投资者长期持有公司股票的同时，还要从法律上对资产的换手率做出限制，使机构投资者跟公司的命运捆绑一起，积极参与公司治理，从而

---

① 参阅我国学者基于 2005 年至 2009 年沪深两市 874 家上市公司样本进行的实证研究：毛磊，王宗军，王玲玲. 机构投资者与高管薪酬——中国上市公司研究 [J]. 管理科学，2011 (5).

② 短视行为即积极操作，短线运作。表现为投资者并不长久持有股票等金融投资工具，只要有利润可图就迅速出手，以挣取买卖差价。

③ 张俊生，杨熠. 美国机构投资者在公司治理中的作用 [J]. 证券市场导报，2001 (8).

引领高管薪酬治理机制的不断完善。

（3）既要机构投资者降低准入门槛，又要健全投资行为规范，配备相应处罚措施，促进其自觉遵守市场规则。降低准入门槛主要指机构投资者入市所要求的最低资本额、组织管理机构形式、管理人员及场地等条件适当放宽；健全投资行为规范主要指要扼制机构投资者凭借自身资金实力和信息优势操纵市场，引诱散户高风险投资的行为及其他谋取暴利的逆向道德行为；配备相应处罚措施主要指对于机构投资者的违法违规行为给委托人造成的损害，应当采用惩罚性赔偿制度，给违规者强行加上一种经济上的巨大负担，同时也要有效地动员广大的投资者来参与监控。① 这样全面促进和保障机构投资者介入公司治理，不断完善高管薪酬治理机制。

---

① 黄佐钘. 机构投资者行为及政策引导研究：以证券投资基金为例的实证研究 [M]. 上海：上海财经大学出版社，2012：194.

第六章　上市公司高管薪酬的司法介入：
寻找合理性审查的边界

【本章提要】高管薪酬如传染性顽疾一样"肆虐"全球，2008年的金融危机更促使我们反思其治理良方在哪，司法介入的成效如何。本章通过介绍司法介入薪酬审查的学者诸说基础上，考察美国司法审查薪酬合理性的三种标准——自我交易、违反注意义务、浪费公司财产，指出其与尊重市场自治的介入理念、"BJR"、股东诉讼文化一起共同型构了美国中级-宽容型的司法审查模式，而与英国低级-放任型模式、澳大利亚高级-管制型模式有所殊分。反观我国高管薪酬的治理模式，应摆脱行政型规制的路径，借鉴美、澳模式的各自优点，确立一种混合的司法审查模式：包括完善司法审查的程序启动机制（针对高管提起的薪酬纠纷案件，应去除劳动争议仲裁的前置程序，作为商事案件由商事法院直接受理；针对股东提起的挑战高管薪酬纠纷案件，要完善股东派生诉讼的制度），建立有关薪酬合法性审查和合理性审查标准，引入"BJR"及"追回条款"，确立不当薪酬返还制度，并建立有关薪酬正当性审查的案例指导制度，以实现高管薪酬的矫正正义与商业创新激励相平衡。

无疑，公司治理中高管薪酬问题已成为一项根本性的挑战，如何完善公司激励与约束机制、协调管理层与股东及其他利益相关者的利益，也成了一道无法逾越的世纪性难题。高管薪酬如传染性顽疾一样"肆虐"全球，2008年的金融危机更促使我们反思其治理良方在哪。在立法对薪酬有所控制（如政府颁发限薪令）的情形下，还有无必要引入法院审查薪酬机制，或者股东有无权利就高管薪酬的妥当性向法院提出诉讼？学界与实务界对此争议很大。本章在介绍司法介入薪酬审查的学者诸说基础上，考察国外司法审查薪酬合理性的三种模式，对我国高管薪酬的治理模式提出因应之道。

第六章 上市公司高管薪酬的司法介入：寻找合理性审查的边界

第一节 司法介入高管薪酬的不同观点

一、国外的观点介绍①：对高管薪酬合理性审查的不同主张

（一）否定说

该说主要为美国和日本学者主张。在他们看来法院不应就高管薪酬这一关联交易作严格的司法审查，如 Randall S. Thomas、Nathan Knutt、John E. Core、Wayne R. Guay 等人认为，市场会自行对高管的薪酬进行调整，因此，高管薪酬应由市场自身决定，遵循市场经济和契约自由的基本原则，法律不应当进行干预。② 总结而言不外有四：

首先，高管薪酬被认为是市场经济自由竞争的产物。高管薪酬是经理人的人力资本在经理人市场的相应定价。充分竞争的经理人市场机制能够促成公司董事会与高管之间通过对等性谈判来确定薪酬，形成合理公正的高管薪酬。

其次，高管薪酬的决定是否按绩给酬，合理性如何，纯属公司自治之事，且经过了内部正当程序的过滤，法院不愿介入。在法院看来，一方面高管薪酬纠纷属于董事会的决策范围，属于公司内部事务；另一方面认为高管薪酬在程序上获得独立董事组成的薪酬委员会的批准，经过了充分的正当程序过滤，其公正性较少受到质疑，足以让法院相信作严格的司法审查是"狗拿耗子，多管闲事"。

再次，薪酬诉讼案件结果表明股东起诉与胜诉的概率偏低。在高管薪酬诉讼案件中，股东提起诉讼遇到的挑战是高管所获得的薪金、奖金，尤其是股票期权激励计划、豪华在职消费具有非法性，可责难性证明起来十分困难，而且股东派生诉讼还受到前置程序限制，要经董事会下属的诉讼委员会审查通过方可提起，故股东起诉与胜诉的概率偏低。

最后，由于商事判断规则的确立，司法判断不能妄自代替商事判断，法院通常会尊重董事会符合程序的决定。在美国学者看来，法院介入高管薪酬进行合理性审查是不可行的，因为法官个人缺乏足够的专业素养、丰富的市场经验、充足的交易

---

① 李荣，段莉. 公司高管薪酬合理性审查的新路径［J］. 人民论坛，2013（17）.

② Randall S Thomas. Explaining the International CEO Pay Gap：Board Capture or Market Driven？［J］. Vanderbilt Law Review，2004，57. Nathan Knutt. Executive Compensation Regulation：Corporate America［J］. Heal Thyself，Arizona Law Review，2005，47. John E Core，Wayne R Guay，Randall S Thomas. Is U. S. CEO Compensation Inefficient Pay without Performance？［J］. Michigan Law Review，2005，103.

信息和适当的交易环境进行判断；法院的判断是事后判断，无法还原当时的决策情景，且具有用事后信息进行判断的嫌疑；高管报酬很大程度上依赖于高管的具体情况，很难在市场上找到判断公正性的类似交易，且高管薪酬支付也不能用市场中第三人的交易取代。①

在日本学界和实务界持否定说的大有人在。日本学者矢泽惇在分析原《日本商法》第269条董事薪酬规制宗旨时认为，在商法语境中，法院不审查董事报酬的合理性。这一观点在东京2007年6月14日的判决理由中得到充分体现："法院无特殊事由不介入董事报酬多寡的判断……作为报酬决定对象的董事对公司贡献程度的判定依然应是公司自治的问题，很难说我国的法律制度事前设定了这样的安排：法院基于证据，在认定任职董事的作用或这一作用对公司产生利益的事实基础上，与其他董事或公司从业人员的作用相比较，从而评价该董事的作用并判定董事的贡献度。"②

（二）肯定说

美国学者戴维·罗森伯格（David Rosenberg）认为，应允许法院对公司董事是否做出明智决定进行实质性审查，特别是如有证据表明，董事会未经明显的合理性讨论做出决定的场合下。日本学者以伊藤靖史为代表也主张法院有合理性审查的必要。伊藤靖史认为，2005年《日本公司法》明确规定薪酬委员会有权决定业务执行人员的股票期权，如若做出的薪酬决定不合理，其成员可能被追究懈怠之责。同时，考虑到《日本公司法》第361条规制的目的，股东大会决议是薪酬支付的效力要件，若无股东大会决议而进行薪酬支付，事后也未追认，股东以薪酬不合理为由提出诉讼，法院就必须进行薪酬合理性审查。③

二、我国学者的观点

有学者基于法律干预的有限性立场，主张司法介入高管薪酬审查是有限的。④朱羿锟教授较早地洞察到经营者自定高薪会引发正当性危机，提出了要建立以公司价值最大化为价值取向，具有独立性、公平性和透明度的薪酬程序规范，以遏制薪酬失控，使其具有公信力⑤；继而在《论高管"问题薪酬"的董事问责》一文中，朱教授进一步指出，由于薪酬程序公平并不能保证薪酬合理，好的程序未必产生好

---

① Melvin Aron Eisenberg. Self-Interested Transactions in Corporate Law [M]. 13J. Corp. L, 1988: 997–1006.
② 转引自李荣，段莉. 公司高管薪酬合理性审查的新路径 [J]. 人民论坛，2013 (17).
③ 李荣，段莉. 公司高管薪酬合理性审查的新路径 [J]. 人民论坛，2013 (17).
④ 李建伟. 高管薪酬规范与法律的有限干预 [J]. 政法论坛，2008 (3).
⑤ 朱羿锟. 经营者薪酬：正当性危机与程序控制 [J]. 法学论坛，2004 (6).

决策，只是增加了产生好决策的可能性而已，只要董事会决定高管薪酬，一旦出现问题薪酬，就应当对其进行合理性审查，这既是司法审查技术的需要，也是确保高管薪酬合理性的需要。同时，针对法院审理能力的质疑，朱教授认为如果将薪酬合理性标准确立为相对合理性标准：只要围绕是否有利于促进企业价值最大化这一指针，借助薪酬标准合理性、薪酬水平合理性以及薪酬结构合理性的要求，构建相应的评价高管薪酬合理性的参照标准，法院完全可以做出适当的判断。①

三、笔者的分析

正如一个生命有机体病入膏肓依赖自身免疫系统康复已无济于事，不得不求助外部药物治疗一样，高管薪酬作为公司支付给代理人的一种对价，其价格扭曲的修复最终依赖于法律控制体系的健全与完善。自由市场学派大师、诺贝尔经济学奖得主哈耶克（Hayek）指出，"在一个自由的社会中，国家并不通过行政的手段管理人们的事务，而只是通过法律调整人们的私性活动。"② 另一位法律经济学旗手波斯纳（Posner）法官则明确提出，"当市场决定成本高于法律决定成本时，这一问题就留给法律来解决。"③ 十分有趣的是，波斯纳认为司法应当介入审查的观点在2009年琼斯起诉哈里斯合伙公司（Jones V. Harris Associates）一案中得到进一步贯彻，并与另一位法律经济学派中同一重量级的法官弗兰克·伊斯特布鲁克（Frank Easterbrook）发生交锋，后者认为共同基金受托人费用的合理性不应受法律监督，而是应该由收费市场来决定，除非出现明白无误的欺诈，法庭不应该在共同基金合理费用制订中扮演任何角色，若让法庭介入共同基金费用的制订就好像让法院给汽车定价一样没有道理。而波斯纳认为，"大量的证据表明董事会在维护收益方面只有很少的激励，在解决这个问题方面竞争派的经济分析派不上用场"。法律一般通过三个层次的运作起作用：第一，关于由谁决定报酬的法定要求。第二，披露义务。第三，有限的司法审查的作用。④ 与司法审查不太可能对此设计主要的规制手段⑤不同，在关于薪酬治理的法律作用上，

---

① 朱羿锟. 论高管"问题薪酬"的董事问责 [J]. 现代法学，2010（4）.

② 哈耶克. 法律、立法与自由（2、3卷）[M]. 邓正来，等译. 北京：中国大百科全书出版社，2000.

③ [美] 波斯纳. 法律的经济分析（下）[M]. 蒋兆康，译. 北京：中国大百科全书出版社，2003：678. 笔者这里比较赞同波斯纳的观点，主张司法介入薪酬审查无疑是极其必要的，但限于篇幅，本文并不对此多费笔墨，而是重点探讨司法如何介入薪酬审查问题。

④ Ian M Ramsay. Directors' and Officers' Remuneration: The Role of the Law [J]. Journal of Business Law, 1993.

⑤ Jennifer Hill. What Reward Have Ye? Disclosure of Director and Executive Remuneration in Australia [J]. Company and Securities Law Journal, 1996, 14.

笔者更愿意相信司法审查在实践薪酬正义方面的最后保障功能。因为对于第一层次而言，法律规定 CEO 定薪的决定权交给董事会仍可能产生自我交易，需要司法矫正；对于第二层次而言，薪酬披露的公开化更容易使这种信息在市场中蔓延，诱发高管薪酬攀比之风，导致"棘轮效应"、沃比根湖症，最终严重扭曲薪酬体系。① 鉴此，这里以司法介入为视角（discussion of the judicial approach to compensation），在考察美国、英国、澳大利亚高管薪酬司法审查模式基础上，来破解我国高管薪酬治理之道，提出从过度化的行政规制转向合理化的司法审查之策。这似乎多少有点像堂诘柯德挑战风车之举，但"在攀登科学高峰的崎岖山路上，充满艰难险阻，只有不畏艰险、勇于攀登的人，才会达到光辉的顶点"，马克思这句话激励笔者在此作一投石问路式研究，力求对"司法作用"有限论能有所超越，为我国高管薪酬司法审查早做些必要的理论准备和制度探索。

第二节　司法如何介入高管薪酬：美、英、澳大利亚的实证及比较

一、美国高管薪酬正当性审查的三大标准：基于 T&M 研究的再分析

金融危机应急之举让中饱私囊的华尔街高管们如过街老鼠人人喊打一样无处藏身，美国司法界也没有保持沉默。② 在美国，高管薪酬的司法审查主要是作为公司内部监督失灵的补充救济手段而存在，是基于股东质疑高管薪酬提起的诉讼而启动的，而且已形成了审查薪酬正当性的三大标准（浪费公司资产、违反注意义务、违反忠实义务（自我交易）），也有学者提出两类诉由说："浪费财产"和"违反了以善意（good faith）（忠实）和适当的注意方式（with due care）行动的义务"③。笔

---

① 董事及经理人的报酬披露，可能会造成竞争者知悉，并导致董事的招募困难。参阅 Executive Compensation and Related Party Disclosure. Exchange Act Release No. 33 - 8655, 34 - 53185, 71 Fed. Reg. 6546（proposed Feb. 8, 2006）.

② 如 2009 年 2 月 24 日特拉华州法院受理了花旗集团 CEO 格林斯薪酬过高一案，裁定准予股东以浪费为由提起诉讼，容下文详述。

③ 当然，这是以没有"自我交易"和无利益相关董事在符合正常程序下所作的薪酬安排的假定为前提。（John Murrey. Excessive Compensation in Publicly Held Corporations：Is the Doctrine of Waste Still Applicable? ［J］. Bepress Legal Series, 2005：726. http://law.bepress.com/expresso/eps/726.）

者基于 Randall S. Thomas 和 Kenneth J. Martin 关于美国公司高管薪酬诉讼（1912—2000 年）的 124 例样本研究（简称"T&M 研究"，下文数据皆出于此处）①，见表 6-1，对三大标准说展开分析。

表 6-1 Thomas & Martin——原告胜诉率（124 个高管薪酬案） 单位：%

诉由及公司类型	受理法院		
	特拉华州	非特拉华州	总　　计
浪费公司财产	29	45	40
违反注意义务	27	33	30
违反忠实义务	28	39	35
公众公司（至少一种标准）	34	30	32
封闭公司（至少一种标准）	50	53	52

一是自我交易。这是从薪酬安排是否违反董事忠实义务的角度，来判断薪酬正当性与否的一个司法审查标准。该标准经历了从一律认定无效到程序公正审查再到"公平合理性"的实质审查等发展阶段。从"T&M 研究"来看，以违反忠实义务为诉由的案件中，原告胜诉率为 35%；封闭公司比公众公司的原告胜诉率要高得多，前者为 53%，后者为 15%。② 这表明，由于封闭公司比公众公司薪酬决策涉及的利益冲突更普遍，而公众公司建立了相对完整的程序公开制度，法院审查对此有所宽容。

根据美国公司法规定，高管报酬由董事会决定，无须提交股东会批准，除非公司章程或细则另有规定。公司董事会都设置了薪酬委员会专门负责高管薪酬事宜。按照金融经济学家"最优契约理论"（optimal contracting thesis）的观点，高管薪酬协议应是管理者和董事会薪酬委员会之间保持"臂长距离"（arm's length）下洽谈

---

① Randall S Thomas, Kenneth J Martin. Litigating Challenges to Executive Pay: An Exercise in Futility? [M]. 79 Washington University Law Quarterly, 2001: 576.

② Randall S Thomas, Kenneth J Martin. Litigating Challenges to Executive Pay: An Exercise in Futility? [M]. 79 Washington University Law Quarterly, 2001: 576.

商定的产物，在保持距离的合约里，经理层力求为自己争取最好薪酬，董事会则尽力为股东们谋取最大利益。但实践中，90%以上的大型公司中，首席执行官（Chief Executive Officer，CEO）均兼任董事会主席，经理阶层基本上控制了公司和董事会，① CEO 对董事会的薪酬决定产生重大影响，或者 CEO 直接确定自己的薪酬，构成典型的自我交易，② 如 2003 年爆发的纽约证券交易所（NYSE）薪酬丑闻即是一个自我激励的著例。③ 哈佛大学的 Lucian Bebchuk 及柏克莱大学的 Jesse Fried 提出了著名的"管理权力论"（managerial power thesis）和"管理寻租论"（rent seeking or rent extraction）来对高管自定薪酬做出解释。在克拉克教授那里，"经理报酬"作为利益冲突模型中特殊的一类来加以分析。④ 在多数场合下高管薪酬安排很可能属于一种自我交易，而且应该适用公司法关于董事利益冲突交易的原则和方法。这是因为，自我交易很大程度上意味着董事会成员对于某项决定具有利益瓜葛，这种利益瓜葛势必构成对忠实义务的违反，公司法上的忠实义务要求董事会以公司最佳利益行动，并避免可能损害公司和其他股东的利益。早期的美国判例法认为，董事只要发生自我交易，该行为自动无效。但后来此种一棍子打死的做法越来越不能满足公司经营的需要，有的自我交易表面看来值得质疑，但事实上是公平的，符合公司利益需求。为此，法院对自我交易一律无效的认定标准也逐渐改变。美国标准公司法（Model Business Corporation Act，MBCA）在 1998 年修改时增加了董事自我交易生效要件的规定；美国法律研究协会 1992 年推出的《公司治理原则：分析与建议》（Principles of Corporate Governance：Analysis and Recommendations）§5.03 中也明确规定，如果（高管）薪酬的支付已获得无利害关系的独立董事或股东的批准时，就无须再进行司法审查。⑤ 这种程序审查被认为较于其他类型的自我交易审查更为宽松。

值得指出的是，司法实践中法官对于涉及自我交易的薪酬案件也并不仅仅局限

---

① Stephen M Bainbridge. Executive Compensation：Who Decides? [M]. 83 Tex. L. Rev. 2005：1615 – 1616.

② Robert B Thompson. Insider Trading, Investor Harm and Executive Compensation [M]. 50 Case W. Res. 291, 1999：301 – 304.

③ 按照薪酬合同，担任 NYSE 董事长兼 CEO 的格拉索在 2007 年退休之际，获得 1.88 亿美元左右的收入。而 2002 年 NYSE 的净收入仅为 2810 万美元，决定格拉索薪酬者，是经格拉索推荐进入 NYSE 董事会，受格拉索领导。SEC 主席唐纳森一针见血指出，这是一种"循环推理"。参阅叶伟强. NYSE 完美风暴 [J]. 财经，2003（19）.

④ [美] R C 克拉克. 公司法则 [M]. 胡平，等译. 北京：工商出版社，1999：119.

⑤ 美国法律研究院. 公司治理原则：分析与建议（上卷）[M]. 楼建波，等译. 北京：法律出版社，2006：291.

于程序审查,而会运用"内在公平性"原则,对董事会决策内容进行"强化的审查",此时董事会应当承担举证责任,证明这项交易对公司是完全公平的。① 如在1999年Sander V. Wang一案中,经理人被给予了不惜以损害公司长期健康发展为代价的最大化股价的激励,特拉华州衡平法院通过对股票期权做出限制解释和大大减少期权的金额保护了股东利益;又如在2007年Valant Pharmaceuticals International V. Jerney一案中,董事会同意经理人可以因公司首次发行股票而获得丰厚报酬,法院也要求以公平合理性标准进行审查该报酬合同,由被告证明其所同意的报酬合同无论从程序还是从价格上都具有公平合理性。

二是违反注意义务。这是从薪酬安排是否违反董事注意义务的角度,来判断薪酬正当性与否的一个司法审查标准。相对自我交易标准而言,该标准的判断难度更大。从"T&M研究"来看,也反映了此点,在以董事违反注意义务为由的薪酬诉讼样本中,原告胜诉率30%,在三个标准中原告胜诉率最低,这说明法院采用此标准支持原告诉求的态度最为谨慎;其中封闭公司比公众公司的原告胜诉率要高(前者为43%,后者为23%),非特拉华州受理的案件要比特拉华州案件原告胜诉率高(前者为33%,后者为27%)②,这表明总体上法院对于公众公司董事注意义务的审查相对封闭公司更宽松些,而非特拉华州法院对于注意义务的审查相对特拉华州法院偏严格些。在薪酬安排中,注意义务主要是指董事做出高管薪酬决定时要求所使用的程序正当与所考虑的信息充分。《美国标准公司法》第8.30条比较明确地规定了董事注意义务标准:第一,善意;第二,真诚地相信是为了公司的最佳利益;第三,合理确信行为适当。法院也主要从程序上审查董事有无"关注""问讯""考虑"有关决定事项。因为董事身居公司权力枢纽地位,担负决策与督导之职,如果董事未经合理充分调查,并获取足够信息即批准经理的薪酬,即可能构成对注意义务的违反。③ 司法实践中,注意义务标准历经了从"通常意义上的审慎的人"承担的过失责任标准到"重大过失标准"的转变。"通常意义上的审慎的人"指一个合理谨慎的人,在类似情况下会具备的技能、勤勉、注意。"重大过失标准"是指有意地怠于履行其明显的法律义务(本分),鲁莽地忽略他的前述行为可能给他人生命和财产造成的负面影响。和普通过失不同,重大过失基于一种推定,即法官推定行为人知道其行为的后果,但是行为人冷漠地不考虑损害结果或放纵损害结果

---

① 丁丁. 商业判断规则研究 [M]. 吉林:吉林人民出版社,2005:39.

② Randall S Thomas, Kenneth J Martin. Litigating Challenges to Executive Pay:An Exercise in Futility? [M]. 79 Washington University Law Quarterly,2001:576.

③ Michael E Ragsdale. Executive Compensation:Will the New SEC Disclosure Rules Control "Excessive" Pay at the Top? [M]. 61 UMKC L. Rev. 1993:537,547-548.

的发生,即行为人对损害结果的发生抱有实际的和推定的故意。① "重大过失标准"被认为是司法虽然对董事谨慎职责行为标准更加放宽,但并不表明董事的行为和决策永远处于该标准的保护伞下,如 1985 年 Smith V. Van Gorkom 一案中即采用此标准,包括外部董事在内的全体董事一律被追究责任,引起人们对于董事责任过重的争议和忧虑,并致注意义务的行为标准与责任标准相分离,向更加宽松的问责标准变革。1987 年特拉华州修订公司法,允许公司以章程条款自治免除或减轻董事违反注意义务的责任,此一做法纷纷为其他各州公司立法所仿效。总体言之,由于受到章程免责和商事判断准则(Business Judgment Rule, BJR)的佑护,法院以注意义务标准撤销薪酬安排、追究董事责任的概率偏低。

三是浪费公司财产(waste of corporation property)。与前两种标准纳入了制定法(如 MBCA)不同,此一标准作为一种学说(the doctrine of waste)尚在不断发展中,其适用效果看法不一。美国一位知名的法官指出,"可以证明'浪费'的案件像尼斯湖水怪一样——稀少到可能根本不存在。"一项由马克·罗文斯坦(Mark Lowenstein)在 1996 年进行的早先研究显示,事实上几乎从来没有一个股东作为原告能够胜诉。② 但从"T&M 研究"来看,在浪费之诉的薪酬诉讼样本中,原告胜诉率为 40%;封闭公司比公众公司的原告胜诉率要高些(前者为 49%,后者为 32%),非特拉华州案件的原告胜诉率同样比特拉华州案件高(前者为 45%,后者为 29%)③,由此表明,三个标准中以"浪费公司财产"为由的原告胜诉率最高,而且封闭公司薪酬案件的胜诉率高于公众公司,非特拉华州法院案件的胜诉率又高于特拉华州法院,这与商事判断准则(BJR)在公众公司及特拉华州法院案件中的运用显著有关。

从"浪费公司财产"在各州判例的具体适用来看,1933 年 Rogers V. Hill 开创了运用"浪费"规则对公众公司高管薪酬进行审查的先河,审理此案的美国联邦最高法院确立了以下原则:①无论高管还是控股股东皆无权以不当薪酬浪费公司财产,即使薪酬计划经过股东大会批准亦不能证明其合法性;②浪费可能以两种不同方式发生,一是没有相应必备的业绩仍付薪酬,二是服务所应得或预期所得的薪酬数额过高,而且仅在薪酬增量总额超出了提供服务的价值情形下则构成"浪费";③必须存在服务价值与薪酬相比较的证据。但法院没有说明浪费诉讼中是否每一个

---

① 丁丁. 商业判断规则研究 [M]. 吉林:吉林人民出版社,2005:70.

② 卢西恩·伯切克,杰西·弗里德. 无功受禄:审视美国高管薪酬制度 [M]. 赵立新,等译,北京:法律出版社,2009:40.

③ Randall S Thomas, Kenneth J Martin. Litigating Challenges to Executive Pay: An Exercise in Futility? [M]. 79 Washington University Law Quarterly, 2001:576.

原告均有权要求就有关薪酬合理性的充分证据举行听证，还是只有那些满足一些限定条件的原告才可以提出听证的请求。① 在 1935 年 Gallin V. National City Bank of New York 一案中，法院判决薪酬激励计划所确定的数额是不合理的，并引入了要求董事会审查高管薪酬的新标准，薪酬计划的数目不能由管理层自行计算，应经过薪酬委员会独立审查后才交由董事会批准。在 1939 年另一判例 McQuillen V. National Cash Register Co. 中，马里兰地方法院没有进行实质审查即驳回了起诉，开创了一个援引虽少但具有指导性意义的先例。法院阐明："一个高管服务的价值合理性问题很容易滋生。它的意旨不是法院应呼吁每年审计和调整薪酬……（而是）我们必须在实际上的浪费和纯粹过高之间做出区分。前者是非法的，后者则不是。"法院首次人为地界定了浪费型和过高型薪酬的差异，但没有提供明确的检验方法或标准。法院仅侧重于薪酬决定的程序审查，这意味着董事在薪酬决策过程中只要没有恶意（bad faith）或完全疏忽或漠不关心（total neglect or indifference），该馈赠就不构成公司财产的浪费。法官一般较少撤销此类薪酬合同。在 1952 年 Gottlieb V. Heyden Chemical Corp 和 Kerbs V. California Eastern Airways Inc. 案例中，特拉华州最高法院的判决与 Roger V. Hill 一案确立的原则保持了一致，法院认为，"控股股东不能对批准或同意馈赠公司财产行为的任何股东的反对意见置之不理，"还明确指出，"馈赠公司财产是不合适的，即使董事会真诚地相信，这项交易是符合公司最佳利益的"。在 1979 年 Michelson V. Duncan. 一案中特拉华州最高法院沿用了 McQuillen V. National Cash Register Co. 的审查标准，在确认馈赠构成"浪费"时，董事的欺诈或越权比股东异议更有说服力。然而，根据《特拉华州普通公司法》第 151 条和第 157 条规定，② 法院很少去撤销董事会关于期权发行的计划。到了 1984 年 Aronson V. Lewis 和 1988 年的 Grobow V. Perot 的案件中，对提起"浪费"的股东派生诉讼条件更加严格化，原告必须举证阐明合理怀疑董事行为浪费公司财产的事

---

① John Murrey. Excessive Compensation in Publicly Held Corporations: Is the Doctrine of Waste Still Applicable？［J］. bepress Legal Series. 2005：726. http：//law. bepress. com/expresso/eps/726.
② 《特拉华州普通公司法》第 151 条规定：任一公司均可由董事会在授权范围内批准，发行一种或多种种类的股份。上述股份可由公司赎回。股份的持有人可享有红利或者其他规定的权利。由股份持有人或公司选择，或者在某一特定情形发生时，上述股份可以转换为其他任何类别的股份；第 157 条规定：任一公司均有权按照章程的规定，由董事会决定创设并发行权证或选择权（warrants or options），并使权证或选择权的持有人可以从公司买到任何种类的股份。

实。① 在迪斯尼案件②中，支付给奥维兹（Ovitz）的薪酬包是否构成"浪费"是原告主要的诉由之一，特拉华州最高法院审查后认为，浪费标准非常高，只有在为数极少的董事非理性挥霍或赠送公司资产的情形下才发生。法院认为，由于有公司人员证明奥维兹不再在公司任职之后，公司的情况会更好。因此，无法推断出董事会的决策是完全不顾公司利益。所以，公司董事会没有浪费公司财产。2008年金融危机后也出现花旗集团股东以"浪费"为由针对前首席执行官查尔斯·普林斯（Charles Prince）提起诉讼，因普林斯离职时得到7800万美元，五年内还为其保留一间办公室，提供一名行政助理，并配备一辆有司机的汽车，这些待遇与其说是给普林斯的报酬，不如说是一种排场和浪费。特拉华州法院在2009年2月24日裁定以浪费为由起诉成立，普林斯离职补偿的合理性值得"质疑"。但同时指出，原告提出浪费之诉，必须符合"严格的条件"和"具体的事实"，以便合理地推断出，被告授权下的交易决定是如此片面。没有任何一个从事商业的普通人能够合理得出这样的结论：该公司已得到充分的考虑。此外，还应认识到特拉华州公司董事拥有广泛的自由裁量权，原告必须证明"委员会的决定是如此严重错误或不合理，以至于不能作为有效评估公司最佳利益的根据"，以此推翻"一般推定的善意"。尽管法院门槛如此之高，但法院裁定特拉华州法律原告指控成立。在法院看来，董事会

---

① John W Murrey. Excessive Compensation in Publicly held Corporations: Is the Doctrine of Waste Still Applicable? [J]. 108 W. Va. L. Rev., 2005: 456-457.

② 迪斯尼公司的股东就公司总裁的薪酬问题向特拉华州法院提起的关于公司董事违反了自己的义务以及董事会浪费公司财产的一系列派生诉讼是了解法院在此方面态度的最佳例子。在Brehm V. Eisner案件中，1995年迪斯尼公司的首席执行官Michael Eisner成功地说服公司董事会同意由他自己的好朋友Ovitz接替自己出任迪斯尼公司的总裁。根据Ovitz和公司达成的合约，其薪酬包括高达1000万美元的年薪、董事会决定给予的奖金、一定数额的股票期权。如果公司无须说明理由而解除Ovitz的职务，那么公司将支付给Ovitz剩余年薪的现值再加1000万美元。除此之外公司还将按照合同未到期年限以每年750万美元的标准支付一笔费用，并同时授予其迪斯尼公司300万股普通股的期权。1996年，董事会决定自该年的12月27日起解除Ovitz的职务。如此，则按照前述合约的规定，Ovitz将获得38,888,230.77美元的补偿，同时获得的期权的价值大约为101,000,000美元。于是许多股东起诉迪斯尼公司1995年的董事会，认为他们在批准与Ovitz的合约时没有尽到注意义务，构成浪费公司财产。同时股东还起诉1996年的公司董事会，认为他们无因解除Ovitz的职务，没有尽到董事的义务，并且浪费公司的财产。特拉华州法院先指出，从Ovitz为公司所提供的服务来看，公司为他提供的薪酬和解职补偿确实有些高昂甚至是奢侈。法院总结案件的核心问题指出，这是一个关于董事在公司决策过程中没有尽到注意义务以及浪费公司财产是否应负个人责任的案件。法院最终认为，原告没有能够证明董事会在浪费公司财产，因为原告没能举出足够事实表明任何正常人在董事会所处的环境下都不会做类似董事会的决定。公司的董事也没有背离自己的义务，因此无须对此承担责任。

第六章 上市公司高管薪酬的司法介入：寻找合理性审查的边界

设定薪酬的自由裁量权有限度的，而本案的薪酬决定是如此不相称，以致不合情理并构成了浪费。①

综上，虽然美国"浪费"标准在成文法里尚无明文定义，但在司法实践中适用极为普遍。Rogers V. Hill 一案所创的"浪费"说最初只是作为一个传统的独特性审查标准存在，但是现在各州对此的判例已发生很大的变革和发展。在"善意"情形下做出的薪酬安排是否依旧有可能构成浪费，特拉华州法院对此作了颠覆性的否定回答。但有学者指出，特拉华州法院对"浪费标准"只是起了瓦解作用，却没能提供行之有效的评判浪费的法律准绳。② 在笔者看来，尽管"浪费"标准还有些不太成熟，但美国法院仍积淀了一些有益的经验和启示：

（1）薪酬安排本为公司与高管之间签订的合同，而且通常经过董事会批准，不管合同是否合理只要出自双方自愿，法院通常都不轻易介入判其无效，如果合同显失公平，法院也只能认定合同无效。但在美国，由于显失公平规则只适用于商业买卖合同，并不适用于薪酬合同。而受理 Rogers V. Hill 一案中的美国最高法院四两拨千斤，将高薪定性为"掠夺和浪费的"侵权行为，绕过了合同法问题，③ 通过"浪费"标准的确立，为司法介入公司薪酬自主决策领域打开了空间，也为股东财产权益遭受侵害的司法救济提供了可能。

（2）认定"浪费"标准至少包括以下参数：薪酬安排与业绩不挂钩，存在明显的不合理，主观上有掠夺、挥霍的恶意，等等。

（3）原告举证被告浪费难度较大，特别是退休养老金、津贴（高管退休后的秘密补偿一般不必披露）、延期支付（此为向高管转移大量基本无业绩敏感度的利益而不引起股东注意的又一方式）、咨询服务费等具有掩饰性的薪酬使"浪费"标准的司法认定难上加难，因而需要法官具有睿智的商业头脑，并通过听证等程序，来进一步完善浪费之诉的适用标准。

总之，美国司法审查高管薪酬的三大标准提供了一种类似锅炉安全阀的安全保障手段，为矫正过高以至不合理造成浪费的报酬——即以某种方式滑离市场力和程序导向的法律控制的非正常报酬，提供了司法上的可能性。④ 而且，"T&M"研究

---

① http://www.milbank.com/NR/rdonlyres/3690BE33 - 3ADD - 4BB8 - A36B - E9323A977284/0/031709_Citigroup_and_AIG.pdf.

② John Murrey. Excessive Compensation in Publicly Held Corporations：Is the Doctrine of Waste Still Applicable？[J]. bepress Legal Series，2005：726. http://law.bepress.com/expresso/eps/726.

③ 朱伟一. 高管薪酬问题的美国经验 [J]. 决策探索，2009（5）.

④ [美] R C 克拉克. 公司法则 [M]. 胡平等，译. 北京：工商出版社，1999：160.

数据较以往调查①表明，司法所起的矫正作用在扩大，股东质疑公司高管薪酬比人们假想的情况要好，封闭公司较公众上市公司的胜诉情况又更好些。甚至，司法干预可以在很大程度上促进薪酬安排的合理化，如美国胜腾集团为平息在特拉华州法院指控其薪酬过度的股东派生诉讼，董事会对CEO亨利·西尔弗曼的雇佣合约作了修订。②

二、其他国家高管薪酬的司法介入实践：从英国到澳大利亚

在英国，高管薪酬问题也很突出且棘手，1995年代表商界法律改革意见的英国工业联合会（CBI）成立了专门调查高管薪酬的格林伯瑞委员会，其在提出的报告及所附的《最佳执业规章》中建议：法律控制不是高管薪酬的改进方式，相反应由公司自己采取措施来处理所涉及的事项。事实上，法官经常面临这样的困惑，高管自利与贪婪严重到何种程度才超出正常的代理成本使得法律介入。与审查其他公司治理案件一样，法官在高管薪酬案件上显得更为保守，他们承认自己不能和商人一样"在商言商"，表现不出比商人更高明的智慧。实践中法官主要在以下情形介入审查：

一是程序违法，即批准高管薪酬的程序不正当，这主要发生在上市公司居多。如1990年吉尼斯股份有限公司（Guinness plc.）起诉桑德斯（Saunders）一案中，桑德斯身为吉尼斯公司董事，在收购另一家迪斯替乐公司（Distillers plc.）时会同另外一名董事批准给对此次收购有重大贡献的沃德（Ward）董事520万英镑奖励性薪酬而未经董事会批准，吉尼斯公司以他们的行为违反公司章程为由（根据该公司章程，只授权董事会批准任何有特殊贡献的个人获取奖励性薪酬）起诉他们，而桑德斯等人未经董事会批准，因此要求沃德返还520万英镑。一审法庭支持了吉尼斯公司对沃德提出上诉。上议院经审理认为，桑德斯等人未经董事会批准，显然无权授予沃德薪酬，而且，在关于沃德董事服务合同公开的问题上，根据英国1985年《英国公司法》第317条要求，公司董事必须履行披露义务。法官认为，法律所要求的向正式召集的全体董事会成员披露程序必须得到满足。至于本案薪酬的数额方面，戈夫（Lord Goff）法官指出，"我相信不是我一个人对该过程中授予的薪酬数

---

① 根据Linda Barris（1982）的统计显示，美国1900年以来的所有与上市公司管理层薪酬相关的案件中，法院几乎都拒绝推翻董事会所做决定。参阅Linda J Barris. The Over Compensation Problem：A Collective Approach to Controlling Executive Pay [J]. Indiana Law Review，1982，68：82.

② Ryan Chittum. Cendant Cuts Silverman's Benefits——Chief Executive's Contract Also Is Shortened in Bid to Settle Compensation Suit [N]. Wall St. J.，2004.

额感到惊愕。但是本案与薪酬数额毫不相关"①。戈夫法官言下之意是，该案焦点应关注薪酬安排程序的正当性，而不是其他。

二是过高薪酬构成对股东的"压制"（oppression），这通常在封闭公司（相当于我国有限责任公司）比较多见。早期法院对薪酬过高构成压制的救济作了过分限制性的解释：如在 1970 年杰明街土耳其浴场有限公司（Re Jermyn Street Turish Baths Ltd.）一案中，原告声称公司所有利润被用于支付董事而股利丝毫未派，对此英国上诉法院对于过高薪酬是否构成"压制"提出了质疑，法院认为，"对于那些董事攫取的薪酬如果没有得到合法授权或者超出授权的范围，毫无疑问应被认定违法或提供某种矫正，而单纯的薪酬过高本身并不会构成（非法的）压制。"而在随后的判例中都转向主张过高的薪酬可以构成"（非法的）压制"，如在 1984 年 Re a Company（No. 002612 of 1984）案例中，法院指出，付给公司董事（同时也是公司最大的股东）的薪酬是如此之高，以致构成了对少数股东的压制。这表明，英国法院通过对"过高的薪酬是否构成压制的认定及相应的救济（矫正）"确立起了介入薪酬审查的又一根据，正如杰金斯委员会（Jenkins Committee）1962 年在英国公司法改革报告中明确指出，"对压制救济的改革可以扩展到这样的情形：公司董事为自己支付过高的薪酬，攫取了满怀抱怨的股东的任何分红或全部股利"。②

三是支付薪酬的决定构成了董事对任职公司诚信义务的违反。但在英国，高管薪酬极少在此一诉由上得到挑战，这与美国的情形有所不同。③

在澳大利亚，CEO 薪酬水平居全球第三，仅次于美国和英国。④ 根据 2009—2010 年数据，澳大利亚上市公司 200 强企业 CEO 平均固定薪酬为 130 万澳元，如果再加上短期和长期绩效收入，则总薪酬高达 330 万澳元。⑤ 另外，澳大利亚 2003 年的一份调查报告发现：①在 1992 年到 2002 年的十年间，澳大利亚的 CEO 薪酬水平从国民人均薪酬的 22 倍飙升到 74 倍；②CEO 的股票期权占整体薪酬的比例从 1987 年的 6.3% 上涨到 1998 年的 35.2%；③CEO 的高薪酬水平与公司的业绩表现

---

① Guinness Plc. V. Saunders Plc. [1989] UKHL 2（08 February 1990）. http://www.bailii.org/uk/cases/UKHL/1989/2.html.

② Andrew Defina, Thomas C Harris, Ian M Ramsay. What Is Reasonable Remuneration for Corporate Officers? An Empirical Investigation Into the Relationship Between Pay and Performance in the Largest Australian Companies [M]. Company and Securities Law Journal, 1994, 112: 343.

③ 李建伟. 高管薪酬规范与法律的有限干预 [J]. 政法论坛, 2008（3）.

④ Jennifer Hill, Charles M Yablon. Corporate Governance and Executive Remuneration: Rediscovering Managerial Positional Conflict [J]. University of New South Wales Law Journal, 2002, 25（2）: 294.

⑤ 刘振华. 澳大利亚式公司治理 [J]. 董事会, 2011（8）.

并没有明显的正相关,甚至有些公司中出现了负相关;④对于澳洲的四大银行进行案例分析,发现它们的 CEO 薪酬是普通员工的 188 倍;⑤最优的 CEO 薪酬范围应当是普通员工的 17 倍到 24 倍;⑥经理薪酬的一些重要信息没有向股东披露。早期因受各州英属殖民司法传统影响,判例中采纳的审查标准没有像美国那样丰富,而是类似英国主要以"压制"为由介入审查。如桑福德起诉桑福德快递服务控股有限公司(Sandford V. Sandford Courier Services Pty. Ltd.)一案中,新南威尔士高级法院认为,"1985 年两名元老级大股东兼董事在公司牟利 78679 美元却未宣布股利的情形下,其所得薪酬总计超过 78679 美元,尽管他们为公司创业作了奠基性贡献,并抵押家产为公司融资提供过担保,但其过高的薪酬仍构成了压制。"在罗伯茨起诉沃尔特发展有限公司(Roberts V. Walter Development Pty. Ltd.)一案中法院也坚持了类似的压制救济标准。澳大利亚司法介入薪酬审查的另一情形是在董事义务体系中考察,如在史密斯起诉克罗夫特(Smith V. Croft)一案中,公司小股东作为原告即诉称,公司董事为自己以绩付酬过高,违反了董事义务,而且在该案中,还牵涉到适用英国福斯起诉哈波特尔(Foss V. Harbottle in 1843)判例法案中所确立的"例外规则"——为小股东提供救济的相关派生诉讼程序问题,法院对董事所为是否属于欺诈少数派股东(fraud on the minority)的行为、能否提供法律救济作了重点审查。但遗憾的是,跟大多数判例一样,法院没有得出一套判断薪酬合理性的检验方法。值得一提的是,自 20 世纪 90 年代中后期以来,澳大利亚公司高管薪酬亦不断飙涨,治理难度增大,为了扩大司法干预范围,澳大利亚进行了不少改革,如 1992 年颁布了《公司法律改革法》(Australian Company Law Reform Act of 1992),该法第 27 条规定:禁止公众持股公司支付给经理报酬,除非有关的安排已经被股东批准或者因其是"合理的"而被免于管理。因而澳大利亚被认为是采取措施扩大法院管理经理报酬范围的一个榜样。①

三、进一步的分析与比较

英、美、澳三国的低级－放任型、中级－宽容型、高级－管制型司法介入模式在薪酬审查中各具特色,其利弊得失值得进一步分析:

首先,就美国而言,其特点是中级－宽容型司法审查模式,背后的逻辑植根于市场创新需求,具体地说:

(1)司法介入哲学方面。在美国,由于自由市场的法治理念根深蒂固,法律对

---

① [加]布莱恩·R 柴芬斯. 公司法:理论、结构和运作[M]. 林华伟,魏旻,译. 北京:法律出版社,2001:728.

于高管薪酬治理的态度是更愿意在"介入管制与完全自由放任之间选择一条中间路线"。① 克拉克教授指出,"与那些促使立法者在其他领域施加价格管制的许多社会问题相比,法律一般认为过高的经理报酬问题并不是一个严重的社会问题。"② 确切地说,自 1939 年美国 SEC 制定第一个高管报酬的规则开始,③ 依靠政府管理公用事业的收费标准那样来加以强行规制高管薪酬的做法可能仅为权宜之计,人们更倾向于以市场强化措施为基石的信息公开与决策公正解决高管薪酬问题:一靠外部的发达人才市场定价机制来确保对高管支付竞争性的而不是垄断性的薪金,二靠内在的公司薪酬决策机构——由独立董事组成的委员会来做出合理公正的安排。市场的压力是董事和经理检讨自己行为的调解器,市场压力下的自律比包括谨慎职责在内的法律规则和诉讼更有效率。特别是如果许多大型上市公司的外部董事占了绝大多数,取得了对薪酬决定程序的排他性控制权之际,他们发挥的独立性作用就很显著,对于由其批准的薪酬决定,法院一般不作深度审查,能够有所作为的是进行程序性审查。这些充分表明,美国司法对高管薪酬的审查基本上秉持一种中立的、节制的、间接的有限干预立场,这既与英国的自由放任型、澳大利亚的积极管制型有所分殊(容下文进一步分析),也与大陆法系国家的司法迥然不同。一些大陆法系国家如德国、荷兰不仅在公司法上规定了较为严格的注意义务,而且司法机构拥有更多的(当然不是无限)审查公司内部决策的空间。美国太平洋大学麦乔治(McGeorge)学院富兰克林·格威尔兹(Franklin A. Gevurtz)教授通过迪士尼案与曼内斯曼案(Mannesmann)④ 的比较研究,发现德国法院审查董事业务判断的质疑成分更浓,更愿意对商业决策进行复审,德国法官此种积极干预的立场显然是中央集权倾向的德国政治和经济理念症状的反映,是从俾斯麦时代即已认可了政府管理经济事件的官僚遗风的产物;相比之下,美国法院尤其是特拉华州法官的节制与宽容与其信任私序(private ordering)和市场的哲学相吻合。⑤

----

①② [美] R C 克拉克. 公司法则 [M],胡平等,译. 北京:工商出版社,1999:159.

③ Tracy Scott Johnson. Pay for Performance:Corporate Executive Compensation in the 1990s [M]. 20 Del. J. Corp. L.,1995:183 – 186.

④ 德意志银行首席执行官 Josef Ackermann 因于 2000 年曼内斯曼公司被英国沃达丰(Vodafone)空中通讯公司收购之时,同意向曼内斯曼的前首席执行官 Klaus Esser、其他管理人员和董事支付 5700 万欧元奖金和退休金,2003 年 2 月 17 日联邦检察长以其违反《德国刑法典》(Deutsches Strafgesetzbuch)第 266 条"不忠实罪"之名向其提出起诉,该案经杜塞尔多夫地区法院近 6 个月的审讯后于 2004 年 7 月被撤销刑事指控,但主审法官 Brigitte Koppenhofer 对被告的行为仍做出了谴责。参阅道琼斯. 德意志银行 CEO 被判无罪 [J]. 青年参考,2004.

⑤ Franklin A Gevurtz. A Disney in a Comparative Light [J]. American Journal of Comparative Law,2007,55 (3):469.

（2）在商事判断规则方面（Business Judgment Rule，BJR）。美国商事裁判中贯彻了对经营世界的尊重（judicial deference），维护公司自治的理念。在审理公司高管薪酬案件中，法官奉 BJR 为圭臬也概莫能外。由此推论，如果一项高管薪酬决定满足 BJR 的适用条件，① 那么不仅董事责任得到法院豁免，而且所作的薪酬决定也不予以撤销。反之，如果董事行为构成欺诈、非法（浪费公司财产）、利益冲突（违反忠实义务）、重大过失，则不能得到 BJR 的"安全港"保护。无论从上述"T&M"的样本统计（公众公司中原告胜诉率没超过 50%）还是就迪斯尼个案结果②看，都不难发现 BJR 发挥了重要的庇佑作用。

（3）在司法介入程序方面，股东诉讼为薪酬审查打开了大门。美国法官一般不会主动介入公司薪酬决策，因而股东派生诉讼对于高管薪酬的司法审查程序的启动至关重要。所谓股东派生诉讼即股东认为董事会关于高管薪酬的决定程序上存在瑕疵，或者经营者违反公司薪酬制度，公司股东完全可以以提起股东派生诉讼的方式，请求法院救济，追究董事在薪酬决定程序中的不当行为，从而保护公司的合法权益。该制度的运作，对震慑"董董相护"心理的形成，防止高管变相自定薪酬，弥补高管信息披露制度的不足，有着先天的优势。一方面，为了免于股东对其进行诉讼而承担赔偿责任，董事之间、高管之间与董事和高管之间互帮互助的感情心理的形成将得到一定抑制，从而加强董事对高管薪酬的规制作用；另一方面，若出现高管薪酬信息披露不完整，内容虚假有可能损害公司利益情况，此时可以借助股东派生诉讼制度，对该行为进行司法审查，必要时，可以对高管薪酬没有披露的部分、披露不全的部分进行强制披露，对内容虚假的情况进行惩戒。③ 进言之，过度的薪酬安排不会直接损害股东利益，但高管拥有的公司的股权会间接损害股东利

---

① 美国法律研究院（ALI）起草的在《公司治理原则：分析和建议》§4.01c 款：董事或高级主管在做出一项商事判断时符合下述条件的，就履行了本条所规定的诚信义务：①与该商业判断的有关事项没有利益关系；②所知悉的有关商业判断的事项的范围是高级主管或董事在当时情况下合理相信是恰当的；③理性地相信该商业判断是为公司的最佳利益做出的。

② 审理此案的特拉华州法院指出，迪斯尼 CEO 艾斯纳做出给予奥维茨一笔庞大遣散费的决定，并没有违反董事的义务。有关责任的规则不同于那些"最佳做法"的标准。法院强烈鼓励董事和高级职员服膺公司治理的"最佳做法"，但是，不会因他们没有遵守理想的"最佳做法"而追究其责任。Potter Anderson, Corroon, 沃尔夫等律师认为，该案使许多实务界人士坚信 BJR 会永葆生命力。参阅 Donald J Wolfe, Jr., Michael B Tumas, Mark A Morton. Notable Delaware Corporate Decisions 2005：Delaware-Centric Musings on Disney, TOYS "R" US, TCI, Unisuper, and Examen. http://www.law.ucla.edu/docs/07_morton_article.pdf.

③ 权帅华. 论高管"问题薪酬"的股东代表诉讼机制［D］. 暨南大学硕士学位论文，第 8 页. 载中国优秀硕士学位论文全文数据库.

第六章 上市公司高管薪酬的司法介入：寻找合理性审查的边界

益，股东想要挑战高管薪酬安排一般必须通过派生诉讼（由股东代表公司诉讼）进行，由此形成的相对发达的股东诉讼文化发挥了促进薪酬合理化的重要作用。

（4）在司法介入能力方面，法官与公司管理者的"相对制度能力"（relative institutional competence）相比，法官介入审查时会受到行家水平的制约，意识到自己毕竟不是专业人员，法官在董事会会议室中查明并纠正的能力，远远不如他们查明并纠正产品设计缺陷方面的能力。① 对此，纽约最高法院在1941年海勒起诉博伊兰（Heller V. Boylan）一案中道出"苦衷"：与同行的管理人员进行比较，还是与其他行业的管理人员相比，或者与体育明星、歌星的收入乃至总统的薪酬进行比较呢？"没有什么比薪酬价值更各有不同、饱受争议和令人费解的了。法院并没有条件来解决甚至于接触此一纠缠不清的经济问题"。② 在1941年纽约州最高法院的判决中这样总结道："假设，我们被说服，薪酬应当被调整，我们应当用什么样的判断标准？谁来提供判断标尺。公平的道德心？这种公平其实是人类对临时公平的华美外衣。它不是全能的，也不是无所不知的。公平可以如此傲慢以至于它比股东更懂得操作公司吗？"③ 总体上，相比全球其他国家，美国股东维权的觉悟意识及派生诉讼的运用、发展十分成熟，为司法审查高管薪酬开辟了道路，使法官通过"浪费公司财产""自我交易"与"违反注意义务"三个标准检测薪酬的正当性成为可能，但是，BJR的问责机制、法官纠错能力的欠缺又同时制约着美国司法介入高管薪酬审查的深度和广度，可以说，美国司法审查薪酬合理性的三种标准——自我交易、违反注意义务、浪费公司财产，与尊重市场自治的介入理念、"BJR"的问责机制、股东诉讼文化一起共同型构了美国独具一格的中级-宽容型司法审查模式。

其次，就英国而言，虽与美国共属普通法系渊源，但相比美国的薪酬审查，其为一种更加放任的模式。英国公司法上审查董事注意义务的标准最低，这与其尊重市场自治、法官无权干预公司内部决策的理念一脉相承。④ 而美国所谓的BJR法律结构在英国并不存在，不过法院毫无保留地了解它的基本要件、功能，至少表面上

---

① [美] 弗兰克·伊斯特布鲁克，丹尼尔·费希尔. 公司法的经济结构 [M]. 张建伟，罗培新，译. 北京：北京大学出版社，2005：110.

② R W Hamilton. The Law of Corporation [M]. 法律出版社影印本，1999：408.

③ Mark J Loewenstein. The Conundrum of Executive Compensation [J]. Wake Forest Law Review，2000，35：20–22.

④ 如1995年代表商界法律改革意见的英国工业联合会（CBI）成立格林伯瑞委员会调查高管薪酬。委员会提出的报告及在所附的《最佳执业规章》中建议，薪酬的改进方式不是法律控制，相反，应由公司自己采取措施来处理所涉及的事项。

和心理上存在对董事的信赖，因而 BJR 适用的是一种隐含的模式。① 在司法诉讼程序启动方面，受福斯起诉哈波特尔（Foss V. Harbottle in 1843）判例影响，英国股东派生诉讼不太发达，这使得公众公司中的股东寻求司法救济希望渺茫；而对于封闭公司而言，尽管已有"压制"救济先例可循，但法院信仰的"沉默是金、垂手而治"的原则，压倒了"受害小股东不公平救济"的诉求，在多数判例中法官一般不会主动审查高管薪酬的决定，正如牛津大学教授普林提斯（D. D. Prentice）指出，"（关于）压制的救济犹如一把立法之剑不知为何躺在刀鞘里生锈"②。值得注意的是，1980 年一系列涉及欺诈性剥夺财产的事件使立法者确信现存法律原则不够严厉，于是英国引入了管辖董事和公司之间超过规定数额的交易的法律规范，这至少在理论上保证了那些经营公司的人向他们自己支付过高报酬时，少数股东有可能获得救济，而且也有一系列的案例表明，如果用付给某一位董事的薪酬与通常惯例极不相符来证明他在其他公司不适合同样的职位时，法庭可以依据《1986 年公司免除董事资格法》（Company Directors Disqualification Act of 1986）第 46 章的规定做出取消其董事资格的命令。③ 这些英国判例、立法的动向说明其与美国一样也将高管薪酬作为公司中最常见的一种利益冲突交易形式来加以规制，甚至在法律责任方面超越了美国，对低能无为又高薪自居者苛以"免除董事资格"制裁，但就英国司法的传统和主流来看，其仍应归纳为一种低级 – 放任型的司法审查模式。

最后，看澳大利亚，第一，将"合理化的薪酬"概念纳入公司立法，为薪酬合理性的司法审查提供了法律原则性的依据；第二，增加了善意义务的独立性规制条款。该条款规定为董事信义行为标准及法官裁判提供了更明确的依据。"善意④义务"如何认定，能否成为与忠实义务（如欺诈或者自我交易）和注意义务并列的一种新的单独（separate）而且自立（free-standing）的董事义务类型，违反"善意

---

① Carlos Andrés Laguado Giraldo. Factors Governing the Application of the Business Judgment Rule：An Empirical Study of the U. S, U. K, Australia and the Eu.

② D D Prentice. Winding Up on the Just and Equitable Ground：The Partnership Analogy ［M］. 89 Law Quarterly Review 107，1973：125.

③ ［加］布莱恩·R 柴芬斯. 公司法：理论、结构和运作 ［M］. 林华伟，魏旻，译. 北京：法律出版社，2001：728.

④ 国内学者多将其译成"诚信"，笔者为了将其与民法上的"诚信"原则相区别，倾向于丁丁教授的"善意"表达。参阅丁丁. 商业判断规则研究 ［M］. 长春：吉林人民出版社，2005：122.

义务"能否构成被起诉问责呢？至今在美国公司法理论及司法上尚存争议，① 暴露了美国公司法传统上的注意和忠实义务未全面包括管理者不正当行为的所有类型，而澳大利亚董事信义义务的立法通过1999年《公司法经济改革计划法》后来居上，更为完善，该法第181（1）条在勤勉、忠实义务之外增设善意行使权利义务的规定，要求高管行使权力时必须：①善意地服务于公司，为公司创造最佳利益；②基于正当目的。违反规定要遭民事惩罚，若是故意为之还可追究刑事责任。该条规定为董事信义行为标准及法官裁判提供了更明确的依据。第三，将BJR成文法化。在2000年3月13日，澳大利亚通过了成文法BJR。该规则经过10年辩论和讨论后引入，通过政府实施的公司法与经济改革计划（Corporate Law Economic Reform Program，简称CLERP），被公司法第180条所接受。② 第四，2001年《公司法案》（Corporation Act）进一步引入了股东派生诉讼程序，为司法积极介入薪酬纠纷奠定了较为完备的法律框架。此种以成文法形式引入薪酬合理化的法律概念、BJR的适用机制、股东派生诉讼的制度创新说明澳大利亚的法律介入公司治理的深度与广度要比英、美模式走得更远，尤其是BJR的成文法化使法官获得行为预期，减少了裁判的不确定性，保障了经营安全，理论上可以说为法官裁判提供了更确定的指引，可概括为一种高级-管制型的司法审查模式。

第三节 我国上市公司高管薪酬司法介入模式的构建

一、我国公司高管薪酬规制状况

我国政府从20世纪80年代开始，就出台过《关于深化企业改革增强企业活力

---

① 法院对"善意（诚信）"的理解与适用各有不同，如特拉华州最高法院认为诚信义务是一独立的信义义务，与忠实义务、注意义务三位一体，共同构成了董事信义义务内容。特拉华衡平法院却持否定意见。参阅朱羿锟，彭心倩. 论董事诚信义务的法律地位 [J]. 法学杂志，2007（4）.

② 推动澳大利亚以此方式融入公司改革法的理由在立法者看来是很充分的，主要可概括出如下2点：a. 对股东而言，BJR可重建其对管理层的信心，鼓励董事做出创新性决策，使公司最大限度地回报股东，也进一步促进投资者的投资优化；b. 对于董事而言，可以优化司法向其问责的标准及机制，而不影响董事经营的灵活性和创新性。董事因此获得一个信号，即逃避商业风险产生的恐惧。如商事判断规则成文化的坚定支持者——澳大利亚财政大臣Costello认为，"通过帮助将商业决策合法化，必将促进企业家精神的弘扬和风险开拓精神。"参阅Branson，Douglas M，Low Chee Keong. Balancing the Scales：A Statutory Business Judgment Rule for Hong Kong？[J]. Hong Kong Law Journal，2004，34.

的若干规定》①《关于改进完善全民所有制企业经营者收入分配办法的意见》②《关于加强国有企业经营者工资收入和企业工资总额管理的通知》《关于"九五"时期企业工资工作的主要目标和政策措施》《进一步深化企业内部分配制度改革的指导意见》等一系列文件,对国有企业的经营者薪酬进行限制,防止国有企业的经营者收入畸高,离社会平均水平太远。这些文件被学者认为是违反了市场经济和契约自由的基本原则。③

而较早对公司高管报酬进行规制的规定见于1992年原国家经济体制改革委员会发布的《股份有限公司规范意见》,④ 这些规定被后来的公司法所继承,包括2005年10月27日修订的《公司法》。

2002年国务院国资委成立后,由于其规定对于薪酬的规制适用于国有控股公司中国有股权代表出任的董事长、副董事长、董事,总经理(总裁),以及列入国资委党委管理的副总经理(副总裁)、总会计师,⑤ 因而原来属于对国有企业高管薪酬的行政控制,现在直接延续到了国有控股上市公司中。尤其是2004年以来,相关监管机关对高管报酬的规制得到前所未有的重视,并先后出台了几部专门规制高管报酬的规章及其他关涉高管报酬规制的较重要规章,见表6-2。

表6-2 我国关于公司高管薪酬的重要规章

规章名称	发布机关	颁布时间
《中央企业负责人薪酬管理暂行办法》	国务院国有资产管理委员会	2004年6月2日
《上市公司股权激励管理办法(试行)》	中国证券监督管理委员会	2005年12月31日

---

① 1986年的《关于深化企业改革增强企业活力的若干规定》第二步战略目标条中首次明确了"凡全面完成任期内年度责任目标的,经营者的个人收入可以高于职工平均收入的1~3倍"。

② 第7条规定:经营者年收入可高于本企业职工年人均收入,一般不超过1倍;达到省内同行业先进水平或超过本企业历史最好水平的,可高于1~2倍;居全国同行业领先地位的,可高于2~3倍。

③ 黄福宁.上市公司经理人员薪酬的法律规制[D].中国政法大学2005年博士论文,第28页.

④ 其第43条规定:股东会是公司的最高权力机构,对下列事项作出决议,行使职权:(六)选举或罢免董事会成员和监事会成员,决定其报酬和支付方法。第55条规定:董事会行使下列职权:(九)任免包括公司经理、会计主管人员在内的高级管理人员,决定其报酬和支付方法。第105条规定:公司有下列行为之一的,由财政机关或税务机关给予处罚(一)公司董事、经理报酬的确定和报告违反第43条第(6)项、第55条第(9)项规定的。

⑤ 《中央企业负责人业绩考核暂行办法》第2条。

续表 6-2

规章名称	发布机关	颁布时间
《国有控股上市公司（境外）实施股权激励试行办法》	国务院国有资产管理委员会和财政部	2006年1月27日
《关于规范中央企业负责人职务消费的指导意见》	国务院国有资产管理委员会	2006年6月8日
《国有控股上市公司（境内）实施股权激励试行办法》	国务院国有资产管理委员会和财政部	2006年9月30日
《关于在上市公司建立独立董事制度的指导意见》	中国证券监督管理委员会	2001年8月16日
《上市公司治理准则》	中国证券监督管理委员会	2002年1月7日
《上市公司信息披露管理办法》	中国证券监督管理委员会	2007年1月30日

国资委对高管薪酬的规制主要是采纳行政控制，这反映在高管薪酬与职工工资的差距方面，例如国资委曾以通知形式，规定中央企业的高管薪酬不得超过职工平均工资的 12 倍，各省也都做出了类似规定，上海则是直接规定国企高管的年薪不超过 40 万元。但与此同时，国资委也在试图对行政控制方式加以改革，在坚持其对高管薪酬的决定权不变的前提下，采用更为市场化的、与高管业绩更具关联性的薪酬确定规则。这集中体现在 2003 年开始实行的《中央企业负责人业绩考核暂行办法》和《中央企业负责人薪酬管理暂行办法》两个规范性文件中，这两个文件共同规定了中央企业高管薪酬由基薪、绩效薪金和中长期激励部分构成。① 中长期激励的规制，则体现在 2006 年颁布的《国有控股上市公司实施股权激励试行办法》中。②

---

① 基薪是企业负责人年度的基本收入，主要根据企业经营规模、经营管理难度、所承担的战略责任和所在地区企业平均工资、所在行业平均工资、本企业平均工资等因素综合确定；基薪按月发放。绩效薪金与经营业绩考核结果挂钩，以基薪为基数，根据企业负责人的年度经营业绩考核级别及考核分数确定。经考核后，兑现绩效薪金的 60%，其余 40% 的绩效薪金延期到离任或连任的第二年兑现。

② 这两个办法首次将高管激励与国有控股上市公司的治理结构、业绩考核等指标联系在一起，被视为政府放松高管薪酬控制的一个信号。但其中仍然包含着对薪酬水平的直接控制，要求"控制股权激励收益水平"，境内上市的国有控股上市公司高级人员个人股权激励预期收益水平应控制在其薪酬总水平（含预期的期权或股权收益）的 30% 以内，境外上市的国有控股上市公司高管人员股权激励收益水平原则上应控制在其薪酬总水平的 40% 以内。

二、我国高管薪酬规制的缺陷

当下，我国经济仍处于转型时期，高管薪酬的市场化定价机制仍不健全，像西方国家那样发达的经理人市场和证券市场、控制权市场以及机构投资者股东参与决策的机制正待培育，高管薪酬的治理特征表现为明显的行政规制有余、司法监管空缺。具体言之，就行政规制过度且多失灵来说，包括三层意思：第一，许多公司前身为国有企业，高管"行政化"色彩浓厚，根据上海证券交易所的调查统计，60%以上的国有控股上市公司高管具有行政级别。[①] 在市场化改制过程中，国有企业薪酬也多按照政府官员待遇标准由上级行政机关主导确定，忽视了公司之间、行业之间的差异，市场的作用受到极大抑制，阻碍了"按业绩给付薪酬"的目标实现。如有学者指出，尽管政府有关部门也试图以工资、奖金和认股权证等方法激励高管勤勉敬业，使公司高管的收入与公司业绩保持适当的对称性。然而，在高管身份行政化的情况下，这一思路的可行性几乎为零。[②] 第二，让行政规章（红头文件）过多介入监管，虽短期可行，但对高管薪酬的长效治理作用不大。首先，因为国企监管部门出台的大量规范性文件中绝大部分属于红头文件，其制定过程不如人大立法那样规范，其权威性、科学性值得商榷。其次，红头文件极不稳定，有的以地方暂行办法、[③] 试行意见形式存在，[④] 给高管薪酬案件司法适用增加了许多难度。如国资委规定中央企业的高管薪酬不得超过职工平均工资的12倍，各省也都做出了相关的倍数规定，上海则规定国企高管的工资不超过40万。此种"红头文件"为加强高管薪酬监管应急之举，对于平息公愤有一定积极意义，但绝非长久之计，因为它规制法律位阶不高，且"政出多门、朝令夕改"，所体现出来的理念是一种非市场化的规制方式，难以解决高管薪酬长期存在的缺陷。第三，行政规制范围有限，容易留下市场监管的"死角"。针对国有企业中刚性薪酬管制的存在，在职消费成为管理人员获取实际薪酬的替代性选择，其与"名义薪酬"的比例大概是1：10，[⑤]而高管的在职消费乃至灰色收入容易逃离监管之外；对于非国有公司而言，由于没

[①] 上海证券交易所研究中心. 中国公司治理报告（2006）[M]. 上海：复旦大学出版社，2007：134.

[②] 王红领. 决定国企高管薪酬水平的制度分析[J]. 现代经济探讨，2006（1）.

[③] 如北京市国资委2004年1月1日颁布的《北京市国有及国有控股企业负责人薪酬管理暂行办法》。

[④] 如福建省国资委2004年12月29日颁发的《福建省国资委履行出资人职责企业负责人薪酬管理意见（试行）》。

[⑤] 陈冬华，陈信元，万华林. 国有企业中的薪酬管制与在职消费[J]. 经济研究，2005（2）.

有类似国有公司专门对口的主管部门,其薪酬安排一般听从于公司控制股东方的意志,几乎处于监管真空地带,容易形成侵害小股东权益的温床。由于有效的市场监控机制没有建立起来,脱离了传统行政控制机制的高管薪酬如同脱缰野马,一路狂奔。①

相比行政规制过度而言,我国高管薪酬司法介入先天不足,出现法治"空档":第一,高管薪酬的立法规定十分稀疏,审查依据不足、可裁判性差。我国 2005 年修订《公司法》第 38 条第(2)项及第 100 条规定:有关董事、监事的报酬均由公司股东(大)会决定。第 47 条第(9)项及第 107 条规定:经理、副经理等有关人员的报酬由董事会决定。但对薪酬决定的程序及合理化标准未有细则界定,无法为薪酬司法审查提供明确指引,而且,即便在社会沸议之际,法律仍选择了沉默。2008 年 10 月 28 日通过,2009 年 5 月 1 日起施行的《企业国有资产法》对经营者薪酬问题只作了原则性规定(该法第 27 条规定:履行出资人职责的机构应当按照国家有关规定,确定其任命的国家出资企业管理者的薪酬标准),对于国企高管薪酬的制定程序、支付标准等规定均尚付阙如,不能不说是一大立法遗憾。第二,2005 年修订的《公司法》上规定的董事勤勉义务过于原则,加之 BJR 的缺席,对于在薪酬安排中的董事失职审查而言,难以妥当问责。第三,股东诉讼制度对于挑战高管薪酬来说仍不十分成熟。股东派生诉讼制度被学者形象地称为"普通法国家的一项天才发明。"② 在我国,该制度是指当公司怠于通过诉讼追究公司机关及其成员责任及实现其他权利时,具备股东资格的股东为了维护公司的利益,而依据法定程序以自己的名义代公司对侵害人提起诉讼,所得利益归于公司的一种诉讼形态。③该制度的运作,对震慑"董董相护"心理的形成,防止高管变相自定薪酬,弥补高管信息披露制度的不足,有着先天的优势。一方面,为了免于股东对其进行诉讼而承担赔偿责任,董事之间、高管之间和董事与高管之间互帮互助的感情心理的形成将得到一定抑制,从而加强董事对高管薪酬的规制作用;另一方面,若出现高管薪酬信息披露不完整,内容虚假有可能损害公司利益的情况,此时可以借助股东代表诉讼制度,对该行为进行司法审查,必要时,可以对高管薪酬没有披露的部分,披露不全的部分进行强制披露;对内容虚假的情况进行惩戒。④ 我国《公司

---

① 敖晓波. 2009 年上市公司治理评价报告发布 高管薪酬一路狂奔[N]. 京华时报,2009 - 04 - 24.

② 胡滨,曹顺明. 股东派生诉讼的合理性基础与制度设计[J]. 法学研究,2004(4).

③ 郑曙光. 论公司股东代表诉讼制度在我国的完善[J]. 河北法学,2002(6).

④ 权帅华. 论高管"问题薪酬"的股东代表诉讼机制[D]. 暨南大学 2011 年硕士学位论文,第 8 页. 载中国优秀硕士学位论文全文数据库.

法》第152条规定了股东派生诉讼权,为挑战不合理的薪酬决定开启了大门,① 但存在中小股东诉讼门槛过高、对股份有限公司原告股东的持股数量和持股时间都进行了限制——既要求原告股东持有公司1%的股份,又要连续持股180天以上,针对我国上市公司股权结构的实际情况,笔者认为此项规定中关于持股数额的规定过于严格,实践上并不有利于对中小股东利益的保护,在解决高管"问题薪酬"上陷入了困境。加之实践中因缺乏美国那样完善的股东诉讼制度文化,加之实用理性的国民性格更容易滋生出股东"冷漠主义"及"搭便车"行为,使得股东监督薪酬决定的作用大打折扣。

总之,在市场化转型中,我国公司高管薪酬治理的特征表现为行政规制过度而运作失灵,迫切需要我们另觅问题解决的新途径,司法介入刻不容缓。那种依赖行政力量进行外部监督的做法也是得不偿失的,如有专家建议在修订我国《保险法》时,可以做出规定保监会作为外部监管机构代表投保人的利益对保险公司高管薪酬进行监管。同样的,也有论者认为银监会、证监会、国资委等监管机构都应当代表不同的投资人对所监管公司的高管薪酬承担监管职责。② 但行政力量进行外部监督容易被特殊利益集团俘获,③ 导致监管失灵,而且,对国有控股上市公司高管薪酬的法律控制是以行政权力介入定薪决策和薪酬水平为基础的,从本质上讲是对人力资本价格的管制。微观经济学研究已证明,背离均衡价格水平的管制,可能带来行为扭曲和资源错配。因而司法监督更靠得住些。这不仅是因为,司法监管较之行政

---

① 我国已发生过这样的案例:唐某系万豪公司董事兼副经理。2007年11月7日,该公司召开临时董事会会议,经表决一致同意唐某辞职,同时考虑到唐某长期担任公司副经理,对公司资本的积累和公司的发展功不可没,为此对其一次性奖励38.5万元,2008年1月前付清。决议上还附有"董事会成员严格保密,禁止外泄,以免带来不必要的麻烦"等内容。后公司股东得知此事后极度不满,认为董事会成员的行为违反《公司法》的规定,所作奖励决议严重损害了公司的利益,也间接损害了全体股东的权益,故诉至法院要求判令该董事会决议无效。参阅姜旭阳. 有限公司董事兼高管的报酬应由股东会来确定[N]. 人民法院报,2011-05-11.

② 周星明. 我国上市高管薪酬决定机制存在的问题及对策[D]. 江西财经大学2010年硕士论文,第45页. 载中国优秀硕士学位论文全文数据库.

③ 当然,保监会建立审计制度是无可厚非的,如保监会制定了《保险公司董事及高级管理人员经济责任审计管理办法》并向社会征求意见。按照该办法草案规定,保险公司应当委托具有一定资质的社会审计组织对董事及高级管理人员进行期中和离任经济责任审计。审计的范围包括公司资产负债、偿付能力状况等的真实性;公司重大经营决策的合法、合规性;内控制度的建立执行情况;涉及国有独资公司的审计的范围还包括国有资产的保值、增值情况,任期内经营目标的完成情况,经营活动中有无因违反内控制度和决策程序的行为或者渎职行为造成国有资产重大损失的情况,以及有无违反廉政规定和其他违法违纪的问题。参阅高得生. 公司高管薪酬问题研究. http://www.lawtime.cn/article/lll354709435521880o26268,2015年1月14日访问.

监管更具有程序严格性、客观中立性、终局决定性等优点,而且,合理化的司法介入有助于促进薪酬决策机制的优化和公司治理结构的完善。虽然在目前我国审判中尚未找到股东挑战高管薪酬的案例,但从其发展趋势来看,此类诉讼迟早会到来,因而无论在理论还是实践方面,我国各地法院都应未雨绸缪,为公司高管薪酬正当性审查提上日程早作准备。

三、我国高管薪酬的混合型司法审查模式的构建

那么,如何立足本土急需,构建我国高管薪酬的司法审查模式呢?生物进化中,交叉育种往往具有更强的适应性(如原产于南非,于2001年引入我国的杜泊绵羊即为著例),澳大利亚公司法走向混合法系的现代模式似乎也反映了这么一种发展倾向。为此,笔者提出一种混合型的高管薪酬司法审查思路。这里所谓的混合型,指兼收并蓄式地移植国外司法审查模式中符合市场逻辑的优秀因子,不仅包括吸收美国中级审查模式中尊重市场规律、公司自治前提下的有限介入原则,而且包括澳大利亚高级审查模式中为增加法律的确定性与预期感所作的"合理性"审查。既要在审查的法律依据方面因袭我国成文法传统,又要结合司法判例探索出适当的薪酬裁判标准、规则,如最高法院一旦发现有高管薪酬合理性纠纷的典型案例,应及时制作并发布指导性案例供全国参照适用。下面作一具体展开。

(一)完善司法审查的程序启动机制

1. 针对高管提起的薪酬纠纷案件,应去除劳动争议仲裁的前置程序,作为商事案件由商事法院直接受理。

目前,由于我国商法意识比较淡漠,本应定性为商事关系的高管与公司之间的服务关系被当作劳动关系对待,我国原劳动部关于贯彻执行《中华人民共和国劳动法》若干问题的意见明确规定:"经理由其上级部门聘任(委任)的,应与聘任(委任)部门签订劳动合同。实行公司制的经理和有关经营管理人员,应依据《中华人民共和国公司法》的规定与董事会签订劳动合同。"而且在2001年3月22日《最高人民法院关于审理劳动争议案件适用法律若干问题的解释》明确规定:"对于追索劳动报酬、养老金、医疗费以及工伤保险待遇、经济补偿金、培训费及其他相关费用等案件,给付数额不当的,人民法院可以予以变更。"由此高管自己提起的薪酬纠纷案按我国劳动争议的程序要求,先经劳动仲裁后不服的才诉到法院,以劳动争议的案由进行审理,并且法院可以直接变更给付数额。根据我国司法实践,由公司高管自己提起的薪酬纠纷案件主要包括违法解除劳动合同的双倍赔偿金、支付事实劳动关系而未签订劳动合同的双倍工资、支付经济补偿金、支付延时加班补偿、支付节假日加班补偿等。除了笔者在导论中言及的2014年北京百环房地产实

业有限公司与李新社合同纠纷上诉案①，法院将身为高管的李新社离职补偿金纠纷界定为商事合同纠纷外，在有论者研究的 2005—2010 年所有层级的公司管理人员的 142 个薪酬纠纷案例中，这些公司管理人员均被视为符合劳动法上主体要求的劳动者加以对待，在适用劳动法上几乎与普通劳动者并无任何差异。② 这些案件中，除了由于主张请求证据不足被驳回之外，并无一例是由于争议主体不符合劳动法的主体资格而被驳回。这种无视高管身份特殊性的，不加任何区别地适用劳动法已在实践中产生了诸多扭曲的现象，高管离职时索取百万天价经济补偿金，公司老总索要加班补偿的争议频发。更有甚者，《劳动法》和《公司法》对公司管理人员的解聘的不同规定，还造成了公司可以解聘公司法上的高管人员（公司可以无因解除），却无法解雇劳动法上的高管人员（一般要有法定事由）的怪异现象，对公司法上管理层制衡机制造成严重破坏③。还有的高管故意不签劳动合同或利用职权隐匿已签订的劳动合同，事后主张双倍工资，或凭职务优势伪造、隐匿证据。由于高管年薪动辄几十万，涉及公司高管案件的诉讼标的有时达数十万甚至上百万，但依据诉讼费用交纳办法（国务院令第 481 号）作为劳动争议案件受理每件交纳 10 元，这与法院要审查、裁判复杂的高管薪酬案件工作量相比，严重失衡。

笔者在导论中已经指出，高管与公司之间是形成具有商事性质的委托代理关系，经营性与风险性兼备，高管权力的自主性、权威性与普通劳动者的附属性、服从性地位不同，从而使得《公司法》作为商事规范对其进行"特别规范"，其离职经济补偿金具有协商约定性，与在劳动法中的劳动者经济补偿金性质具有法定义务性、保障生活条件也截然不同，大部分国家的劳动法上都不同程度地排除公司管理人员的保护规定，而留给公司法去作规范。为此，我国公司高管不应作为我国劳动法倾斜保护的对象，应作为商事案件，去除劳动争议仲裁的前置程序，由商事法院

---

① 北京市第一中级人民法院民事判决书（2014）一中民终字第 4906 号。
② 张翼飞. 公司管理人员的劳动法适用问题研究 [D]. 华东政法大学 2012 年博士学位论文，第 36 页. 载中国博士学位论文全文数据库.
③ 2014 年 5 月上海家化董事会解除王茁总经理的职务，称"公司总经理作为公司内部控制制度的制定及执行事宜的主要责任人，对此负有不可推卸的责任，故决定解除王茁先生公司总经理的职务并提请公司召开临时股东大会解除王茁先生的公司董事职务"。2014 年 6 月，上海家化股东大会全票通过了解除王茁董事职务的议案。因不满董事会的解聘决定，王茁向上海市虹口区劳动仲裁委员会提请劳动仲裁。当年 8 月 7 日，仲裁庭做出裁决，支持王茁要求上海家化恢复劳动关系的请求并裁决上海家化支付王茁工资 43355.17 元。因不服该裁决，上海家化向上海市虹口区人民法院提起诉讼，此案至 2015 年 5 月 27 日由法院做出一审判决，上海家化与王茁恢复劳动关系。上海家化提出上诉，至今仍未结果。参阅张曜. 解聘风波纠纷再起 王茁 PK 家化 没有赢家的纷争 [J]. 董事会，2015.

直接受理，适用《公司法》及《合同法》的规范。

2. 针对股东提起的挑战高管畸高薪酬的诉讼案件，要完善股东派生诉讼制度。鉴于我国这方面股东诉讼意识的欠发达，我们应采取如下应对之策：

（1）借鉴国外经验降低诉讼的门槛，且以适格原告持股数量为例，在美国对原告股东仅坚持当时持股原则，对于持有股份数量无限制，大陆法系国家也趋于放宽条件，如日本原也曾规定原告股东持股数额在10%以上，现行《日本商法典》规定，股东只要持有1股就可以提起诉讼。《韩国商法典》第403条规定，持有发行股份总数在1%以上的股东有权提起派生诉讼。对上市公司，《韩国证券交易法》规定，持有发行股份总数万分之一以上的股东就有权提起派生诉讼。德国2005年在《股份公司法》中引入了股东派生诉讼制度，第148条第1款第1句规定，提交申请时股份总额达到注册资本的1%或股票面值达到10万欧元的股东可以申请法院许可以自己的名义主张公司对其机关的请求权。①

我国2005年《公司法》第152条（现为2014年3月1日施行的《公司法》第151条）规定：原告股东若为股份有限公司股东，须连续180日以上单独或者合计持有公司1%以上的股份，该条法规规定的1%持股比例要求在我国上市公司股权分置改革走向全流通后，似乎过苛，正如有学者指出的那样，"在股本大的公司，持股要达到1%，别说一般人做不到，就是机构投资者也难以做到，如联通公司第2至第10大股东均为投资基金，第二大股东占股比例才区区0.44%，若以1%为底线，除了大股东以外，谁还能起诉呢？"② 最高人民法院在《公司法》解释（一）中对"合计持有公司1%以上股份"作了进一步细化（两个以上股东的持股份额可以合并计算），对少数股东提诉权似有放宽，但忽视了一般的股份有限公司与上市公司股权结构的差异，笔者建议，未来《公司法》修改时还是借鉴《韩国证券交易法》规定的"持有发行股份总数万分之一"的规定为佳。

（2）股东提起派生诉讼时必须以"善意"为前提，即股东是为了维护公司利益而非个人私益或实现非法目的提起诉讼，这是从主体主观方面所作的限制要求，以区别于从客观方面对起诉股东所作的持股期限和持股比例限制。"善意"没有具体化的判断标准，但依"净手"原理（即提起派生诉讼的股东对董事的违法行为没有表现出明确的赞同、批准或默认）可反面推之，若股东曾参加、批准或默许过侵害行为，或者以干扰公司生产经营、损害公司股东权益为目的，或者为公司竞争

---

① 丁勇. 高管薪酬法律规制的结构性思考——德国立法及其启示［J］. 证券法苑，2012（2）.

② 朱羿锟. 经营者薪酬的正当性与程序公正［M］//梁慧星. 民商法论丛. 北京：法律出版社，2006：176.

对手牟取竞争优势，则其提起的诉讼可推定为"恶意诉讼"。《日本公司法》就明确规定了起诉股东的"主观要件"，即"如果提起诉讼追究董事责任的目的是为了追求该股东个人或第三人的不正当利益，或给公司造成损害，则该股东不得提起诉讼。"①

（3）为预防、减少股东恣意兴诉的发生，前置程序规则也应进一步完善。设立前置请求规则的法理在于：公司是相对独立的法人，股东代表公司行使诉讼权，应最大可能地尊重公司法人的意思自治。我国《公司法》规定的前置程序是②，股东在起诉之前，应该请求公司的董事会或者不设董事会的执行董事，或者监事会或者不设监事会的有限责任公司的监事，向人民法院起诉。如果其请求得不到满足，公司没有合理的理由却最终拒绝或怠于起诉，股东则可以提起代表诉讼。但由于我国公司特别诉讼委员会（Special Litigation Committee，SLC）的缺席，很可能致公司内部救济不畅，反有延误股东诉讼之嫌。在美国，前置请求规则的关键一环是诉讼请求应先交公司特别诉讼委员会 的机构审查。SLC 是公司董事会的次级委员会，针对股东向董事的派生诉讼有权调停，对是否应当继续进行、停止，还是驳回派生诉讼有权做出决定 。按照 Minor Myers 的经验研究，经由 SLC 处理的纠纷在解决上比标准的股东派生诉讼更快，这暗示 SLC 是一种纠纷解决的替代形式。③ 如蒋大兴教授指出的那样，公司法似应公开承认公司机构对内部纠纷的"预先裁决权"，以此压制不必要的诉讼，和平化解公司内部矛盾。④ 针对股东能否就董事会薪酬安排计划提起派生诉讼，SLC 进行前置性专业审查，由于其有足够的相关知识，更了解公司的特殊情况和需要，因而减少了法院干预的犯错可能，美国公司法判例史上不乏其例。在 Marx V. Akers 一案中，原告针对 IBM 公司及其董事提起派生诉讼，指控董事批准了给予他们个人以及 IBM 高管过高薪酬的方案。被告以原告没有先向董事提出请求（make demand）为由向法院提出动议，要求法院撤诉。法院同意：如果原

---

① 刘凯湘. 股东代表诉讼的司法适用与立法完善 [J]. 中国法学，2008（4）.

② a. 原告股东需首先书面请求监事会或监事向人民法院提起诉讼。如果是监事侵害公司权益，则向董事会或执行董事提出上述请求。b. 监事会、监事、董事会、执行董事收到前述书面请求后拒绝提起诉讼，或者自收到请求之日起 30 日内未提起诉讼。符合这两个条件时，股东方可提起股东派生诉讼。当上市公司高管薪酬失当的时候，适格的股东就可以依照上述程序书面请求公司的董事会或执行董事、监事会或监事向人民法院提起诉讼。未得到满足时，可以以自己的名义提起诉讼。

③ Minor Myers. The Decisions of the Corporate Special Litigation Committees: An Empirical Investigation [M]. Ind. L. J.，2009，84：1309.

④ 蒋大兴. 团结情感、私人裁决与法院行动——公司内解决纠纷之规范结构 [J]. 法制与社会发展，2010（3）.

告指控董事会批准了过高的高管（经理）薪酬，原告必须先向董事会提出请求（才能起诉）。对于指控董事会批准了针对他们（董事）自己的过高的薪酬，则没有必要提出请求。① 我国目前上市公司治理结构中还没有普遍建立 SLC，《公司法》上也仅以"宜粗不宜细"的立法方针规定了股东的前置请求规则。是故，我们在引入股东派生诉讼前置程序规则的同时，也应使 SLC 等配套制度装置一并俱全，因此不妨在我国《公司法》有关股份有限公司董事会中的规定中增加上市公司董事会应当设立 SLC 的内容，以便发挥前置请求规则的实效，使公司高管薪酬之类的内部纠纷享有公司内部优先解决的渠道和途径，以节约交易成本。

同时，也应该注意，前置程序不能僵化适用，法律应规定前置程序的免除条件，即应明确股东直接提起代表诉讼的紧急情况的具体规定，包括以下一些情形：第一，有关财产即将转移；第二，有关权利行使的期间或者诉讼时效即将过期；第三，其他的紧急情况。

（4）建立合理的诉讼费用承担制度。我国现实中股东对董事会与管理层的渎职采取法律行动的情况并不多见，主因之一即是股东会作为一个集体存"搭便车"行为，对于多数股东而言，对管理层不合理薪酬发起诉讼的时间、金钱、精力成本高而回报低。② 而且一旦败诉，依照民诉法规定，需要原告自己承担诉讼费用，即便胜诉了，原告预缴的案件受理费等法定费用由被告承担之外，原告要自行承担其他必要的费用如律师费、交通费等。可见，要发挥股东派生诉讼的作用，保护股东仗义执言、参与公司治理的积极性，就应当合理地解决股东派生诉讼的费用问题。对此，美国和英国虽同属普通法系国家，但两者的做法截然不同。美国法上规定，只有在法院支持原告的诉讼，原告胜诉的情形下，即公司要么从诉讼中得到财产上的返还或金钱上的赔偿，要么董事以及高级管理人员的不当行为得到阻止，公司才补偿原告股东支付的诉讼费用和律师费用。而英国法院认为，只要是合理地提起诉讼，即使原告败诉，也有权获得提起派生诉讼而支出的费用。笔者认为，鉴于小股东经济能力和"参政"意识不浓，我国应学习英国模式，创设诉讼费用合理补偿制度，即股东派生诉讼无论胜诉还是败诉，原告股东都应有权根据案件的特性、所需技能、所完成工作量、被告赔偿的数额就预先垫付的诉讼费用、律师报酬及其他必要费用（如交通费、电话费、复印费、误工费、食宿费等）请求公司支付其相当合理的金额。但当股东为恶意时，被告和公司为参加诉讼所遭受的损失均应由原告股

---

① 王佐发. 高管薪酬制度的反思与重构［J］. 法学论坛，2009（2）.
② 夏冬林，钱苹. "搭便车"与公司治理结构中股东行为的分析［J］. 经济科学，2000（4）.

东承担。股东的善意或恶意应以其提起派生诉讼所依据的事实是否为虚构为判断标准,① 由法院加以裁量。

(5) 构建股东派生诉讼激励机制。基于共益权而提起的股东派生诉讼胜诉后对所有股东均享有间接利益,这对原告股东的激励似乎不够。因此,应该赋予原告股东的按其持股比例享有直接受偿权,或可以考虑适当激励措施:即原告股东提起派生诉讼符合公司利益原则时,应准允从公司所受利益额度内提取一定的比例对股东进行恰当奖励。

(二) 建立我国高管薪酬合法性司法审查的本土标准

建立我国高管薪酬合法性司法审查的本土标准包括以下两大块。

1. 细化薪酬安排中董事所负的信义义务规定

细化薪酬安排中董事所负的信义义务规定,进言之,应完善董事在薪酬决策中所负的信义义务标准,将信义义务的二元标准——忠实义务和勤勉义务标准扩展为如澳大利亚公司法上的忠实义务、勤勉义务、善意(诚信)义务三元标准。

对于忠实义务标准,笔者赞同李建伟教授建议的那样,应修改《公司法》在董事违反忠实义务的第 149 条中增加"自定高薪"一项,以便明确排除"商事判断规则"的适用。②

对于善意(诚信)义务标准,作为一项单独而且自立的董事信义义务标准在立法与司法上确立是非常有必要的,因为董事决策的自我目的、动机,如个人的爱慕、憎恨、贪婪、妒忌、报复、虚荣等这些人性的弱点,在公司治理(高管薪酬决策)现实中仍有可能使董事偏离公司和股东利益的轨道行为,而诚信义务恰巧可以对这些非经济方面的不当动机进行阻挡。③

对于勤勉义务标准,司法裁判中应确立适中的勤勉义务标准为董事勤勉义务主要标准,而以严格勤勉义务标准作为辅助标准。所谓"适中的勤勉义务标准",即相当于美国法上的一般勤勉义务标准(普通人的注意标准),是指董事应当尽到像处于相似位置的普通谨慎人在相同或类似情况下一样的注意义务标准。之所以主张"适中的勤勉义务标准"确立为我国高管薪酬决策案件中董事是否失责的主要司法审查标准,是因为:

(1) 法经济学上的效率诉求启示我们,为提升企业竞争力和公司治理水平,当且仅当董事勤勉尽责的边际成本等于边际效益时,投入勤勉义务的产出效益为最

---

① 梁巨丰. 上市公司高管薪酬的法律控制研究 [D]. 湖南大学 2009 年硕士论文, 第 40 页. 载中国优秀硕士学位论文全文数据库.
② 李建伟. 高管薪酬规范与法律的有限干预 [J]. 政法论坛, 2008 (5).
③ 朱羿锟, 彭心倩. 论董事诚信义务的法律地位 [J]. 法学杂志, 2007 (4).

佳,也即董事勤勉义务不是一味的高标准、严要求,就能产出股东委托人所预期的财富价值最大化,反而是适度考虑董事自身利益,放宽标准,减小成本付出,授予公司董事合理的自由裁量空间,更能促进企业开拓创新、提高经营水准,不致投资者成为过高勤勉义务标准的牺牲品。

(2) 从国外立法看,英美法系国家采用一般勤勉甚至宽松的一般勤勉标准,而大陆法系国家采用较为严格的勤勉义务标准,现在部分大陆法系国家出现逐步放松对董事严格勤勉要求的趋势。① 市场经济模式是一种世界性经济模式,市场经济模式下所产生的问题和解决规则在很大程度上存在相似性。② 借鉴美国法上的一般勤勉义务标准,确立一种低于德国专家标准的"中等"客观标准,更有利于促进公司经营。尽管安然事件,华尔街金融危机后有强化董事问责倾向,但激励市场创新才更是商法永恒的使命。其实,从迪斯尼案到 2010 年 7 月 22 日美国总统奥巴马签署的金融监管改革法案——《多德-弗兰克华尔街改革与消费者保护法》,从初稿的设计到多项核心限制条款被宽松化处理的出台,仍是反映了美国根深蒂固的市场自由、宽容问责的信仰。可见,迈入后金融危机时代的中国公司治理不能因噎废食,确立一种"适中"的董事勤勉义务标准,更加符合我国公司经营创新和市场繁荣的诉求。

(3) "适中"的董事勤勉义务标准为我国当前偏低公司董事经营水平使然,我国目前尚未形成一个有较高专业经营能力和丰富知识、经验的企业家阶层,司法判断上确立"适中的勤勉义务标准"对于维持董事正常经营、促进公司健康发展是利多弊少。过宽的标准可能放纵不合格的人充任董事,过严的标准又会制约、影响有能力的人担任董事。

而主张以严格勤勉标准为补充的辅助裁判标准,是因为:现代商业经营系金融风险性活动大量存在,董事在复杂的商业环境中、在市场风险防范方面勤勉尽责标准应有区别对待,如基于金融类的公司类型、规模、经营范围特殊性考虑,可从严适用较普通谨慎之人所应尽的注意程度更高的勤勉标准。实际上,在部门规章(如中国证监会颁布的规范性文件)、特殊行业指引(如银行、保险机构制定的董事行为规范性指引)、公司章程中可规定如下较高的勤勉义务标准:①应依照法律法规及特殊行业公司章程规定的程序和方式履行职责;②参与经营决策时,根据董事个

---

① 根据德国《股份公司法》第 93 条和《有限公司法》第 43 条的规定,董事在处理公司事务时应具备普通谨慎业务执行人或商人的注意。参阅赵旭东. 境外公司法专题概览 [M]. 北京:人民法院出版社,2005:280、302.

② 奚晓明. 最高人民法院关于会计师事务所审计侵权赔偿责任司法解释理解与适用 [M]. 北京:人民法院出版社,2007:29.

人的知识、经验、资格等，发挥本领域的特殊专长，尽到与其专长相称的调查知悉义务；③理性地相信其行为符合公司最佳利益，且不违反法律法规和基本商业道德。上述这些标准在严格程度方面：公司章程规定的勤勉义务标准可以允许高于行业指引性的勤勉义务标准，行业指引性的勤勉义务标准又可允许高于部门规章制定的勤勉义务标准，具体适用中可按如下顺序进行：公司章程规定的勤勉义务标准→行业指引性的勤勉义务标准→部门规章制定的勤勉义务标准。

2. 移植和发展以"浪费公司财产"作为诉由的审查规则

美国判例中形成的"浪费公司财产"规则虽不尽善尽美，但确立了司法审查高管提供的服务（"功"）与所受的收益（"禄"）之间是否相匹配、公司为此支付的高薪是否构成非法的一大标杆，我们可结合本土经验加以改造，以为我国发展和创新制订出一套完善的薪酬正当性检验标准提供指引。譬如，"浪费"标准主要是侧重于薪酬决策后果的实质审查，美国法院的要求由原告股东证明该薪酬合同严重偏袒高管一方，以至于任何拥有合理、理性判断的商业人士都不会认为公司能从该交易中得到足够的对价，这样一个举证责任照搬到我国，对于处于信息不对称地位的原告股东来说是繁重而艰难的，因而可以规定，构成浪费的法律事实不一定非要原告承担举证责任，法院可以主动查证，对举证责任恰当转移的判断有赖法官的自由裁量，① 可适当赋予法官一定权限的自由心证，以摆脱法定证据制度的不足。

（三）要建立我国高管薪酬合理性司法审查的裁量标准

从合理性审查来看，其司法审查难度较大，责任也更重。如果给付薪酬畸高，与绩效不匹配或与普通员工收入悬殊，薪酬安排的成本（包括代理成本和社会成本）飙升，股东财富势必遭到侵蚀，公平正义的市场伦理法则亦将玉石俱损；授予薪酬偏低，必致公司决策效率低下乃至丧失创造公司价值与市场繁荣的动力。鉴于我国缺乏有关薪酬正当性的普遍适用标准，笔者以为，一方面，我国公司立法上亟待像澳大利亚那样引入合理薪酬的法律概念，如刘燕教授针对公司大量授出股票期权作为薪酬计划主要组成部分的做法，也主张考虑在《公司法》上明确提出检验股票期权计划的"合理性"标准，同时将会计准则的适用对股票期权实质的揭示纳入法律所规定的决策过程当中，充实董事、高管以及相关专业人士在拟订、审查、批准股票期权计划时勤勉尽责义务的具体内容。② 还有学者针对我国《公司法》只规定职权未规定利益的立法缺陷，认为应增加一款作为第四款，内容为"公司经理执

---

① 何琼，史久瑜. 董事违反勤勉义务的判断标准及证明责任分配 [J]. 人民司法，2009 (14).

② 刘燕. 股票期权的法律与会计约束——伊利事件的启示 [J]. 北京大学学报，2008 (6).

行职务为公司创造了效益的,有权要求董事会按照新增利润的一定比例予以奖励。经股东会或董事会批准,公司可以在公司经理人的雇佣合同中明确约定公司经理人薪金、分享的红利比例、费用补助、保险补偿金、佣金和其他各种附加收入,也可以约定股权等其他激励方式。没有约定具体标准的,可以参照本行业相似岗位公司经理人的待遇标准,由董事会酌定"①。这些建议有一定参考价值。进而言之,引入"薪酬合理性"一般条款即便是过于抽象,但也是一种"有比无好"的帕累托改进,可为法官实质性审查确立一个明文性的指引。另一方面,由司法机关来出台有关薪酬合理化的司法解释,在制定相对确切的薪酬合理化的标准方面要比立法机关更为适合些,因为司法解释更直接来源于法官"合理性审查"的审判实践,又易于指导实践,能够及时灵敏地反映薪酬纠纷实际,做到与时俱进。这里,一方面要注意美国薪酬合理性的判断标准,主要归纳为以下两种:特拉华州法院的Wilderman V. Wilderman 一案的判决当中详细地描述了法官判断经理人员薪酬是否合理时所考虑的因素:第一,该经理人员所获得报酬与类似情况下经理人员所获得的报酬是否具有可比性;第二,该经理人员的能力和经验;第三,国内税务署是否同意将该经理人员所获得的薪酬作为成本全部予以扣除;第四,该经理人员获得的报酬和公司经营的成功之间是否存在合理联系;第五,经理人员加薪之前的薪酬,薪酬的提高是否与经理人员提供的服务相关;第六,经理人员获得报酬与公司其他职员获得报酬之间是否存在可比性;第七,经理人员是否获得惊人的高额薪酬。而联邦第十一巡回上诉法院在 International Ins. Co. V. Johns 一案中,将检验支付给经理人员的薪酬是否合理的标准分解为三部分:首先,法院需要考虑的因素是公司是否从经理人员所提供的服务中获益;其次,法院需要判断经理人员获得的报酬与公司获得利益相比是否不成比例,一个正常人是否会觉得公司没有获得公正的回报;最后,法院需要查明公司是否是因为经理人员提供的这些服务而支付该项薪酬。台湾证券交易所确立的不合理薪酬的认定标准值得参考,符合其中任何一条的上市公司将被曝光:①报告盈利的公司,净利润低于同行业平均值,但董监薪酬占净利润比例却高于同行业平均值;②发生亏损的公司,董事及监事人均薪酬超过新台币100万元以上;③合并损益表报告净利润为负数,但纳入合并报表范围内所有公司的平均董监事薪酬超过新台币 200 万元以上;④连续两年亏损,但董监事薪酬总额或董监事人均薪酬却增加。另一方面,要注意以下三个薪酬合理化的指标侦测:

(1) 限制适当的薪酬差距。薪酬差距被认为是有效调节组织效率与实现公平的最重要工具。古希腊圣哲柏拉图曾指出,"适当的贫富差距是社会发展的催化剂,

---

① 刘殿葵. 公司经理人法律问题研究 [M]. 北京:法律出版社,2008:112.

收入差距为四倍的组织是稳定而且有效率的",而亚里士多德则认为五倍会更合理一些,美国现代管理学之父彼得·德鲁克(Peter F. Drucker)在20世纪50年代为企业内部薪酬差距确定了一个具体数字,即一个组织中最高层收入与组织成员平均收入之间差距不宜超出20倍。如今不同的国家经济发展水平、文化传统的差异导致薪酬差距不一。德国CEO的平均薪酬水平为其所在公司员工平均薪酬水平的11倍(美国一般为531倍),这反映了德国的企业如横跨整个欧洲大陆的大公司,往往有一个以平等为导向的公共服务的态度,折射出德国法律政策和社会文化方面广泛存在着一种比美国更倾向于财富平等分配的理念。① 有资料显示,日韩企业高管与普通员工的薪酬差距分别在20倍上下以及12倍左右。而在北欧的挪威,企业高管与企业内年资10年左右的员工薪酬差距,才仅仅4~5倍。② 在我国,北京市国资委曾提出,企业负责人最高收入不得超过员工平均收入的12倍。③ 根据2014年8月29日,中共中央政治局审议通过的《中央管理企业负责人薪酬制度改革方案》,央企主要负责人薪酬包括三个部分,基本年薪将根据上年度央企在岗职工年平均工资2倍确定,绩效年薪不超过基本年薪的2倍,而任期激励收入则不超过年薪总水平的30%。据此测算,央企主要负责人薪酬水平将不超过央企在岗职工平均工资的7~8倍。④ 笔者以为,由于我国更患不均的社会观念与注重公平的法律文化、劳动人民当家做主的体制模式,以及社会责任思潮高涨背景下,公司高管薪酬不能过高,薪酬决策中董事除了对股东应尽信义义务外,还应兼顾利益相关者(劳动者乃至所在社区)的利益。⑤ 为此,一个合理的高管薪酬方案必须兼顾公司各方利益的平衡,长远看可采用挪威的差距标准,垄断性国有(或国有控股)上市公司高管薪酬与一般员工差距不得超过5倍,其他公司(竞争性国企上市公司、非国企上市公司)可根据市场效益适当放宽、参照实行。

(2)确定薪酬总额的恰当比例。因为"绝对数额是事物的数量,而不是事物的质量;采取比例方式限薪,抓住绩效考核的比例,也即抓住事物的本质"⑥。印度1956年公司法(The Companies Act of 1956 of Indian)就曾规定管理层报酬不得

---

① Franklin A Gevurtz. A Disney in a Comparative Light [J]. American Journal of Comparative Law, 2007, 55 (3): 469.

② 齐林. 高管薪酬的中国特色 [J]. 中国新时代, 2013 (6).

③ 邓聿文. 国企高管薪酬该怎样制定 [N]. 新京报, 2004-05-21.

④ 廖丰等. 央企负责人薪酬改革后将不超职工平均工资7到8倍 [N]. 京华时报, 2014-11-21.

⑤ 官欣荣. 我国《公司法》引入利益相关者条款的思考——"强制+授权"的分类规范治理模式 [J]. 政治与法律, 2010 (7).

⑥ 陶友之. "限薪"不是一个好办法 [J]. 探索与争鸣, 2009 (5).

超过公司年度利润的 11%，如果董事身兼管理层职位，未经政府批准，其报酬不得提高，政府还就薪酬的增长发布一系列指引，包括根据印度总统的工资所确定的高管报酬最高限额等。阿根廷则禁止公司向董事支付超过公司年度收益 25% 的报酬，菲律宾禁止公司向董事支付超过公司年度税前收入 10% 的报酬①；德国公司治理准则对有关董事会成员离职补偿规定：在签订董事会成员合同时必须写进"无重要理由的董事会成员被提前解除合同，其应享受的补偿和附加酬劳费将不能超过两年的资薪，而剩余的聘用合同期将不再获得报酬。而从管理层转任一家公司董事会成员而提前解除合同的，其补助和附加酬劳费将不能超过其年薪的 50%。②"另外，澳洲政府已经开始严格控制优厚解雇费（golden handshake）和猖狂的解聘费，规定这些费用不得超过一年的基本工资（但不包括股票期权和其他工具），并要经股东同意。③ 上述这些限制性规定可为我国确定高管薪酬案件的标准提供参照，我国《公司法》对于高管薪酬的规定只是原则性提到了薪酬决定规则和披露要求，对薪酬标准没有具文，④《上市公司治理准则》中也只是原则性提到要明确"公司因故提前解除合同的补偿"，对于补偿标准未做进一步规定。⑤《中华人民共和国企业破产法》规定：破产企业的董事、监事和高级管理人员的工资按照该企业职工的平均工资计算。该条也仅适用于公司破产的特定情形。我国未来修订《公司法》上可明确这样的裁判标准：公司管理层薪酬占公司利润比例原则上不得超过 15% 及离职补偿不得超过年薪的 50% 等规定，高管薪酬合同的约定条款不得与此强制性规定抵触，否则应认定为无效。

---

① Brian R Cheffins, Randall S Thomas. The Globalization（Americanization?）of Executive Pay [M]. Berkeley Bus. L. J., 2004：233、262 - 263.

② 参见德国财经网. 德企业高管离任获高额"分手费"引发争议. http://www.germanyfinance.cn/ns_detail.php? id = 2927&nowmenuid = 52&cpath = &catid = 0.

③ Leon Gettler. 控制高管薪酬 [M]. 章海贤，译. 新理财，2010 - 08 - 02.

④ 《劳动合同法》第 47 条规定：经济补偿按劳动者在本单位工作的年限，每满 1 年以 1 个月工资的标准向劳动者支付。6 个月以上不满 1 年的，按 1 年计算；不满 6 个月的，向劳动者支付半个月工资的经济补偿。劳动者月工资高于用人单位所在直辖市、设区的市级人民政府公布的本地区上年度职工月平均工资 3 倍的，向其支付经济补偿金的标准按职工月平均工资 3 倍的数额支付，向其支付经济补偿金的年限最高不超过 12 年。本条所称月工资是指劳动者在劳动合同解除或者终止前 12 个月的平均工资。本条从经济补偿的支付标准、月工资的计算基数、经济补偿的封顶线三个方面进行了规定。

⑤ 2002 年 1 月证监会和国家经贸委联合发布《上市公司治理准则》，其中第三章"董事与董事会"中的第一节第三十二条专门规定：上市公司应和董事签订聘任合同，明确公司和董事之间的权利义务、董事的任期、董事违反法律法规和公司章程的责任以及公司因故提前解除合同的补偿等内容。

(3) 兼顾内、外公平尺度。根据薪酬公平理论，因选择的参照群体不同，有外部公平和内部公平之分。外部公平是指与企业外同类岗位任职人员的薪酬水平相比所获得的满足程度；内部公平是指与企业内部其他员工的薪酬水平相比所获得的满足程度。管理者的薪酬决策就是在外部公平与内部公平之间的权衡。① 一个合理的薪酬决定应是实现了外部公平和内部公平的方案，在薪酬司法审查中要考虑人（person）、职位（position）、业绩（performance）与市场（marketing）之间的平衡，科学、有效、适时评价高管薪酬的适当性。如在 Black Well V. Nixon 案中，法院认为，被告已举证证明其报酬是公平的：①股息与报酬亦如往常；②自 1980 至 1987 年消费者指数提升 5.8%，高级职员前五名则提升 6.3%，而公司其他职员则为 7.9%，故已实质地与其表现相结合；③专家证词明白地表示其报酬标准是公平的。② 在德国，《股份公司法》第 87 条第 1 款规定：经理的总收入应与其职责和公司的经营状况相协调。《有限责任公司法》中没有类似的规定，不过不允许通过对经理支付过高的报酬对股东进行隐性利润分配。在公司状况严重恶化时，经理应该根据《股份公司法》第 87 条 2 款的规定同意适当降低其报酬。如果在签订聘用合同后公司利润以事先不可预料的方式大幅度提高或者只有增加经理的报酬才能恢复建立合同规定的股东之间的平衡关系时，司法判例也可根据忠诚义务例外地承认经理提高报酬的请求权。而且，为了弥补通货膨胀的损失，通常可以制定一些适应性条款，如调整的幅度以生活费用指数为基准，这需得到联邦银行的批准，联邦银行也通常会予以批准。更为普遍的是制定张力条款，即将经理的报酬与特定类似的职业群体的薪水挂钩，这种条款无须批准。③ 我国可以根据不同行业、地区的差异，以指导性案例的建立形式对高管薪酬的司法审查设置一定的标准，当公司高管薪酬超出此标准时，法院应当依法进行审查。这一标准以判例做出较为适宜，一则由于判例身处市场前沿，程序较立法简便，可以适应薪酬问题的市场变化；二则可以避免立法频繁修改导致的法律不稳定。

（四）应早日引进"BJR"，为我国薪酬决策是否被问责提供判断工具

BJR 的价值主要在于为董事薪酬决策遭遇三大标准审查时提供正当保护，如果薪酬方案遭到股东"兴师问罪"，动辄以商法上严格责任标准待之，势必挫伤董事自主经营、开拓进取的积极性，经济发展的引擎也因此哑火。而且，我国法官自由裁量的先天不足和司法能力的羸弱决定了应以澳大利亚成文法的形式引进 BJR，这种高级模式（成文法）适用的便利性在于提供客观明确的行动预期，对董事产生积

---

① 杨杰. 薪酬设计：效率与公平的权衡 [J]. 科技信息，2007（22）.
② 17 Del. J. Corp. L. 1083, 1090 (Del. Ch. Sept. 26, 1991).
③ [德] 托马斯·莱赛尔. 德国资合公司法 [M]. 北京：法律出版社，2005：542.

第六章 上市公司高管薪酬的司法介入：寻找合理性审查的边界

极的心理稳定作用，董事可能在面临索赔或被追责之前会获得更多的法律确定的保护，而不是忐忑不安地猜测，希望法院尊重隐含的 BJR 规则（如英国法官那样的低级运用模式，势必增添裁判结果的不确定）。当然，移植"BJR"的重点在于克服"适用要件"认定的困难，我国可以按照以下这些适用要件来予以设计，包括并吸收"结构性偏见"理论予以完善：①所作决策不违背公司根本利益，如董事薪酬决策考虑到了股东利益与非股东利益的平衡，不与公司长远发展大计相背离；②董事对于所作决定不具有个人利害关系（disinterestedness），如在薪酬决策中不存在关联交易（甚至自我定薪）；③履行了一个理性人的勤勉尽责的义务，如薪酬方案中注意到业绩与薪酬的内在关联，而不是无功受禄；④不存在明显的滥用公司权力行为，即在承认董事在经营中享有广泛裁量权的基础上，对案件中所争议的决策事项，只要不是明显超出法律规定或章程规定的被容许范围，就不能认定构成了"裁量权的滥用"；⑤所作出的决定是以善意方式为之，对此可采用举证倒置与法官查明相结合的做法，原则上由原告承担证明"董事决策出于恶意"的举证责任，但根据案情的复杂性和原告经验的缺乏，必要时亦可由法官主动查明；⑥所作出的决定内容不存在明显不合理或者违反公共政策或者违法行为，假如在法定的限薪情形下高管薪酬一旦超出了此一范围，自应排除"BJR"的适用；⑦未受"结构性偏见"影响。"结构性偏见"为美国公司法学上的一大发现，它是指在董事会成员之间有一种本能的相互忠诚、一致对外的感觉，或源于兔死狐悲、惺惺相惜，或为了经营圈内的集体体面和尊严，总对同仁的报告表示默许或不作挑战。因这种"灰色地带"（并非完全独立或利益勾结）情形带来的失效的薪酬决策过程，法院能否以"善意义务"的高标准对其审查呢？在迈克尔·多尔夫（Michael B. Dorff）提出的"群体动力"理论（group dynamics）看来，① 上市公司 CEO 薪酬的决策漏洞可能主要是心理学上的而非经济学上的原因所致，植根于群体思维（group think）和社会串联（social cascades），董事会很容易依附领导人的决策，信任其能最好体现群体价值，并且通过附和领导人意见来避免来自群体内部或外部的压力，对薪酬顾问提出的计划方案没有任何质疑意见，司法能否介入审查此种失效的薪酬决策，认定其违反善意义务而进行追责呢？在讲究关系社会、熟人文化的我国，"结构性偏见"左右公司决策尤甚，因而很有必要规定受此偏见影响下所作的决策构成对"善意"义务的违反，不能得到"商事判断规则"的庇护。总之，通过对"BJR"的本土化改造，防止"南橘北枳"的变异发生。

---

① Michael B Dorff. The Group Dynamics Theory of Executive Compensation. http://www.cardozolawreview.com/content/28－5/28.5_Dorff.pdf.

（五）引入追回条款（Claw-back of Executive Compensation），完善不当薪酬的应急救济机制

"追回条款"是指对公司高管不当薪酬予以取回的制度。2002年美国《萨班斯－奥克斯利法案》第304节规定：① 董事和高层管理人员如果因虚假报表从公司取得激励性报酬和买卖股票获得收益，则公司就可以取回其获得的收益。此后，美国2008年的《紧急经济稳定法》和2009年的《美国复苏和再投资法案》（The American Recovery and Reinvestment Act）都规定了薪酬追回制度，这个制度同样适用于国家出资企业（政府因救援而持股的企业）。② 根据2008年的《紧急经济稳定法》，如果接受救援的机构（财政部直接从一个金融机构处购买问题资产且在该金融机构中处于重大债权或股权人地位）同其高管的薪酬协议中规定以收入、利润为标准或其他标准的任何红利或者激励薪酬，事后被证明实质上是错误的，将被追回。同2002年《萨班斯－奥克斯利法案》第304节的规定不同，该法的"追回要求"由受影响的公司执行，不要求公司存在因错误行为而重编会计报表的现象，该追回应用于非公共机构，应用于所有业绩的公司。相较于《萨班斯－奥克斯利法案》第304节，该立法不要求追回的利益来自于证券的出售。

而2009年的《美国复苏和再投资法案》又进一步修订了2008年的《紧急经济稳定法案》的薪酬追回规定，根据《美国复苏和再投资法案》，任何已经或者将接受"问题资产救援计划"之下的实体将适用该法，接受政府资助的企业的最高管理者必须服从追回。如果企业在后来发现账目、收益或者收入标准错误，将追回奖金、保留补贴，适用追回政策的为企业五个高级执行官或者获得最高薪酬的20个员工。③

2010年《多德－弗兰克华尔街改革与消费者保护法案》（Dodd-Frank Wall Street Reform and Consumer Protection Act）第954条为《1934年证券交易法》增加了一个新的10D条款（Section 10D）。根据这一条款，当上市公司因实质性违反联邦证券法律中的财务会计报告规定而被要求重新提交财务会计报告时，公司将追回

---

① 《萨班斯－奥克斯利法案》第304节 "没收奖金及收益"：(1) 若发行证券公司因行为不当引起的原始材料与任何证券法的规定不符而被要求重编会计报表，则公司首席执行官与首席财务主管应偿还发行证券公司：(a) 在该公司首次发行证券或其在 SEC 备案（备案的财务资料中含有要求重编的会计报告）后12个月内，从公司收到所有奖金、红利或其他奖金性或权益性酬金；(b) 在上述12个月内通过买、卖该公司证券而实现的收益。(2) SEC 的免除权——在 SEC 认为必要且适当时，可以免除任何人受到上述（1）部分规定的处罚。

② Matthew A Melone. Adding Insult to Injury: The Federal Income Tax Consequences of the Claw-back of Executive Compensation [J]. Akron Tax Journal, 2010, 25: 67-68.

③ 转引自蒋建湘. 国企高管薪酬法律规制研究 [J]. 中国法学, 2012 (1).

第六章　上市公司高管薪酬的司法介入：寻找合理性审查的边界

现任或者前任高管从公司获得的激励性报酬。

美国薪酬追回制度的具体内容主要包括以下几个方面：

(1) 追回条款引发的行为方面。引发追回条款的行为包括高管（包括一般员工）的过失，以及财务报表重大调整，使得赋予高管的各项激励性报酬失去合理性的行为。其实质是对错误支付的薪酬（不论是基于欺诈还是计算错误）进行追回。

(2) 追回条款的适用主体方面。美国不同的立法有不同的适用主体规定，总体来看是适用主体面越来越广。如《萨班斯－奥克斯利法案》中追回条款的适用主体仅包括公司的CEO和CFO，而《多德－弗兰克法案》的薪酬追回对象则涵盖了公司现任以及前任的高管，体现了金融危机背景下更为严格的管制态度。

(3) 追回薪酬的内容形式方面。追回的薪酬一般都属激励薪酬范畴，通常包括奖金、股权激励以及在此期间通过出售本公司股票所实现的收益，因此，基薪等与公司业绩无关的固定薪酬不在追回之列。即使是对于激励薪酬，也非全部追回，而是就"超额"的部分予以追回，而所谓薪酬"超额"部分是指高管实际获得的激励薪酬与财务会计报告正确的情形下所应支付的激励薪酬之间的差额。

(4) 追回条款的追溯时间方面。《萨班斯－奥克斯利法案》第304节规定：在披露的财务报表中含有要求重述会计信息后的十二个月内，高管从公司收到所有红利、激励性奖金、权益性酬金以及通过买卖该公司证券而实现的收益都应当归还。而《多德－弗兰克法案》则规定，公司可以追回自公司被要求重新提交财务会计报告之日起前3年内，公司现任或者前任高管所获得的任何"超额"激励薪酬。实践中，美国也有公司将薪酬追回条款的追溯时间规定为5年。

(5) 行使薪酬追回权的主体方面。在《萨班斯－奥克斯利法案》中，第304节没有明确规定行使薪酬追回权的主体为SEC，但"联邦法院都一致判定只有SEC才有权依据本法的规定向公司高管追回薪酬"。鉴于SEC追回高管薪酬的法定情形有限，致使国会的良法美意不能实现，随后制定的《多德－弗兰克法案》将薪酬追回权明确地赋予了公司（实际上就是公司的董事会）。

薪酬追回制度诞生在美国，但其他国家也产生了重要影响，有的作了进一步变革与完善。如在澳大利亚，薪酬追回条款的追溯时间可以发生在4年之前。如澳大利亚因2003年发生了著名One.Tel公司破产案（该公司在破产之前向其CEO支付了大额的奖金）之后，公司法修改对董事薪酬数量作了限制，并根据第588 FDA条和第588 FE条，清算人可以追讨支付给破产公司董事的不合理的款项，包括支付董事的薪酬。这些不合理的款项支付必须是发生在公司破产前的4年之内。① 再如

----

① 黄辉．澳大利亚董事义务制度研究 [M] //王保树．商事法论集．北京：法律出版社，2008，13：179．

德国，也引进了不当薪酬支付损害赔偿义务以及薪酬取回权制度，相比美国触发薪酬追回的事由严格限定在高管行为严重不当的狭窄范围，德国规定无论高管是否有过错，薪酬严重不当时都负有薪酬返还义务，这比美国的不当薪酬返还义务更进一步。① 根据 2003 年德国《联邦政府改善公司治理的措施目录》的建议，只要发生薪酬严重不当的后果（既可能是因为其违法操纵财务报表等行为导致，也可能是因为公司状况发生重大变化而变得不正当，这一变化与其本身并无直接关系），高管都负有薪酬返还义务，有无主观过错均不问。

相比国外薪酬追回制度的"应急救济"之策，我国立法监管方面显得相对沉寂。中国银监会的《商业银行稳健薪酬监管指引》中就曾对高管薪酬的延期支付比例、延期支付锁定期和薪酬追回条款等做出相关的规定。② 但是，由于这一规则只适用于商业银行，所以其局限性也是明显的。2006 年 8 月 27 日修改通过的《企业破产法》第 36 条规定，债务人的董事监事和高级管理人员利用职权从企业获取的非正常收入和侵占的企业财产，管理人应当追回。这是我国法律首次对高管薪酬追回机制做出的正式规定，但缺乏可操作性，对非正常收入的判断标准、返还主体和方式等都没有具体规定。国资委 2009 年发布的《中央企业负责人薪酬管理暂行办法》规定："国资委定期对企业负责人薪酬发放情况进行专项检查，对执行本办法过程中存在下列情况的，企业和企业负责人，视情节轻重予以处理：（一）对于超核定标准发放企业负责人收入的，责令企业收回超标准发放部分。但该规定适用于中央企业，对其他上市公司高管薪酬的追回制度则无具文……"由证监会制定并于 2006 年 1 月 1 日起生效的《上市公司股权激励管理办法（试行）》第 46 条规定：上市公司的财务会计文件有虚假记载的，负有责任的激励对象自该财务会计文件公告之日起 12 个月内由股权激励计划所获得的全部利益应当返还给公司。本条规定适用于上市公司股权激励薪酬的追回，对于巨额离职补偿则不适用。

---

① 秦萌，李荣．德国高管薪酬法律规制立法实践及对我国的启示 [J]．中国商贸，2013 (29)．

② 《商业银行稳健薪酬监管指引》第 14 条规定：中长期激励在协议约定的锁定期到期后支付。中长期激励的兑现应得到董事会同意。锁定期长短取决于相应各类风险持续的时间，至少为 3 年。第 16 条规定：商业银行高级管理人员以及对风险有重要影响岗位上的员工，其绩效薪酬的 40% 以上应采取延期支付的方式，且延期支付期限一般不少于 3 年，其中主要高级管理人员绩效薪酬的延期支付比例应高于 50%，有条件的应争取达到 60%。在延期支付时段中必须遵循等分原则，不得前重后轻。商业银行应制定绩效薪酬延期追索、扣回规定，如在规定期限内其高级管理人员和相关员工职责内的风险损失超常暴露，商业银行有权将相应期限内已发放的绩效薪酬全部追回，并止付所有未支付部分。商业银行制定的绩效薪酬延期追索、扣回规定应同样适用离职人员。

笔者建议，我国应从《公司法》这样的法律层面针对高管薪酬严重不当的情况做出未雨绸缪的积极回应：

（1）有必要在《公司法》中引入"追回条款"，这方面，不仅要学美国的做法，更要学习德国的经验，如在我国上市公司中规定基于错误的财务报表或公司状况发生重大变化致薪酬严重不当时，应当追回赋予高管的报酬或者其超过应得的部分（包括长期激励性薪酬和离职补偿等），这样可以有效地约束高管的短期行为，也促使高管披露正确的财务信息，提高薪酬决策水平。

（2）针对薪酬追回的追溯时间，可以考虑借鉴美国模式并移植澳大利亚相关规定：一般情况下可以追回自公司被要求重新提交财务会计报告之日起前3年内的高管超额薪酬，而在公司因破产或非破产解散清算情形下，清算人可以追讨发生在公司清算前4年之内支付给高管的不合理的款项，以充分保护股东及其他利益相关者（员工、债权人）利益。

（3）为完善取回条款的执行机制，不妨探索建立一种类似于英美法律体系中的禁令制度，① 由我国法院根据公司股东的申请，以为制止滥发薪酬和取回不当薪酬发布特殊令，提供"非常的法律救济"。在薪酬追回的行权主体问题上，有论者认为，在上市公司高管获得非正常收入的情况下，公司行使追回权可以分为两种情况：正常经营状态下的公司和被宣告破产的公司。除法院有追回权以外，前一种情况下可以增列证监会承担这一角色。因为股票期权作为薪酬的组成后，高管为了及早行权获得相关利益会采取伪造上市公司文件、发布虚假信息等手段，这些都属于证监会的规制范围。由证监会作为查处此类行为的主体，帮助公司行使追回权具有现实操作性。有论者认为我国应借鉴美国经验，如果中国证监会发现上市公司经营者因公布虚假财务报表行权而获得收入，除了可以直接处罚经营者外，还可以没收经营者行权获得的收入，返还公司所有。② 但此种行政性追回制度仍有鞭长莫及的缺陷。另有论者主张，应当将追回权的主体解释为公司，③ 德意志银行更是专门成立了"递延薪酬追回小组"，确保薪酬追回条款能够切实实施。在美国，追回制度通过在企业与高管和员工签订的雇佣契约、补偿计划或奖金合约中加入追回条款的

---

① 指司法当局责令被申请人停止或者不得为一定行为的命令，是一种必须严格依据法律才能给予当事人的救济。在美国，禁令一般包括临时限制令（TRO/Temporary Retraining Order）、初步禁令（Preliminary Injunction）和永久性禁令（Permanent Injunction）。

② 胡建强. 经营者薪酬约束法律制度研究 [D]. 暨南大学 2006 年硕士论文，第 40 页. 载中国优秀硕士学位论文全文数据库.

③ 樊健. 上市公司高管薪酬追回制度之研究——美国经验与中国借鉴 [M] //王保树. 商事法论集. 北京：法律出版社，2012：98.

方式实施。但是，迄今为止，虽然有大约65%的上市公司已经自愿接受追回政策，但还没有多少企业真正实行追回政策。哈佛大学Lucian Arye Bebchuk教授指出，"尽管一次又一次地呼吁改革，企业却普遍没有采用'追回政策（claw-back provision）'，这类规定能够基于被迫重新核算的会计账目要求高管退回报酬，并限制高管行使既定期权的巨大自由"。有学者分析认为，美国薪酬追回制度没有普遍实施的原因在于，"从法律的角度来看，由于契约的签订是双方的行为，将追回条款引入到雇佣契约当中需要征得高管的同意。追回条款的追溯应用也将与现行的雇佣契约和奖金合约相违背，因为这类合约通常会规定，引入对高管不利的条款必须经过高管的同意。由于追回条款中双方权利义务不对等，所以能否得到强有力的执行仍有待观察。进一步说，这类条款通常会降低企业高管的积极性，对于企业引入高级管理人才也存在不利的影响。"还有论者认为，美国追回条款实施效果不佳的关键原因在于其将薪酬追回制度实施的决定权留给了企业，且不具有强制性。① 在我国高管薪酬规制中，立法应赋予追回条款实施的强制性，对制止滥发薪酬和取回不当薪酬可以发布特殊令，其既具有行政（证监会）监管的直接性、及时性、有效性特点，又较之行政命令具有终局裁决的权威性、司法执行力等优势，对于遏制薪酬失控具有重要意义。

---

① 蒋建湘. 国企高管薪酬法律规制研究［J］. 中国法学，2012（1）.

第七章　上市公司高管股权激励问题：激励与约束并重

【本章提要】 本章在讨论股权激励的定义、分类、实施价值、中外股权激励制度沿革基础上，对我国上市公司高管股权激励存在的问题及对策作了探讨，指出，从薪酬内部构成角度分析：股权激励制度异化，造成"问题薪酬"，损害了公平与效率；公司治理结构中薪酬委员会不独立，导致股权激励计划安排有失客观公允；股权激励中业绩考核标准不明确，薪酬与业绩联系度低或业绩考核标准过低，出现高管自利；内部监控约束机制不健全，造成股权激励失效；股权激励过度亦损害了股东和普通员工等利益相关者的利益。从股权激励的外部保障体系方面来分析：相关的国家法律法规仍不健全、资本市场尚未完全成熟、缺乏完善的经理人市场。为此，我国应在以下几个方面完善股权激励制度：（1）应进一步扩大薪酬体系中股权激励的比例，尤其是在市场化程度较高的国有上市公司；（2）完善公司治理机制，尤其是加强薪酬委员会内控机制及监事会外部监督建设；（3）完善激励计划考核指标，注重惩罚性条款的运用；（4）构建完整的股权激励法律框架；（5）健全递延支付兑现机制，使薪酬追回条款落地；（6）完善我国资本市场，提高市场的有效性；（7）显性激励为主，慎用隐性激励，培育职业经理人市场。

第一节　股权激励概述

一、股权激励的定义

何谓股权激励？中国证监会有一个权威定义，其在2005年12月31日公布的《上市公司股权激励管理办法（试行）》第2条规定："本办法所称的股权激励是指上市公司以本公司股票为标的，对其董事、监事、高级管理人员及其他员工进行的长期性激励。上市公司以限制性股票、股票期权及法律、行政法规允许的其他方式实行股权激励计划的，适用本办法的规定。"可见，股权激励作为一种长期激励的手段，是在法律规定的范围内，即公司通过一定的方式向经营者转移股权，使其能以股东的身份参与决策、共担风险、共享收益，使其与公司捆绑成利益统一体，以公司长期发展为目标，忠诚勤勉地为公司做出贡献，为公司赢得长远的、根本的利益。

二、股权激励的分类

1. 股票期权（Stock Option）

根据中国证监会发布的《上市公司股权激励管理办法（试行）》第 19 条规定：股票期权是指上市公司授予激励对象在未来的一定期限内以预先确定的价格和条件购买本公司一定数量股份的权利。股票期权对激励对象来讲既不是现金报酬，也不是股票本身，只是一种权利，而非义务，即激励对象实际上获得的是一个选择权，在行权窗口期内，持有人可选择行权来获得潜在的收益（行权价与行权时的市场价之差）。实施股票期权的假设前提是"有效市场理论"，公司股票的内在价值能够得到真实充分的市场反应，被授予者为了使股票升值而获得价差收入，会尽力保持公司业绩的长期稳定增长，使公司股票的价值不断上升。

股票期权的优势主要表现在：其一，使激励对象（经营者）和股东组成一体化利益链条，以降低代理成本，减少监控费用，避免出现道德风险和信息不对称的问题；其二，减少经营行为短期化弊端，使决策和利益实现符合公司价值目标，同时提高管理效率和经营者的积极性、竞争性、创造性；其三，通过"金手铐"式的约束机制，很好地整合人力资源，留住经营管理人才。

2. 虚拟股票（Phantom Stock）

虚拟股票，又称"影子股票"，是指公司将一种"虚拟"的股票授予激励对象，根据其经营业绩获得跟虚拟股票的数量相对应的分红和股票升值收益，激励对象不享有所有权，不能进行转让，在离职时"虚拟股票"自动失效。其优点是：其一，不影响公司总资本和股权结构，不稀释原有股东股权比例，因为"虚拟股票"的所有者不享有参与决策以及投票的权利，对原有股东的控制权不会造成冲击；其二，虚拟股票的激励作用受有效市场的影响小，当证券市场失效时，只要公司收益还好，激励对象仍可分到一杯羹。其弊端主要体现在：由于与股票期权"公司请客，市场买单"（公司将股票以行权价授予高管，然后由高管自己去二级市场上出售获得收益）不同，此方式为"公司请客，公司买单"。激励对象收益不直接来自于市场，不承担作为真正所有者所需承担的风险，因此公司需要提取激励基金来保障收益的兑付，兑现激励时现金支出压力较大，特别是在公司股票升值幅度较大时，公司可能面临现金支出风险，而且如果遭遇牛市，公司股价跟随市场大势惯性上涨的话，即使公司高管经营业绩平庸甚至下滑，高歌猛进的市场价格也会粉饰太平。

3. 股票增值权（Stock Appreciation Rights）

股票增值权是指公司授予激励对象的一种权利，激励对象可以在规定时间内获得规定数量及一定比例的股票股价上升所带来的收益，但不拥有股票的所有权，自然也不拥有表决权、配股权、分红权。与虚拟股票相类似，实施股票增值权计划需要设立专门的基金，不同之处在于拥有股票增值权者不参与公司的分红，股票增值权不能转让，不能用于担保或偿还债务等。激励对象不用为行权付出现金，行权后可获得现金或等值的公司股票。股票增值权的行权期限一般超过高管任职期限，这有助于约束和减少经理层的短期行为。

股票增值权的优点是，任何股份都不会发行，也就不会摊薄股东权益，市场比较容易接受，收益可以全额一次兑现，也可以延期兑现，受益的支付方式也较为灵活，可以是现金，也可以折合成股票，还可以是现金和股票的组合。因为激励对象不享有真正的股票，因此股票增值权计划不仅适合上市公司，也适合非上市公司。另外，如果公司现金流比较充裕，可以在激励对象行使股票增值权时轻松支付增值收益。①

4. 限制性股票（Restricted Stock）

限制性股票是指授予激励对象一定数量的公司股票，但规定激励对象仅在到期完成特定业绩目标（如扭亏为盈）时，才可抛售股票从中获益，否则公司有权予以收回。

值得指出的是，尽管股票期权在各种长期激励方式中占了相当高地位，但是自2003年微软宣布用限制性股票代替股票期权，限制性股票日渐引起国际重视。同时由于新会计准则的实施，受到期权费用化的影响，近年来限制性股票快速增长。在Equilar Inc.（San Mateo. CA）的一份关于CEO报酬的报告中说，《财富》杂志（Fortune Magazine）前1500强公司中，授予CEO限制性股票的数量在2000年是20.2%，2002年是24.9%，2003年则达到36%。② 这意味着限制性股票的重要性日益上升，我国也不例外，在颁布的《上市公司股权激励管理办法（试行）》中第三章专门规定了使用限制性股票的激励对象、业绩条件、禁止性条件等内容，是法律中明确规定的少数可以使用的激励办法之一。在2014年上市公司的股权激励方案中，采用限制性股票方案的上市公司已经占到多数，这也与近年来的趋势保持一致。数据显示，在2012年，限制性股票作为股权激励方案的使用率首次达到58.2%，而同时采用限制性股票和期权作为激励工具的公司也在增加。③

---

① 高磊. 我国上市公司股权激励完善对策研究［D］. 天津财经大学2010年硕士学位论文，第11页. 载中国优秀硕士学位论文全文数据库.

② 武学文. 限制性股票激励研究［D］. 首都经济贸易大学2007年硕士学位论文，第13页. 载中国优秀硕士学位论文全文数据库.

③ 庞瑞. 股权激励门槛"比跳高"超级增长公司如何选. 中国证券网，2014 – 10 – 30.

5. 业绩股票（Performance Shares）

业绩股票主要是对于在当年年末达到了年初预定的业绩目标的激励对象，用激励基金（从公司利润提取而成）从二级市场购买公司的流通股用于激励的一种股票。

其优点在于：其一，业绩股票符合法律法规要求，经股东大会通过即可实行，操作性强。其二是激励与约束机制相配套。每年实行一次，能够发挥滚动激励、滚动约束的良好作用。① 缺点在于：第一，考核业绩主观性较强，科学性难以保证；第二，公司支付现金的激励成本较高，容易造成压力。

6. 延期支付（Deferred Compensation）

延期支付是指公司不在当年发放薪酬（年度奖金、股权激励）收入，而是按市场价格折算成股票数量，存入专设账户，在一定期限后再支付给激励对象。根据2013年1月1日起施行的证监会《证券公司治理准则》规定：证券公司高级管理人员的绩效年薪由董事会根据高级管理人员的年度绩效考核结果决定，40%以上应当采取延期支付的方式，且延期支付期限不少于3年。

其优势就在于，其与公司长期发展紧密相连，能够"路遥知马力"，更为有效地控制一些难以评估的风险，特别是经过需较长时间才能被认识到的风险（如新产品或新决策所产生的风险等），对公司与个人的赋税还有减轻的功能。弊端是：使用延期支付来设计激励机制，高管薪酬随着市场价格的变化波动性较大。

三、实施股权激励制度的价值

股权激励作为优化公司治理的重要途径，旨在通过一种长期激励机制来协调两个利益的统一即管理层利益和股东利益、公司短期利益和长期利益的有机统一，调动高管经营积极性，提高对其所服务的公司忠诚度。

其价值从理论上看，在于两个方面，分别为防御性的价值与提升性的价值②。防御性的价值在于，可以在一定程度上防止经营者的短期经营行为，以及防范"内部人控制"等侵害股东利益的行为，弱化由于信息的不对称所带来的代理问题，同时降低股东的监督成本。股权激励有利于缓解公司面临的薪酬支付压力，尤其是延期支付使得公司能够适当地降低经营成本，减少现金流出。

提升性的价值在于，能够以股东的身份参与企业决策、利润分享、风险承担，

---

① 高磊. 我国上市公司股权激励完善对策研究 [D]. 天津财经大学 2010 年硕士学位论文，第 11 页. 载中国优秀硕士学位论文全文数据库.
② 孙艳军. 上市公司股权激励法律制度研究 [J]. 山西经济管理干部学院学报，2010（4）.

从而勤勉尽责地为公司的长远发展服务。实施股权激励不仅可以提升公司持续经营能力、提高管理水平、增强公司的成长性、透明度和诚信度，不断提升公司的内在价值，且可以关注并加强投资者关系管理、强化企业责任，增强市场对公司内在价值发现和认同，从内外两方面提升公司市值水平，实现有效的市值管理。①

股权激励制度的价值从实证的角度上看：②

首先，高管层持股比例与高管层薪酬在一定程度上呈显著正相关，即高管层持股比例越高则其薪酬也越高。当高管层持有一定比例的公司股份时，在"一荣俱荣，一损俱损"的心态驱使下，高管层们会更积极地去经营公司，提高公司的业绩，为股东创利的同时也为自己增加了收入。

其次，高管层薪酬与公司业绩呈显著正相关，即在一定程度上，高管层的薪酬越高则公司的业绩就越好。根据德勤发布的《2011—2012 年度中国企业高管薪酬调研报告》，通过对高管薪酬和经营业绩的相关性分析发现，2011 年 A 股上市公司高管薪酬与基本每股收益的正相关关系最为显著。

可见，利用薪酬进行激励提高公司的经营业绩依然是切实可行的方法之一，高管层持有一定数量的股份则会促进薪酬激励的正能量。

第二节　股权激励制度的沿革

一、西方国家股权激励制度的发展

在西方国家实行资本主义股份公司制度以后股权激励就已产生，但是作为其代表形式的股票期权与员工持股计划则是近现代的产物。在西方，股票期权等长期激励薪酬占公司高管人员薪酬的比重越来越大。在美国，大公司首席执行官的薪酬构成一般为：基本工资占 17%、奖金占 11%、福利占 7%、长期激励计划占 65%。在欧洲，公司首席执行官的薪酬中，固定年薪占 49%、浮动收入占 22%、福利计划

---

①　安青松．三方面完善股权激励制度．http://stock.hexun.com/2011－05－28/130054485.html，2014 年 10 月 12 日访问．

②　一项有关上市公司管理层薪酬与公司业绩及股权结构相关性的调研研究了管理层持股比例与管理层薪酬以及管理层薪酬与公司业绩之间的关系。调研选取上海证券交易所和深圳证券交易所上市的 A 股上市公司在 2000 年至 2005 年 6 月的数据，对可能影响上市公司薪酬的具体因素与高管层薪酬构建回归方程，进行回归分析，并结合相关数据进行稳健性测试，以验证所得结论。参阅张涛，王丽萍．股权结构、激励机制与治理效率研究．北京：中国财政经济出版社，2008：127．

占11%、长期激励计划占18%。① 可见，美国CEO的长期激励计划占65%的高比重，而相比之下，欧洲上市公司高管薪酬体系中，长期激励计划则偏低，但近年也有逐步提高的趋势。

（一）美国股票期权的历史与现状

在美国，股票期权是使用范围最广和激励效用最强的激励方式之一。其大概经历了以下时期。

1. 起源

1952年，美国一家叫菲泽尔（Pfizer）的公司，为了规避边际税率高达92%的个人所得税，在雇员中推出了首个股票期权计划，从而开创了企业员工薪酬分配的新方式。同时，美国国会在1950年正式对企业的限制性股票期权进行了相关立法，这标志着员工股票期权在美国的正式确立并开始普及。②

2. 发展期

从20世纪60年代初到70年代末，股票期权计划真正作为一种对经营者的激励方式，在较大范围内被采用，尤其备受处于创业初期资金短缺的高科技企业青睐。美国政府也制定了许多相应的法律法规为股权激励的运用创造良好的环境，并给予一定的税收优惠和支持。但此阶段的股市表现平平，未能充分体现股票期权的价值。

3. 迅速扩张期

到了20世纪80年代中后期，美国证券市场开始表现良好，股价持续上扬，股票期权为管理层带来巨大收益，因而股票期权作为薪酬的一部分日渐成为经理人员薪酬的主导方式。90年代开始的美国经济长达十几年的繁荣时期，更加速其发展。1999年《财富》杂志评出的全球排名前500家大工业企业中，89%的企业实行了股票期权制度，而在高科技公司中，经理股票期权的应用则更为普遍。20多年来，美国企业管理层股票期权的广泛开展，改变了美国经理人的收入方式。如美国通用电气电器公司前总裁杰克·韦尔奇（Jack Welch）1998年总收入2.7亿美元，其中股权收益占96%以上，大大超过工资和奖金。据估计，韦尔奇退休时（2001年度）拿到的全部薪资达1620万美元，此外他还持有2200万股通用电气普通股，价值约8亿美元。根据《商业周刊》（2000年）的统计：1999年度美国收入最高的前20位首席执行官（CEO）获得的收入中，来自于股票升值的部分平均占总收入的

---

① 卡林. 银行系统加快启动薪酬改革[N]. 经济日报，2002-04-03.
② 段亚林. 股权激励制度、模式和实务操作[M]. 北京：经济管理出版社，2003：4.

90%以上。① 2011年美国本土TMT企业（数字新媒体产业，即科技、媒体、通信三个英文单词的缩写的第一个字头）的前五名高管薪酬中，股权报酬占总薪酬的比例平均在60%以上，较高者如苹果、Facebook，2011年度分别高达98%和96%。②

4. 股票期权的现状

2001年年底美国能源巨擘安然（Enron）能源公司申请破产，这件事成为股票期权激励制度的一大转折点。当时对股票期权的会计核算采用表外核算，致使安然公司发行股票期权没有反映在利润表和资产负债表中，从而虚增公司利润。最糟糕的是，安然公司的管理层在破产前纷纷抛售股票，获利颇丰。此后美国的世通公司（WorldCom）、施乐公司（Xerox）相继爆出财务丑闻，管理层持有的股票期权被认为是主要的诱导因素之一，在高管自肥的同时，损害了广大股东及债权人等绝大多数人的利益。

从"安然"丑闻等相关事件来看，不适当地使用股权激励制度容易导致高管操纵财务会计，使其注重短期效益，催生更多股市泡沫。高管享受高薪并不是由于其做出优秀的工作或卓越的业绩，仅为了自身的利益和获取高额的薪酬，此时的薪酬与业绩已经脱钩。股权激励制度的不当使用不仅使高管工作的积极性降低，而且公司也需大量的资金支付高管的薪酬。前美联储主席艾伦·格林斯潘（Alan Greenspan）就曾于2002年4月表示，一些公司出现巨大的财务黑洞，股票期权是漏洞之一。③ 而且，由于公司管理层是"内部人"，具有信息优势，股东很难对其进行有效的监控，管理层可以在公司表面仍然非常景气而实质上存在严重隐患时，及时行权或卖出所持有的股票，实现自身利益最大化，而将损失留给广大中小股东和公司普通员工。比如，安然的29名高级主管在股价崩跌之前就已出售173万股股票，获得11亿美元巨额利润，而该公司的2万名员工却被禁止出售大幅贬值的股票，使他们投资该公司股票的退休储蓄金全部泡汤，损失高达数十亿美元。④ 除了不正当操纵会计报表外，高管还可能通过倒签期权的方式破坏股权激励制度，即将股票期权日期写成早于实际授予的日期，使被授予人能够利用早期较低的股价获利。其中一个例子是，黑莓手机制造商RIM公司的四名高管因在8年中违规操作RIM股

---

① 罗莱娜. 股票期权制度中的公司法问题探析. http://china.findlaw.cn/gongsifalv/gongsifalunwen/7700_3.html, 2014年7月27日访问.

② 德勤中国高管薪酬研究中心. 2011—2012年度中国企业高管薪酬调研报告. 财新网, 2014年11月12日访问.

③ 李东燕. 对经理股票期权制几个问题的探讨 [J]. 北京工商大学学报：社会科学版, 2002 (6).

④ 王天习. 公司治理与独立董事研究 [M]. 北京：中国法制出版社, 2005：231.

票期权而被控告,这4名高管被处以140万美元罚金并上缴80多万美元不当收入。①

因此,股票期权有利有弊,如果没有很好的监督约束机制,高管很可能会采取投机性经营急剧提升股价,甚至为满足个人贪欲铤而走险造假账。因此,要防止因激励成本过高而使股东权益摊薄过多,在法律上对其完善必不可少。

(二) 美国股票期权的立法

1. 公司法律制度方面

第一,美国通过《萨班斯-奥克斯利法案》,完善公司内控机制。继安然公司破产之后,上市公司和证券市场丑闻不断,又爆出世界通信公司会计丑闻事件,彻底打击了投资者对资本市场的信心。2002年,美国国会和政府迅速出台了《公众公司会计改革和投资者保护法案》,又称《萨班斯-奥克斯利法案》(Sarbanes-Oxley Act,SOX法案),法案对美国1933年《证券法》、1934年《证券交易法》作了不少修订,在会计职业监管、公司治理、证券市场监管等方面做出了许多新的规定。其最突出的特点在于强化了公司首席执行官(CEO)与财务总监(CFO)的监管责任,强制性要求完善内部控制机制,对于违反法案的公司管理层等相关利益主体实行严厉的惩罚规则。这些重典严责对于规范股票期权起到积极作用。此外,美国纽约股票交易所也发布数条建议,其中很重要的一条就是要对管理层的经营行为和收入进行规范,防止股票期权被滥用。

第二,股东优先认股权的排除适用。为了推行股票期权制度,美国《示范公司法》(Model Business Corporation Act,MBCA)第6.30(b)条第3款第2项规定:用于董事、高管、代理人或公司雇员、公司的下属子公司或其分支机构兑换或行使选择权的股票,股东没有优先购买权。从而排除了股东在股票期权范围内的优先认股权,另外,美国公司实行的授权资本制和证券发行的注册制,都为推行股票期权制度提供了充裕的法律空间。

第三,确定股权激励的考核标准、程序。在美国,在股权激励计划制定与考核方面,主要是通过完善议事规则和程序,加强独立董事的任职要求、强化独立董事的责任机制等措施来加以保障。

2. 证券法律制度方面

美国证券法体系一般由两个层次即联邦证券法和州证券法组成,注册和信息披露是两个重中之重的必要环节。

在美国发行证券均被要求进行注册,除非符合豁免条件。由于豁免注册节约了

---

① 安祖. RIM公司4名高管倒签期权被罚140万美元. http://www.hrdchina.org/news/view_10882.html,2015年1月8日访问.

公司成本，所以在实施股票期权计划时，公司会努力争取达到法定豁免标准。在加州，要向企业高层经理授予股票期权，公司可以根据《加州公司法》（California Coporation Code）第25102款（f）获得豁免，但是该豁免仅向企业发行限额在35人以下的计划实行。由于该规定较为严格，加州立法机关在1996年作了修改，不再有人数限额的规定，涉及的证券同时可以豁免1933年《联邦证券法》（Federal Securities Laws）第701款关于注册的要求。此外，1934年《美国证券交易法》对行权时间作了限制性规定。①

股票期权计划实施时除了遵守上述规定之外，还要满足其他规定要求，公司要遵守《联邦证券法》的反欺诈条款，要定期向期权被授予者披露有关公司的相应信息，其中就包括公司财务的说明、经理薪酬的披露等。尤其是安然事件爆发以后，美国证监会、纽约证券交易所和纳斯达克（NASDAQ）交易所出台了多项有关上市公司信息披露的新规定，如提高证券发行公司对预测的财务状况的披露等。②

从美国《证券法》和《加州证券法》的演变过程看，在注册环节对股票期权的保护由原来的严格限制到豁免条款放宽，对股权激励起到了积极推动作用。而在信息披露环节，则是更为严格化。③ 这一张一弛，体现了美国证券法股权激励的宽严结合的监管理念。

（三）英国股票期权的立法

在20世纪70年代，英国政府起初并不看重股票期权，对其没有给予必要的优惠保护。到了20世纪80年代初，英国开始重视股票期权在公司治理中的激励作用，1980年政府制定并实施了"储蓄及股票计划"。该计划规定在行权期间公司员工及经理未出售股票便可以不纳税，在股票出手之时只需缴纳售出价与行权价之间的差额所产生的资本利得税。1984年，英国税务署又通过了"经营管理层股票期权计划"，公司管理层根据该计划而实施的股票期权收入可以记为资本利得。按资本利得税率进行纳税（1984年最高为30%，而个人所得税税率最高为60%）。到了1999年，英国政府又推行了创业企业管理层和公司员工推行股票期权激励计划。虽然对税收优惠有所限制，但是如果股票期权计划获得国内税务局批准，行权收益可以获得较大幅度的税收优惠。

---

① 要求行权时间仅限于特定的"窗口期"。具体的窗口期是指从每季度收入和利润等公布后的第三个工作日起至每季度第三个月的第十天止。
② 常传领.美国股票期权制度的实践经验及其思考［J］.社会科学论坛，2009：75.
③ 朱崇刚.上市公司股权激励制度法律问题研究［D］.吉林大学2010年硕士学位论文，第11页.载中国优秀硕士学位论文全文数据库.

(四)日本股票期权的立法

股票期权在日本的引入始于20世纪90年代,1995年9月日本索尼公司通过公司可转换债权模拟股票期权方式规避了法律限制,开创日本公司推行股票期权的先河。随后日本软件银行采用公司大股东转让股权的方式引入股票期权制度。1995年11月日本通过《特定新事业法》,1997年5月修改公司法,这样日本为特定新事业企业和一般上市公司引入股票期权提供了法律依据。修改法生效后仅1月,日本已有35家公司引入股票期权制度,其中7家是营业额超过1000亿日元的大公司,在引入股票期权制度的同时,日本各界强调要从完善独立监事和股东派生诉讼制度强化公司自律等方面,进一步完善公司治理,防止内幕交易。① 日本政府也相应地调整其《日本商法典》《日本税法》《日本证券法》的相关内容,旨在从法律上对股票期权等激励制度提供强有力的规制和保障。在商法方面,2001年日本商法改革,正式引入新股预约权制度。所谓新股预约权,是指其持有人(新股预约权人)在行使该权利时,公司负有向其发行新股,或者代之以转移公司所持有的自己股份义务的权利。② 这一制度大大放宽了法律限制,赋予了公司极大的自主决定权。在授予对象上,规定只要符合必要的程序,新股预约权人可以是公司的董事、监事、会计监察人、公司高级管理人员,甚至可以是子公司或关联公司的董事和监事等。新股预约权的行使时间可以由双方当事人自己约定,并且只要在该公司授权资本允许范围内,公司对发行新股预约权的数量有自主决定权。另外,公司实行新股预约权制度不需要公司章程进行事先授权,且权利可以转让,这一点与通常的股票期权不同。2005年日本修改《日本公司法》,调整了有关新股预约权制度的一些规定,在发行程序、股份公司对新股预约权取得及注销和新股预约权股东分配等方面都进行了修改和完善。③ 在税法方面规定,员工在行权日确认收入仅就当日的股票价格与授予股票时的价格之间的差价部分纳税。此外,《日本证券法》也规定了公司有信息披露和注册的义务。尽管日本从20世纪90年代才开始发展股票期权等激励制度,但是在通过相关法律的修改后极大地促进了股票期权的发展。截至20世纪末和21世纪初,已有近200家公司相继实施股票期权。

(五)德国股票期权的立法

在德国,与欠发达的证券市场相匹配,高管股权激励仍处于起步阶段。为了促

---

① 陈清泰,吴敬琏. 股票期权激励制度法规政策研究报告 [M]. 北京:中国财政经济出版社,2002:12.
② 《日本商法典》第280之19条。
③ 潘璐莎. 论我国股票期权法律制度的完善 [D]. 浙江大学2011年硕士论文,第20页. 载中国优秀硕士学位论文全文数据库.

使高管人员与股东利益保持一致,德国企业采用股权激励的形式有股票期权、股票增值权和限定股,且法律法规颁布并规定了新的关于如何适当地制定和确定高管人员报酬的指导方针以改善德国的企业管制状况。特别是20世纪90年代末,德国通过修改《股份公司法》正式允许实施股票期权制度,不过实施范围仅限于股份公司,且法律体系并不完善。2009年8月正式出台的《管理层适当薪酬法案》(Act on the Appropriateness of Management Board Remuneration)规定:员工在公司授予股票期权之日起4年内不得取得可行权,即4年后股票期权可行权条件才得以满足,员工方可以约定价格购买公司股票。实践中,股权激励计划在公司治理方面拥有的许多优势并未被充分挖掘,高管人员追求与股东一致性利益的动机仍较低,大多数股权激励计划仅仅作为对政府干预措施的响应方法实施。目前,30家DAX指数公司(由德意志交易所集团推出的一个重要的蓝筹股指数,包含有30家主要德国公司)中在2010年的薪酬报告中只有21家(或70%)公司使用股权激励,且德国对于股票期权计划没有优惠政策,股票期权制度普及程度并不高。

总体来看,股权激励制度在西方的发展还是新生事物,作为长期激励高管的有效工具之一已得到认可,但股权激励是把双刃剑,如果没有很好的监督,就会出现类似"安然"事件使公司陷入信任危机,为此,股权激励立法应更为慎重,政府监管也应更严格。

二、我国股权激励制度的演进

(一)萌芽阶段

纵观历史,我国股权激励肇端于明清之际,早在19世纪20年代,山西票号就发明了身股制,又称顶身股制度,票号将股本分为银股和顶身股两种:银股为东家的出资;掌柜和伙计以人力入股的称顶身股。顶身股和银股一样,享有同等分红的权利,但不承担亏损,由东家根据工龄、职务、贡献、工作态度等进行分配,因此随着时间的推移,顶身股会渐次增多,甚至超过银股。如乔家大德通票号,1889年第一账期分红时有银股20股,顶身股9.7股,顶身股由23名伙友分别持有;而到1908年,银股仍然是20股,但顶身股已上升到23.95股,拥有顶身股的伙友增加到57名。① 这种"顶身股制"接近于西方管理层持股(MBO)以及员工持股(ESOP),它把经理及员工的利益与票号利益、财东利益紧密相连,发挥了积极的激励作用。

---

① 夏凡. 高管股票期权激励机制研究. http://www.sasac.gov.cn/n1180/n1271/n4213364/n4213672/n6212098/6213587.html,2015年1月7日访问.

(二) 探索改革阶段

改革开放以来真正意义上的股权激励伴随国企改革推行起来。国企改革的30多年,探索过承包、租赁、奖金等短期激励形式,虽然能在一定程度上调动经营者积极性,但也促成其短视行为,牺牲企业长期发展。因而长期激励(股权激励)成为我国企业经营者的薪酬改革目标和讨论热点。

(1) 政府推动管理层持股。1994年10月14日,以中国证监会前主席周正庆发表了关于"在高科技上市公司中可以试行股票认股权"的讲话为标志,拉开了我国政府主管部门推动股权激励建设的序幕,与此同时,以联想为代表的高科技公司率先在我国实行了管理层持股。我国对管理层股权激励的试点开始于1999年的《中共中央关于国有企业改革和发展若干重大问题的决定》,该决定明确提出"建立和健全国有企业经营管理者的激励和约束机制。实行经营者收入与企业的经营绩效挂钩"。2001年的《国民经济和社会发展十年计划纲要》中提到要建立健全收入分配激励机制,试行期权制以提高国企高管人员工资报酬,另外要加强约束性,建立严格的约束、监督和制裁制度。九届人大四次会议上提到对国有上市公司管理层和技术骨干可以试行年薪制与期权制。十六大报告确立了以多种生产要素按照其贡献参与分配的原则,继续完善按劳分配、多种分配方式并存的分配格局。2003年底,《中央企业负责人考核管理办法》出台,规定央企负责人试行年薪制,先在境外上市公司推行股权激励,后在境内上市公司中展开。上述这些部门规章和党的文件为管理层按人力资本分配提供了依据,放飞了股权激励的探索空间。

(2) 股权激励制度的试点探索。1999年10月22日上海市《关于对本市国有企业经营者实施期股(权)激励的若干意见(试行)》规定可以对国有资产控股的股份有限公司和国有资产控股的有限责任公司中的经营者进行期股(权)激励。此后,北京、深圳各地也出台了类似规定。2002年9月17日,《国务院办公厅转发财政部、科技部关于国有高新技术企业开展股权激励试点工作指导意见的通知》(国办发〔2002〕48号),规定对国有高新技术企业中的经营者和技术骨干可以实施股权激励,以及国有高新技术企业开展股权激励企业必须具备的条件、股权激励的方式、股权奖励的总额限制、实施程序等等。随后在2002年11月18日,财政部、科技部发布关于实施《关于国有高新技术企业开展股权激励试点工作的指导意见》(财企〔508〕号)有关问题的通知,该规定是在国办发〔2002〕48号文的基础上,对部分问题进一步明确化和具体化。

(三) 发展深化阶段

随着2002年、2003年管理层收购模式(即Management Buy Out,MBO)在上市公司逐渐流行,2005年10月27日《公司法》《证券法》修订,为推进我国股权激励制度拓展了法律空间。特别是相关部门规章日益丰富,见表6-3。

表 6-3 我国相关部门发布的规章制度

文件名称	发布机关	发布时间	备注内容
《上市公司股权激励管理办法（试行）》	中国证监会	2005 年 12 月 31 日	首次对股权激励的定义、条件、对象、信息披露等作了规定
《股权激励有关事项备忘录 1 号》	中国证监会	2008 年 3 月 16 日	明确了持股 5% 以上的主要股东或实际控制人原则上不得成为激励对象等
《股权激励有关事项备忘录 2 号》	中国证监会	2008 年 3 月 17 日	明确了上市公司监事不得成为股权激励对象等
《股权激励有关事项备忘录 3 号》	中国证监会	2008 年 9 月 16 日	对激励对象范围合理性（应在股权激励计划备案材料中逐一分析其与上市公司业务或业绩的关联程度）作了规定
《关于个人认购股票等有价证券而从雇主取得折扣或补贴收入有关征收个人所得税》	国家税务总局	1998 年 1 月 20 日	国税发【1998】9 号文件首次规定了股权激励人所得的性质属于该个人因受雇而取得的工资薪金所得，并为后来国税文件所延续，但计算方法已经被财税【2005】35 号文件所代替
《关于个人股票期权所得征收个人所得税问题的通知》	财政部、国家税务总局	2005 年 3 月 28 日	规定持有我国上市公司股票所获股息，减按 50% 计税，转让上述股票的所得，按照"财产转让"所得征税
《关于股票增值权所得和限制性股票所得征收个人所得税有关问题的通知》	财政部、国家税务总局	2009 年 1 月 7 日	对于个人从上市公司取得的股票增值权所得和限制性股票所得，比照《财政部 国家税务总局关于个人股票期权所得征收个人所得税问题的通知》《国家税务总局关于个人股票期权所得缴纳个人所得税有关问题的补充通知》的有关规定，计算征收个人所得税

续表 6-3

文件名称	发布机关	发布时间	备注内容
《关于上市公司高管人员股票期权所得缴纳个人所得税有关问题的通知》	财政部、国家税务总局	2009年5月18日	上市公司高管人员取得股票期权所得，应按照《财政部国家税务总局关于个人股票期权所得征收个人所得税问题的通知》和《国家税务总局关于个人股票期权所得缴纳个人所得税有关问题的补充通知》的有关规定，计算个人所得税应纳税额
《关于股权激励有关个人所得税问题的通知》	国家税务总局	2009年8月24日	个人因任职、受雇从上市公司取得的股票增值权所得和限制性股票所得，由上市公司或其境内机构按照"工资、薪金所得"项目和股票期权所得个人所得税计税方法，依法扣缴其个人所得税
《公开发行证券的公司信息披露规范问答第2号——中高层管理人员激励基金的提取》	财政部	2001年6月29日	明确了公司奖励中高层管理人员的支出应当计入成本费用，不能作为利润分配处理
《企业会计准则第11号——股份支付》	财政部	2006年2月15日	对股份支付的确认、计量和相关信息的披露作了规范

总体上，我国股权激励在制度设计上还主要停留在"规章试水"的阶段，法律体系不健全，对股权激励和公司治理的原理认识还需要不断深化。从实践来看，截至2011年底，首次披露股权激励方案的A股上市公司共362家，占上市公司总数（含A、B股）的13.92%，这与发达资本市场的比例尚存在较大差距，A股市场的股权激励普及度仍有待提高。①

---

① 德勤中国高管薪酬研究中心. 2011—2012年中国企业高管薪酬调研报告. http://upload.news.esnai.com/2012/0621/1340243031942.pdf，2015年1月21日访问.

而且，我国股权激励制度还面临着各种问题的存在，需要完善相关法治，努力为公司创造优良的股权激励法治化环境，党的十八届三中全会提出了"健全协调运转、有效制衡的公司法人治理结构，建立长效激励约束机制"，为继续探索股权激励的实现形式指明了方向，我们应尽快完善相关法律法规体系，以保障股权激励顺利实现效率和公平。

第三节 我国上市公司高管股权激励存在的问题及完善对策

一、我国上市公司高管股权激励存在的问题

（一）从薪酬内部构成角度分析

1. 股权激励制度异化，造成"问题薪酬"，损害了公平与效率

股权激励等长期激励计划作为解决所有者与经营者利益冲突的"金手铐"薪酬模式，在薪酬结构中的地位、作用与日俱增。在现代公司中，股权激励一度形成了公司和高管们"双赢"的局面，因而曾被西方国家赞誉为"自公司制后资本主义的第二次制度革命"而推崇备至。但另一方面，股权激励制度失效时这部分也极易成为产生"高薪腐败"的温床。安然、世通等公司财务丑闻事件的相继爆发，美国的《财富》（Fortune）杂志更是冠之以"财会欺诈的始作俑者"①。2008年全球金融风暴爆发后，高管薪酬问题更加突显。深究此次金融风暴产生的原因，除了高风险的金融创新和政府监管不力之外，另有其因即是以股权激励为主的薪酬制度诱发了公司高管冒险行为。

相比国外股权激励导致的薪酬病症，我国也不乏其例。在2007年，伊利股份的净利润为4.39亿元，但巨额股权激励费用高达4.6亿元，直接导致了该年伊利亏损2100万元。还有针对高管股权激励助长天价薪酬，著名财经评论家皮海洲就曾批评格力电器董事长朱江洪2009年股权激励后获得4000万元的年收入，引发社会不公，并提出在国有企业就不应该实行股权激励制度。②

2. 公司治理结构中薪酬委员会不独立，导致股权激励计划安排有失客观公允

薪酬委员会是在英美国家企业董事会内部普遍设立的，旨在评价包括CEO、其他执行董事在内的高级管理人员的绩效，负责制定和核定董事会成员及高管人员的薪酬方案的一个专门机构。英美等资本发达市场国家一般都要求上市公司设立薪酬

---

① 杜兴强. 股票期权：公司治理的革命抑或财务欺诈的始作俑者 [J]. 时代在线，2002 (12).

② 吴敏. 格力电器董事长天价薪酬震惊各界 [N]. 证券日报，2009-03-18.

委员会。薪酬董事会对董事会负责，代表董事会执行薪酬决策特殊职能，所有的相关报告也都要提交董事会审核决定。薪酬委员会一般都由独立董事构成，独立董事理论上能够保证薪酬设计的客观性和合理性，减少内部人控制，保护股东的利益。目前我国上市公司已建立了包括股东会、董事会、监事会以及独立董事等一起的公司治理结构，并且还下设了主要由独立董事组成的审计委员会、薪酬与考核委员会、提名委员会等专门委员会。《上市公司股权激励管理办法（试行）》第28条规定："上市公司董事会下设的薪酬与考核委员会负责拟定股权激励计划草案。薪酬与考核委员会应当建立完善的议事规则，其拟订的股权激励计划草案应当提交董事会审议。"《国有控股上市公司（境内）实施股权激励试行办法》也引人注目地规定："公司治理结构规范，股东会、董事会、经理层组织健全，职责明确；外部董事（含独立董事）占董事会成员半数以上；薪酬委员会由外部董事构成，且薪酬委员会制度健全，议事规则完善，运行规范。"可见，上市公司股权激励实施过程中，薪酬委员会担负着重要的职责：①薪酬委员会主要由独立董事构成，保证决策的独立性和科学性；②股权激励计划必须根据高管的工作内容、职责、重要性以及其他相关企业相关岗位的薪酬水平，由薪酬委员会提出，报董事会批准，并经股东大会审议通过后方可实施；③计划实施过程中，薪酬委员会需要审查、监督激励对象履行职责，并对其进行年度绩效考评。薪酬委员会在制定股权激励计划中至关重要，要做到客观、独立和公正，以股东利益为原则设计合理的股权激励计划。从权力上看，薪酬委员会由不受控于公司管理层的人士组成，具有专业性和独立性，委员会对高管薪酬的政策、程序、标准拥有完全的实施权和控制权，而不需要事前向CEO请示或与其商议，这包括：直接向董事会提交薪酬建议、直接要求人力资源部向其提供所需的数据和信息、直接雇用薪酬咨询顾问专家等。[①]

  但实践中，独立董事与CEO之间"互相挠背"，彼此都能各取所需，独立董事"讨好"高管，从而更大可能地保留其独立董事的地位，获得更多利益。高管们则肆无忌惮日益扩大自己权力，越来越多地倾向于自定薪酬，不少上市公司仍是有执行董事参与薪酬委员会决策，出现了内部人给内部人定工资。因而原来提倡由独立董事来担任的上市公司薪酬委员会并没有发挥有效的监管和建议作用，这使中小股东，甚至大股东的权益都无法保障。另外，上市公司出现了较多的薪酬委员会主席

[①] 赵磊. 重构国有上市公司薪酬委员会[J]. 董事会, 2007.

或委员会委员由公司董事长或者母公司领导兼任的现象。① 薪酬委员会并没有完全独立地、公正地设计股权激励制度，对高管的"讨好"心态，"双赢措施"使得长期激励计划背离其最初设立的合理初衷，反而是更好地为高管利益服务，这样一来高管可以轻易操控、设计出一套对自己而言方便易行的激励计划，包含股权激励制度的薪酬计划从设计之初就缺乏了有效地监督和约束，制度失灵，"问题薪酬"自然一发而不可收。同时，从法律环境来看，薪酬委员会作为一个新事物，委员会成员组成结构比例、委员报酬和具体议事规程等方面在法律上都没有详细的规定。即使已经出台的相关指导意见也因为过于简单、零散而导致操作性不强，这导致管理层可以肆意控制薪酬委员会的组建、运行程序，无法真正地发挥薪酬委员会原本的积极作用。

3. 股权激励中业绩考核标准不明确、薪酬与业绩联系度低②或业绩考核标准过低，出现高管自利

一方面，股权激励中业绩考核标准不明确、薪酬与业绩联系度低。科学的业绩考核标准是股权激励制度设计合理有效的试金石。如果业绩考核标准不明确，高管层可以利用其熟悉公司运营等优势钻空子，以达到标准为目的，而不关注实施过程和效果。如果考核标准严谨科学，则可以有效地促使高管合法地为达到考核标准勤勉尽责工作。因此，股权激励设计时一定要与科学的绩效考核结合起来。绩效考核指标是否科学合理，直接影响到股权激励实施的效果。通常而言，在有效的证券市场中，公司的股票价格反映了公司的绩效，股价是用来评估高管业绩的主要有效工具之一。但证券市场的不确定性为管理层的股权激励增加了不可控因素，无法为管理层的决策水平和努力程度提供可靠的反馈，这大大影响了股权激励制度作用的发挥。实践操作中，常出现的困扰是我们很难分清楚公司的"股权收益"到底是来自于高管们的勤勉工作还是由于市场等其他原因造成的。一个公司的股票价格可能因其与高管自身努力和决策无关的原因而上涨，比如利率下调，等等。根据一项有关

---

① 对主体业务全部或大部分进入上市公司的企业，其外部董事应为任职公司或控股公司以外的人员。这一情形最典型的为宝钢股份（600019），其属于母公司主体资产已经进入上市公司的整体上市型公司，则其控股公司宝钢集团向上市公司派出的董事就不属于外部董事，不具有"独立性"。2006年5月，史美伦、曾璇、谢祖墀、欧阳英鹏被聘为宝钢股份公司薪酬与考核委员会委员，其中史美伦、曾璇、谢祖墀为公司的独立董事，而欧阳英鹏为公司副董事长，不是外部董事。因此，为了宝钢股权激励计划的顺利实施，取消这一治理结构的瑕疵，宝钢股份于12月份批准欧阳英鹏辞去薪酬委员会委员的职务，增选吴耀文为薪酬委员会委员。参阅赵磊. 重构国有上市公司薪酬委员会［J］. 董事会，2007.

② 钱前. 论我国上市公司股权激励制度——以高管薪酬改革为切入［D］. 华东政法大学 2010年硕士论文，第29页. 载中国优秀硕士学位论文全文数据库.

美国近10年期间股票价格变动的调研发现，只有30%的股价变动是反映了公司的经营状况，而其他70%都是由于市场原因造成的。① 可见，高管在实施股权计划过程中会获得很多与其业绩没有关系的收益，这与上市公司在设计股权激励计划时缺乏切实可行的高管层绩效考核标准并且对行权要求设定过于模糊有关，这模糊极易造成股东的付出与回报不对等、高管层获得的高价薪酬与其付出联系不紧密等。

另一方面，股权激励方案的绩效考核指标过低，存在高管自利行为。因为只有满足绩效考核指标的要求，高管才能够进入股票期权的行权阶段，高管为了顺利获得股权或者兑现股权，最快捷的方式即是制定较低的绩效考核指标。之所以存在高管自利行为还有一个重要原因，即公司缺乏严谨的约束监督机制，公司治理结构不完善，高管享有公司的控制权，没有针对高管更为有力的监督机制，因此高管可以轻易地控制绩效考核的指标以及行权的条件，从而实现自身的自利行为。从实践上看，厦门大学吴育辉和吴世农在2010年对82家上市公司股权激励计划草案的研究发现，尽管这些公司的盈利能力和成长性较好，但是股权激励方案的绩效考核指标都异常宽松，有利于公司高管获得和行使股票期权，体现出明显的高管自利行为。② 特别是在行权价格方面，过低的行权价格已经泛滥。从2010年公告预案的91家公司来看，采用期权激励的公司，激励对象或授期权的价格（行权价格）都低于二级市场价格，有的公司的行权价格甚至近似市场价格的三分之一。而在行权条件方面，行权条件异常宽松，如实施股票期权的泸州老窖，2010年以来，公司激励计划的行权条件为净利润必须增长12%以上，而从公司过去几年净利润增长率来看，年复合增长率远超过33%。③

4. 内部监控约束机制不健全，造成股权激励失效

对高管的内部监控约束不足也是造成股权激励失效，高管趁机攫取高价薪酬的原因之一。内部监控机制主要来自监事会、股东、董事会的监督。

（1）从监事会监控机制来看，首先，监事会的监督作用没有得到应有的发挥。我国公司法规定的监事会职权还仅仅停留在业务监督层面，如对财务的检查，违反章程行为的监督，董事、经理损害公司利益行为的纠正等，监事会对股权激励计划缺乏有针对性的专门有效监督。其次，我国监事会没有像德国那样决定经理人员或是董事会成员"任免"的权力，这导致了实际监督能力的"弱化"和"虚化"，监

---

① 卢西恩·伯切克，杰西·弗里德. 无功受禄：审视美国高管薪酬制度 [M]. 赵立新，等译. 北京：法律出版社，2009：128.

② 吴育辉，吴世农. 企业高管自利行为及其影响因素研究——基于我国上市公司股权激励草案的证据 [J]. 管理世界，2010（5）.

③ 高明华. 中国上市公司高管薪酬指数报告（2011）[M]. 北京：经济科学出版社，2011：3.

事会的任免机制决定了其作用的实效不大。根据上海证券交易所的上市公司治理问卷调查，73%的公司监事会主席是企业内部提拔上来的，绝大部分公司监事会副主席和其他监事也是企业内提拔上来的。① 内部提拔的方式无法保证独立性，反而会造成监事与高管串通一气，恶化了公司治理环境。最后，监事会经费和监事报酬在很大程度上受制于控股股东、董事会以及管理层。据调查有超过50%的公司中监事会经费和监事报酬由董事会、管理层和其他部门决定，② 这意味着监事在行使监督职能时丧失了完全的独立性，与董事和管理层"同裤连裆"，否则其工资可能遭受影响。

（2）从股东监控机制来看，高管行为的最终控制者是股东，但是在现实中高管对公司经营全面掌控，出现"强管理者、弱所有者"格局，股东权力软化，无法实施强有力的监督。实践中，股东缺乏必要的时间和能力对经理层的工作进行评价或不愿意花费大量时间、精力去"用手投票"，而是倾向于选择"用脚投票"，若不满意经理层的行为，股东更愿意选择退出公司。而且，股东也存在着"搭便车"的侥幸心理，认为别的股东会积极监管经理层的行为。特别是小股东参与股东大会和代理权争夺的积极性很小，也无力从事这些活动，很容易形成内部人控制或经营者主导。在这种情况下股权激励的决策往往受管理层控制，实施股权激励往往是"自己激励自己"。为实现自己的利益，管理层降低股票激励的行权条件，甚至将未来的规划和增长潜力加以隐藏，在设计的激励方案去除利好预期，从而轻易行权。这种激励计划不能代表股东的真实意图，并可能被公司管理层所滥用，甚至出现管理者在制定激励计划时损害股东利益的情形。

（3）从董事会监控机制来看，现代公司中，董事会是作为股东的代理人来实施公司治理，即选择和保证经营者对股东"履行代理职责"。根据《公司法》的规定：董事会有权决定聘任或者解聘公司经理及其报酬事项，并根据经理的提名决定聘任或者解聘公司副经理、财务负责人及其报酬事项。可见，董事会对经理层具有直接的监控作用。但要想保证公平公正的监督，董事会应该保持其相对于高管经理层的独立性。2001年美国甲骨文公司（Oracle）CEO 劳伦斯·埃里森（Lawrence J. Elison）在应当发布公司业绩预警的情况下，利用其职位制止了该行为，而先行通过行使股票期权使自己获利7亿美元。这一行为在曝光后引起了监管部门的调查并广受投资者指责。就我国而言，独立董事制度尚不健全，特别是部分董事会成员兼任经理人，受传统"袍泽之谊"的熏陶，监督约束机制要么被腐化，要么流于

---

① 张晓宇. 试论完善上市公司监事会制度 [J]. 渝西学院学报，2003（2）.
② 李维安. 中国公司治理原则与国际比较 [M]. 北京：中国财政经济出版社，2001：124.

形式。

总之，由于我国上市公司内部监事会、股东、董事会的监督普遍缺乏，有效的内部监督机制没有到位，对于公司财务核算、经营管理者业绩的评价缺乏监控，对经营管理层缺乏必要的监督和约束，公司高管存在"自我考核、自我激励"，导致了上市公司大量的短期行为以及控股股东之间的不正当关联交易。进言之，公司高管为了实现一己私利，往往会损害企业长远利益，采取短期行为，如减少长期的研发费用、提高当期利润、高价套现持有的股票。极端化的表现是，激励受益人粉饰财务报表、调节利润、操纵股价。北京大学法学院刘燕教授分析了我国资本市场中的伊利、海南海药等上市公司因股权激励而亏损的事件，指出法律体系以及会计准则的单独运作都难以对管理层自利行为构成有效约束。[1]

5. 股权激励过度亦损害了股东和普通员工等利益相关者的利益

股权激励状态下能够实现公司委托人与代理人利益统一，并且在实践中股权激励被证实的确对高管产生了激励作用。但若将公司大部分剩余留给管理层，容易激化管理层与股东以及其他利益相关者的利益冲突，股权激励引起的对原有股权的稀释作用也在加强，股东的利益也在一定程度上受到损害。正如沃伦·巴菲特（Warren Buffett）所说，尽管股权激励可能是一个恰当的，甚至是理想的报酬方式，但它在奖励分配上通常是非常多变和不可靠的，对股东而言，其代价往往过于高昂。随着股票期权授予范围的扩大和数量的增加，公司高管掌握的股票期权陆续实现，由此引起的原有股权分散化，进一步导致股东日益丧失对经营者有效监管的能力。当公司的股价下跌时，公司往往采取对股票期权的重新定价或者股票回购等措施以确保经理人的利益，相应地忽视了公司规章制度的约束性和股东利益的保护。[2]

至于股权激励急剧拉大公司管理层与职工薪酬差距的问题也不容忽视。事实上，正是由于股权激励制度，造成了美国公司高管的天价薪酬问题，美国 CEO 与普通工人收入倍数关系从 1980 年的 42 倍骤升至 2000 年的 525 倍。我国上市公司股权激励实施时间虽短，但造富效应已经突显。[3]这表明，尽管我国上市公司实施股权激励计划与发达国家相比有一定的差距，但是在薪酬上的增长速度极为迅速，且与员工薪酬差距有扩大之势，引发了社会不公问题。

---

[1] 傅穹，于永宁. 高管薪酬的法律迷思 [J]. 法律科学，2009（6）.
[2] 田晋宁. 我国股票期权激励制度法律问题研究 [D]. 复旦大学 2011 年硕士学位论文，第 23 页. 载中国优秀硕士学位论文全文数据库.
[3] 宫玉松. 上市公司股权激励问题探析 [J]. 经济理论与经济管理，2012（11）.

（二）从股权激励的外部保障体系方面来分析

1. 相关的国家法律法规仍不健全

（1）在税收优惠上，国外很多国家提供了实行股权激励的优惠税收政策，但在我国除征收印花税外，还对股息、红利计征所得税，减少了受益者实际收益，激励效果难以实现。在新会计准则中，股权激励费用是否属于非经常性损益项目，还需相关部门认定。等待期（可行权条件得到满足的期间）内的会计处理将增加当期费用，同时增加"资本公积"。因此，净资产没有重大变化，当期利润减少。由于股权激励费用导致利润减少，若将其归入非经常性损益项目，扣除非经常性损益后的净利润将较扣除前增加，因此，从上市公司自身的角度出发，更希望将其界定为非经常性损益项目。① 但是这仍处于争议之中。

（2）《公司法》《证券法》等相关法律依然不够完善。

首先，2005年修订《公司法》导入了分期缴纳出资制度，但仍未摆脱法定资本制的藩篱。② 根据《公司法》第26条和第81条的规定：公司的注册资本为公司登记机关登记的全体发起人认缴（认购）的股本总额。这种法定资本即实收资本制的规定使得公司不能够设置库存股以满足股权激励计划的需要。③ 我国《公司法》虽然规定了允许在法定条件下回购本公司股票（必须在十日内注销该部分股份），但不允许公司拥有库存股（公司回购且不注销的股票称之为库存股），这样在我国就不能通过发行预留股份来获得激励股票，尽管可以通过回购④、再次发行新股等其他途径来获得所需股票，但是这些途径较之授权资本制下的预留股票没有那么低成本、便利、稳定可靠。值得指出的是，2014年3月1日起施行的新《公司法》将注册资本实缴登记制改为认缴登记制，即公司股东可以自主约定认缴出资额、出资方式、出资期限等，并记载于公司的章程，这为一般公司设置库存股扫清了法律

---

① 初一. 股权激励费用算不算非经常性损益亟待认定 [N]. 上海证券报，2006 – 12 – 05.

② 刘俊海. 新公司法的制度创新：立法争点与解释难点 [M]. 北京：法律出版社，2006：12.

③ 陈文. 股权激励与公司治理法律实务 [M]. 北京：法律出版社，2005：168.

④ 根据我国2014年3月1日开始实行的新《公司法》第142条的规定：在将股份奖励给本公司职工的情况下，公司可以收购本公司的股票。同时在《上市公司股权激励治理办法》第11条中也明确规定了回购本公司股票已经成为作为股权激励计划的标的股票的合法来源。因此，我国上市公司将回购股票作为股票期权计划中正常的股票来源渠道是没有问题的。

障碍，但根据我国现行《中华人民共和国商业银行法》《证券法》，商业银行①、证券公司仍是实行法定资本制度，这对其设置库存股，实施股权激励仍有羁绊。

其次，我国多数上市公司在信息披露中，对股票期权的总费用、期权数量的合理估计方法以及等待期各阶段的摊销情况没有提及，对采用公允价值的计算方法及其依据没有详细说明。此外信息披露所涉及的人的规定仅限于公司董事、监事、高级管理人员等，缺乏对大股东的监督，而美国除此之外还包含了对持有10%股份以上的股东以及薪酬较高的公司员工的监督。而且我国法律没有明确要求对股票期权实施过程中的重大事件必须做出临时公告，这对投资者的保护极为不利。②

最后，2013年6月，新《证券投资基金法》实施后对于"公开募集基金的基金管理人可以实行专业人士持股计划，建立长效激励约束机制，并放开持股5%以下股权转让的行政审批"的相关规定，为基金公司股权激励机制实现铺平了道路。但现行《证券法》禁止证券从业人员买卖持有股票，③成为推进证券公司股权激励计划的一大法律障碍，实践中截至2012年12月，国内A股市场共有19家上市证券公司，只有中信证券实施了股权激励。2013年3月16日，中国证监会下发了《证券公司股权激励约束机制管理规定（征求意见稿）》，但由于涉及国资和相关法律法规的修改而进展缓慢，该管理规定的正式版文件至今却迟迟未见下发。为此，证券公司的股权激励还无法得到有效的保障。

（3）我国目前的股票期权制度还主要适用规章主导的"试水"模式，2006年1月1日中国证监会颁布《上市公司股权激励管理办法（试行）》，同年国务院国资

---

① 早在2006年、2007年中国交通银行、中国银行、中国建设银行、招商银行都先后推出了股权激励计划，但随之而来的争议也此起彼伏。2008年6月，财政部下发《关于清理国有控股上市金融企业股权激励有关问题通知》65号文规定：国有控股上市金融企业不得擅自搞股权激励，对于准备设立和已经在做股权激励的企业予以暂停。这一规定在当时令不少金融机构的股权激励计划搁浅。2013年7月19日银监会发布《商业银行公司治理指引》第112条规定：商业银行可以根据国家有关规定制定本行中长期激励计划。2013年9月16日，在中国银行业协会第十三次会员大会上，银监会主席尚福林发表主题演讲时首次公开表示，将逐步探索试点股权激励等中长期激励方式，这意味着商业银行股权激励试验重新启动。参阅王月金.银监会：银行股权激励或放行[N].中国经济时报，2011-07-28.闫瑾.我国银行业将试点股权激励[N].北京商报，2013-09-17.

② 田晋宁.我国股票期权激励制度法律问题研究[D].复旦大学2011年硕士学位论文，第52页.载中国优秀硕士学位论文全文数据库.

③ 2014年修订《证券法》第43条规定：证券交易所、证券公司和证券登记结算机构的从业人员、证券监督管理机构的工作人员以及法律、行政法规禁止参与股票交易的其他人员，在任期或者法定限期内，不得直接或者以化名、借他人名义持有、买卖股票，也不得收受他人赠送的股票。任何人在成为前款所列人员时，其原已持有的股票，必须依法转让。

委和财政部联合发布了《国有控股上市公司(境外)实施股权激励试行办法》和《国有控股上市公司(境内)实施股权激励试行办法》,为我国资本市场占主体地位的国有企业依法实施股权激励铺平了道路。但针对国有上市公司与非国有上市公司的激励对象、范围、信息披露等规定尚不统一,① 且规范的层级过低,均为部门发布的行政规章,监管的执行力度、规范的普及性以及相关规定的科学性均无法应对现实中对完善股权激励制度的法律需求。还有,对特殊类公司(如银行机构)股权激励的制度安排考虑不周,动辄以规章形式干预股权激励的做法。2008 年 6 月,财政部下发《关于清理国有控股上市金融企业股权激励有关问题通知》65 号文规定:国有控股上市金融企业不得擅自搞股权激励,与市场起决定作用的资源配置理念背道而驰。

(4) 司法裁判标准、保障机制亟待完善。股票期权实质上是公司对员工的一种福利待遇,也是一种激励机制,它是建立在劳动关系的基础之上的一种新的分配方式。目前我国股票期权计划推行中,公司高管(包括普通员工)与单位之间这方面纠纷日益增多,其法律性质应属于劳动报酬争议纠纷,适用劳动争议仲裁的前置程序,还是属于新型股票期权合同纠纷,法院可否直接受理,尚存争议,法律适用起来往往无所适从。因为根据《中华人民共和国劳动法》第 50 条规定:工资应当以货币形式按月支付给劳动者本人。而根据国务院《工资组成规定》的相关规定:股票类收益并不属于工资报酬之列。依照《中华人民共和国劳动争议调解仲裁法》第 2 条规定:劳动争议的六种类型中不包含股权激励纠纷。在 1998 年国家税务总局《关于个人认购股票等有价证券而从雇主取得折扣或补贴收入有关征收个人所得税问题的通知》中虽然没有用"股票期权"的字眼,但是实质上首次提出了"股票期权"征收个人所得税的概念,并且明确界定为工资薪金所得。但该文件法律位阶低,不及一般法律的效力。总之,对于股票期权是否属于劳动报酬问题,尚无明确的法律依据。有观点认为,员工股票期权起着维系公司与员工相互信任的作用,激励员工提高工作效率,因而从其勤恳的工作中获得的利益期待权,该利益期待权基于公司与员工间劳动关系而产生,包含着员工的劳动成果,是其薪酬收入的组成部分,其争议性质应属于劳动争议。② 但是上海市第一中级人民法院认为,"期权权益同时建立在劳动关系和支付对价之上,原告除了参加劳动之外,其行权时还需向公司支付价金,两者缺一不可,因而它不是一种单纯的劳动权益,而是一种可选择的民事权益。同时,这种期权权益是一种附条件、附期限而且是不确定的激励机

---

① 官欣荣. 论我国股权激励的本土创新 [J]. 法商研究, 2008 (1).
② 朱慧, 陈慧颖. 员工股份期权争议的若干法律探讨 [J]. 中国人力资源开发, 2007 (1).

制,因此它不是我国劳动法调整的那种法定的劳动福利范畴,而是一种风险权益。"① 这种定义代表了实务界的观点,对相关纠纷的司法政策制定和公司股权激励计划的有效实施产生了重要影响,但缺少制定法上的明文依据。

2. 资本市场尚未完全成熟

我国是一个新兴+转轨的资本市场,资本市场的有效性不足成为制约股权激励制度功能发挥的重要因素。由于欠缺做市商制度和机构投资者不成熟,我国资本市场缺乏有效信息的制造者,市场上的价格信号反映的多半是股票商品的供求关系下的投机价值,而对公司真实的、长远的投资价值的评判信号的发掘却少得可怜。在此情形下,资本市场上主要以股票投机性交易为主,庄家操纵股价严重,公司信息披露失灵,甚至股权激励有时也会刺激游资炒作股价,它所引起的价格波动既不能给予投资者传递公司真实价值的投资信号,也不能对公司的盈利能力和经理人业绩给予客观的市场评价。在此种市场环境下实施股票期权有可能出现股票期权的反向激励效应,经营不善的亏损公司的股票期权有可能收益反而丰厚。因此,在资本市场有效性程度不足时,企业推行股权激励制度的实践效果将大打折扣。

3. 缺乏完善的经理人市场

在西方发达国家,从 1841 年美国产生全球第一位职业经理人至今,经过 170 多年的发展,西方经理人市场已经发展成为一个成熟、市场化、充分竞争、规模庞大的高管人才市场。而在我国,职业经理人市场尚处在起步阶段,存在水平参差不齐、鱼目混珠的现象,职业经理人市场的充分竞争更无从谈起。

市场化的选拔机制有利于经理人努力工作提高自身声誉,加大升迁等获得激励奖励的机会,同时经理人在经营中会考虑自身在经理市场中的价值定位而避免采取投机、偷懒等行为。在国有上市公司,经理人的行政任命或者其他非市场方法选择经理人的方式已经阻碍了股权激励制度的发展,并导致公司绩效下降。对于经理人配置机制,国内很多学者对此问题进行了广泛研究,张维迎教授认为,"中国国有企业改革在解决激励机制方面是相对成功的,而解决经营者选择机制方面是不成功的",同时他又认为,"现代企业管理体制的作用之一,就是使最有才能的人占据经营者岗位,而不是笨蛋"。② 宋东林教授从治理效率的角度阐释深化公司治理的重要性,提出"公司治理就是一整套承担并发挥企业家职能的制度安排"。现实中的情况让人堪忧,较之民营上市公司,国有上市公司的管理者在选用程序上呈现独有

---

① 上海市第一中级人民法院(2001)沪一中经终字第 1807 号判决书。
② 张维迎. 从公司治理结构看中国国有企业改革的成效、问题与出路 [J]. 社会科学战线,1997(2).

的特殊性，采用"控制权行政配置"的方式来"组阁"管理层①，所谓"控制权行政配置"，是指企业经营者的任免权由政府来支配，而不是通过经理人市场来实现自由配置。政府一直控制着国有企业经理的任命权，形成了有中国特色的企业控制权安排，即政府对国有企业的人事控制权及与此相关的经营控制权和收益分配权。这种方式有两大弊端：一方面，与谋求企业管理效率和利润相比，管理者更热衷权力的追逐，没有强有力的"政治动力"促进股权激励实施，管理者不会冒风险去进行推广。另一方面，由于管理者通过政府部门任免，一些重大经营决策不可避免地受到政府主管部门的干预或直接决策，且不谈因为信息不对称造成的经营不利，就是在公司业绩增长期间，高管业绩由于政府部门监管的鞭长莫及也难以核定，因而无法根据公司业绩来证明授予高管股票期权的合理性。

二、完善上市公司高管股权激励制度的对策

股权激励作为一种重要的薪酬激励模式，具有降低代理成本，整合人力资源等优势，在源头上解决了所有者和经营者之间的利益冲突。为此，我国股权激励制度完善应尽量兴其利、除其弊。

（一）应进一步扩大薪酬体系中股权激励的比例，尤其是在市场化程度较高的国有上市公司

公司治理首当其冲的使命是应从高管薪酬结构改革入手。② 薪酬激励制度首要解决的一个问题是如何激励高管长期勤勉尽责地为股东利益服务。从我国企业激励约束机制的发展来看，其经历了从单纯的奖金激励，到股票期权、职工持股计划等激励手段多元化阶段。股权激励作为多元激励手段和薪酬体系中的重要组成部分，突破了传统薪酬体系中激励短期化的缺陷，将高管私利与公司利益紧密相连，使其个人的目标函数和行为选择与公司发展目标保持一致，使其拥有对公司部分股份控制权，开始参与事关企业发展方向的重大事项决策，开始从企业发展的角度看自己的行为，并真正为此负责。③ 而当前中国不同的公司对股权激励接受的程度截然不同，一方面是绝大多数民营上市公司视股权激励为经营管理的法宝，管理层趋之若鹜；另一方面是上市国企中仅有上海的光明乳业、深圳的深振业等少数公司进行尝试（据国务院国资委分配局调研员夏凡在 2014 年 9 月 2 日在"中国上市公司员工

---

① 黄速建. 国有企业改革三十年：成就、问题与趋势 [J]. 首都经济贸易大学学报，2008 (6).

② 苏德哈卡·V 巴拉康德兰. 公司治理当从高管薪酬结构改革破题 [N]. 国际金融报，2006 – 11 – 23.

③ 杨华，陈晓升. 上市公司股权激励理论、法规与实务 [M]. 北京：中国经济出版社，2008：7 – 8.

持股与股权激励高峰论坛"上介绍：目前实施了股权激励计划的56家中央企业控股上市公司中，境内上市公司是21家，占的不多。境外上市公司相对多一点，有35家，境外市场前期实践比较多），绝大部分国企上市公司视股权激励方案上报审批为畏途，认为获批可能性很小，试了也白试。为此，我们需要扭转上述民营、外企、国企的股权激励发展不平衡格局（其导致的恶果使人才流失严重，市场效率不彰，前央行副行长吴晓灵曾经在上海举办的首届银行家高峰论坛上举例称，2004年到2007年间，某国有银行总共有6588人流失，且流失的多为年轻的高学历的业务熟练人才。其中，跳槽到股份制银行或外资银行的居多①），进一步在国企上市公司尤其是市场化程度较高的，积极推进股权激励，扩大其在薪酬体系中所占比例，进而完善高管薪酬体系，促进高管薪酬与公司业绩的紧密挂钩，以留住经营管理精英，促进公司可持续性发展。进言之，在市场化程度较高的上市国企中，股权激励作用不可小觑，因为市场化程度较高的上市国企高管属于职业经理人，其薪酬体系也应当引入相应的竞争机制和市场化运作体系，2008年国资委、财政部联合发布的《关于规范国有控股上市公司实施股权激励制度有关问题的通知》中设置的国有控股上市公司实施股权激励的上限（境内上市公司及境外H股公司股权激励收益原则上不得超过授予时薪酬总水平的40%，境外红筹公司原则上不得超过50%）应该被打破、被超越，若公司利润可观最高也可至薪酬的数倍。

（二）完善公司治理机制，尤其是加强薪酬委员会内控机制及监事会外部监督建设

股权激励在中国的推行仍是个新事物，存在不确定性和风险性，实施过程中也出现自我激励过度导致天价薪酬的爆发。股权激励的推行顺利与否与公司治理结构是否完善息息相关，而完善公司治理结构实质上即是强化对股权激励计划的监督。

一是加强股东的监督。我国《上市公司股权激励管理办法》上规定了股东对授予董事、经理层的股权激励计划直接加以表决，由此股东对于高管股权薪酬有了直接的话语权。一个典型的例证就是在新浪公司2005年股东大会上，新浪管理层所提出的关于期权和福利改革的方案就被股东所否决②，股东可以直接运用自己的法

---

① 胡潇滢. 商业银行股权激励风云［N］. 证券日报，2007-09-05.
② 该方案对新浪公司1999年的股票奖励计划进行修订，增加了2006年、2007年和2008年各年度发行的普通股票数量。根据修改后的计划，管理层可以行权的股份数量将从75万股增加到112.5万普通股。在股东大会上，新浪公司的大股东盛大公司的疑问是，此次计划新增期权将给予哪些人，是只给予董事会高管，还是给予新浪的中高层管理人员？盛大希望期权改革计划能赋予中高层管理人员更多的利益，而不是只针对最高管理层少数几个人。最后盛大投了弃权票，这直接导致该议案最后以300万股赞成对400万股反对被宣告否决。参阅黄福宁. 上市公司经理人员薪酬的法律规制［D］. 中国政法大学2005年博士学位论文，第129页. 载中国博士学位论文全文数据库.

定权利，对不合理股权激励方案享有法定表决权；而且，我们可以考虑走得更远——股东还可以对公司高管薪酬进行专门表决，但此表决结果作为建议以供董事会决策参考。

二是注重发挥薪酬委员会的内控作用。在我国，虽然股东大会最终审批股权激励计划，但根据《上市公司股权激励管理办法（试行）》规定：经薪酬委员会讨论是形成股权激励计划草案的前置一环。为此完善薪酬委员会内控机制，保障股权激励计划公平合理实施刻不容缓。首先，应打造完全独立性的薪酬委员会。薪酬委员会的委员全部由与高管没有经济利害关系的独立董事担任，以最大限度实现薪酬委员会真正的独立，杜绝上市公司薪酬委员会主席或委员由公司董事长或者母公司领导兼任的现象发生。其次，进一步推动薪酬委员会信息披露透明化。薪酬计划、各项激励措施实施情况应当定期披露，便于薪酬计划得到及时有效的监督，在发现问题的时候能够马上予以纠正。最后，必须完善有关薪酬委员会的立法规定。目前，上市公司设立薪酬委员会还没有写入立法，缺乏有关具体职能、运作程序的规定。这大大制约了薪酬委员会作用的真正发挥。因此从立法上应当做出设置薪酬委员会的相关规定，如规定薪酬委员会委员由独立董事担任、具体职能及运作程序等。

三是加强监事会外部监督的作用。我国《公司法》明确了监事会的两大职能：对公司经营合法性与公司决策及权力行为妥当性的监督。中国证监会发布的《上市公司股权激励管理办法》规定了股权激励计划经董事会审议通过后，上市公司监事会应当对激励对象名单予以核实，并将核实情况在股东大会上予以说明。以上规定为监事会实行股权激励计划的监督提供了基本依据，但仍不全面，应规定对公司股权激励计划的制订、修改、实施进行全方位的动态监督。如加强监督公司股权激励计划的实施，包括但不限于监督薪酬委员会的组织管理工作、公司及员工绩效考核的评定及程序、股权激励计划执行程序等；在年度股东大会上报告股权激励计划监督过程中发现的问题并提出纠正办法等。此外，监事会实行监督也应保持其独立性。有论者提出，"由于职工代表作为监事的独立性不可能存在（在岗职工代表因其薪酬、职位等基本由管理层决定，又是董事长、总经理的下级，失去了监事独立性的人格基础），因此，应取消监事会成员中必须有职工代表的规定。"① 笔者以为，此种观点颇为偏激，考虑到高管股权激励对公司职工利益也会产生重大影响，应该保留职工监事的监督权。况且我国《公司法》规定了职工代表监事由职工代表大会选举产生，监事的薪酬决定权也由股东大会决定，理论上具备监事的独立性和民主性，至于会计、财务、审计和人力资源管理不具备相关知识与经验，可聘请会

---

① 杨慧辉，张晓岚，张若远. 经理人自定薪酬与薪酬考核委员会的本原性质分析 [J]. 华东经济管理，2011（7）.

计事务所和律师事务所协助履行监督职责。

（三）完善激励计划考核指标，注重惩罚性条款的运用

1992年诺贝尔经济学奖得主加里·贝克尔（Gary S. Becker）说过："只有当期权能够奖优罚劣时，它才是一种有价值的商业工具。"股权激励制度绩效考核指标是激励对象能否获得行权资格和实际行权的衡量标准。在实践操作中，我们也应该将高管个人能力、其所付出的勤勉努力、所取得的成绩量化成为具体的指标，便于赋予行权资格。因此，我们应该避免考核指标模糊化和单一化，也要避免考核指标过于宽松，因此应该设计合理可行的绩效考核标准。在设计过程中要充分考虑公司所在行业平均水平、公司本身的实际情况、激励对象所处的不同岗位要求等等。从市场统计数据看，我国上市公司股权激励的绩效考核指标存在一些问题，如偏重财务会计指标而忽略市场指标、考核指标不切合实际和过于单一等问题。Dechow和Sloan指出，"如果仅仅使用会计收益作为考核指标，不仅会面临被高管操纵的风险，同时，高管会追求短期效益而放弃长期有效的项目①。"吴育辉、吴世农（2010）认为，在股权激励方案的设计中，绩效考评指标体系的合理与否，直接影响到股权激励的有效性，他们围绕指标体系的数量与指标质量等方面进行综合评分，通过实证分析发现，分值较低的指标体系是高管自利行为的体现②。由此而知，合理的考评体系应具有使用多维度指标，可以尝试多样化业绩指标组合，绝对指标与相对指标并重，财务指标与非财务指标并重。要区别对待不同的激励对象，制定与之相适应的考核指标，以体现激励对象的特殊性。

股权激励计划是把双刃剑，用好了能够降低代理成本、促进管理层以"主人翁"心态勤勉工作；使坏了，则导致高管自我牟利，损害中小股东利益。为此，既要注意股权激励计划"激励"机制的充分运用，还要注意"监督和约束"的一面。除了规定激励的考核指标，也应推行规定惩罚性的考核指标。从实践中看，2009年宣布的"新华都"股权激励方案是A股上市公司中的第一例规定了惩罚性条款的股权激励方案，即对激励对象定期考核，如没有达到预计业绩指标时，会有相应的处罚规定。如2009年至2013年，某年度业绩未达上述行权业绩指标，则从该年度年报公告后连续12个月扣减部分激励对象中的薪酬。其中总经理的薪酬按70%领取，其他高管按80%领取。③ 我国目前针对上市公司股权激励实施的监管规定主要

---

① Dechow P, R Sloan. Executive Incentives and the Horizon Problem [J]. Journal of Accounting and Economics, 1991, 14: 51–89.

② 吴育辉，吴世农. 企业高管自利行为——基于我国上市公司股权激励草案的证据 [J]. 管理世界，2010 (5).

③ 吴强. 新华都高管股权激励很"苛刻" [N]. 海峡导报，2009–06–25.

集中在《上市公司股权激励管理办法》中，其第六章规定了"监管和处罚"，针对虚假记载、利用股权激励计划虚构业绩、操纵市场或者进行内幕交易，获取不正当利益的等现象的惩罚措施进行规定。但这些规定过于模糊不够细化，① 可操作性不强，指导作用较弱。因此，我国应该细化对股权激励计划中惩罚性条款的规定，除了包含追究高管违法违规实施股权激励（虚构业绩、操纵市场或者进行内幕交易）情形下的民事、刑事、行政责任外，应增加针对未完成激励考核指标的情形予以惩罚的规定，即可扣减激励对象中的部分薪酬等，促使上市公司股权激励过程中更加注重"控制"与"激励"的平衡。

（四）构建完整的股权激励法律框架

我国当前的经济与政策环境以及特有的国情使我国目前的股票期权制度具有变通性及过渡性的特征。随着法治化资本市场的完善，我们应逐步使这项制度规范化，以中国国情为基础，汲取国外股权激励制度先进经验，使其能真正体现出其制度价值。

1. 从法律层面提供股权激励的制度供给，尽早结束规章主导的"试水"局面

应当尽快修订、推行与股票期权激励尚不相适的规定，弥补法律法规的空白区域，细化相关的规范使法律法规具有更强的可操作性和指导性，构建起以《公司法》《证券法》《中华人民共和国税法》（以下简称《税法》）《中华人民共和国会计法》等为主体的股票期权法律框架，推动传统薪酬结构（以工资收入为主）向激励型薪酬结构（以股权等资本收益为主）的转换，最大限度地发挥知识、技术、管理等生产要素在创造社会财富中的作用。美国著名法律史学家 J. 威拉德·赫斯特（James Willard Hurst）指出，"法律的一大工作原则就是保护和促进个人创造性能量的释放。"② 我们应秉此原则尽早扭转规章主导的"试水"局面，以《公司法》《证券法》相关规范统一股票期权实施办法，对股票期权的授权机构、授予对象、授予数量、有效期与等待期、行权价格、行权方式等问题做出明确规定，《税法》《会计法》中应将股权激励费用明确为非经营性损益项目，对股权激励予以更多税收优惠。

2. 确立库存股制度，完善股票期权所需的股票来源渠道

公司发行股票时留存一些作为库存股，以此作为实施股权激励的股票来源，此为国外通常的做法。如美国通过库存股票（treasury stock）账户回购股票为股票期权提供了所需股票的主要来源，避免了增发中繁复的程序。因此，从促进股权激励

---

① 于云峰. 浅谈股权激励模式下高管薪酬存在的问题及对策 [J]. 中国总会计师，2012 (6).

② 韩铁. 美国法律史研究领域的"赫斯特革命" [J]. 史学月刊，2003 (8).

制度发展、降低企业股权激励计划实施成本的角度上来看,引入库存股制是我国公司法发展的方向。这样我国公司经营者可根据实际资金需求和未来可能实施的股权激励计划综合考量,适度发行股票。

3. 修改公司法体系内不合理的内容,放宽相关的约束条款

第一,在授予对象上,将《上市公司股权激励管理办法》《国有控股上市公司(境内)实施股权激励试行办法》排除在外的独立董事囊括进来,使得在董事会中占据1/3以上甚至1/2以上董事席位的这部分公司高层群体的激励机制也得以健全起来,以最大限度调动其工作(辅助决策、独立监督、维护股东权益)的积极性。当然,顾及独立董事职能特殊性,可学习美国做法,要求公司对独立董事授予与公司高管不同的股票期权,如执行更长的锁定期,甚至可在任职结束以后才允转售套现等等。①

第二,允许上市公司董事、经理在特定期限内(行权期)可以在规定的合理范围内买卖本公司的股票,以为股票期权行权套现提供更便利的条件,而不受《证券法》第47条规定的短期交易利润归公司所得的管制,但应加强透明的信息披露监管,以防其利用内幕信息操纵股市,损害股东利益。

第三,实行高管最低持股要求制度。出于确保高管为追求股东利益最大化行动考虑,目前境外许多企业如汇丰、高盛等均对其高管实行最低持股要求,即高管必须将已经归属的股票在相当长的时间内保留在手中,同时严格禁止通过对冲或衍生品交易来规避对股权激励变现的限制,通过高管长期持有股票来鼓励他们为股东增值。最低持股方案设计主要有三类:第一类要求高管持有固定数量股票,如瑞银(国投瑞银基金管理有限公司);第二类要求高管持有一定比例的所获股份,如高盛、摩根大通等;第三类要求最低持股数量为基本工资的倍数,如加拿大丰业银行。一般来讲,最低持股要求都会与级别挂钩,级别越高,最低持股要求也越高。②

第四,应适当放宽高管持股转让的限额及奖励职工的股份回购数额。我国2005年《公司法》虽允许高管在其任职期间可以售出股份,但明确规定了每年转让的股份不得超过其所持有本公司股份总数的25%,实际中总有高管越过此界限抛售股票套现,③更有报道称,上市公司碧水源高管不惜离职以达到套现目的。2013年离职的高管已达5位,套现总额高达7亿元之巨。仅2013年,公司高管减持套现达5.2

---

① 刘赟. 上市公司股权激励制度立法浅论 [J]. 云南大学学报, 2010 (1).
② 金家宇. 全球领先企业薪酬激励新思维 [J]. 董事会, 2012.
③ 周芬棉. 上市公司高管违规抛售股票套现频发暴露法律无力 [N]. 法制日报, 2007 - 02 - 05.

亿元，① 以至于股权激励成为高管一夜暴富的捷径，而不是按绩付薪的激励手段。笔者以为，与其约束太紧，不如放宽规定高管因兑现股票期权每年转让的股份不得超过其所持有本公司股份总数的30%为宜，以便为高管行权打开广阔空间，更好兑现激励效益、增强激励效果，而针对《公司法》关于奖励职工的股份回购数额"不能超过公司已发行股份总额的5%"的规定与《上市公司股权激励管理办法》的规定——上市公司全部有效的股权激励计划所涉及的标的股票总数累计不得超过公司股本总额的10%相互抵牾，② 应修订《公司法》，将关于奖励职工的股份回购数额提高至10%，这对于仍实行法定资本制无缘设立库存股，只能靠公司回购股份或发行新股作为股权激励的股票来源的金融机构而言，意义更加重要，这样既有利于相关法律、法规的统一适用，也有助于公司股票期权计划实施面更广些。

4. 应借证券法修改东风，废除证券从业人员禁止买卖股票的规定

国外没有一律禁止证券从业人员买卖股票的立法例，而是通过禁止内幕交易、利益冲突交易的限制性规制来达到保护其他投资者利益的目的。我们完全没有必要采取现有的"因噎废食"的做法，可以采取内幕交易禁止和利益冲突交易限制、证券从业人员买卖股票信息公开化的一般立法指引，来对证券从业人员买卖股票进行规范，这样也为证券公司推行股权激励、能够依法行权开辟道路。

5. 将公司与高管、员工之间股票期权争议明确列入商事纠纷案由

我国根据2011年2月18日《最高人民法院关于修改〈民事案件案由规定〉的决定》将尚没有股权激励纠纷的单独案由列出，发现实践中法院对此立案的案由归类做法不一：2014年6月上海家化原总经理、董事王茁不服上海家化董事会、股东大会罢免其董事、总经理职务，以及回购注销其未到期的31.5万股股权激励股票的决议，提起诉讼，上海市虹口区人民法院将此案由定为"其他与公司有关的纠纷"。③曹琳与深圳市富安娜家居用品股份有限公司合同纠纷申请案由④被定为"合同纠纷"，此类做法均为权宜之计。笔者以为，我国应在最高人民法院将民事案由规定修订为民商事案由规定的前提下，明确股权激励纠纷案由为商事纠纷案由的一种，使得当事人都更加直接诉诸法院，便于公司、证券有关法律的适用，这样也有

---

① 王媛. 5位高管一年套现7亿 碧水源深陷高管离职怪圈［N］. 时代周报，2013-06-03.
② 刘赟. 上市公司股权激励制度立法浅论［J］. 云南大学学报，2010（1）.
③ 至笔者修稿落笔之际，上海市虹口区法院于2015年5月27日做出一审判决，判决上海家化与王茁恢复劳动关系，同时，上海家化支付王茁2014年6月1日至24日的工资42355.17元，上海家化表示公司不接受此次判决的结果，将根据法律规定提起上诉。
④ 广东省高级人民法院民事裁定书（2014）粤高法民二申字第946号。

利于当事人商法意识的觉醒，免去缠讼之累。① 因为股权激励不同于传统的工资、福利，收益不确定性与风险性较大，与单纯的工资和福利等劳动权益有所区别，因此此类纠纷不能归为劳动争议（劳动报酬纠纷），不能依据现有劳动法的标准去评判，根据2008年5月1日起施行的《中华人民共和国劳动争议调解仲裁法》第2条（五）的规定、《中华人民共和国劳动法》第79条的规定：劳动报酬争议属于劳动争议案件，应先行向劳动争议仲裁委员会申请仲裁，对仲裁裁决不服的，方可向人民法院提起诉讼。可见，我国实际立法中从未有将股权激励纠纷列入劳动争议范畴。因此，在解纷程序的司法实践中，原告不需要先行向劳动争议仲裁委员会申请仲裁，而是直接向人民法院提起民事诉讼。最高人民法院可在总结股权激励诉讼案件基础上出台审判指引，以供各级法院审理此类纠纷时"有法可依"。

（五）健全递延支付兑现机制，使薪酬追回条款落地

从目前我国上市公司递延支付的实践来看，尚缺乏量化的考核标准，偏重递延支付时间要件的满足，兑现时难以把业绩与激励计划相比较，只要递延支付条款的规定时间一到，无功无过、业绩平平的高管也可领取原递延的绩效薪酬，很大程度上造成薪酬支付与公司业绩的割裂。因此，必须健全递延支付兑现机制，严格按照约定的计划进行评价考察，高管达到考核标准的才能获得股权，否则应做出调整。而且股权激励计划中应设立"薪酬追回条款"，使之落地，即能够得到切实执行，一旦发现了违法或者违反计划义务的行为，对于已发放给高管的股权，公司有权追回。例如瑞银，无论是现金还是股权形式的奖金，在兑现时瑞银都会根据公司业绩按照约定的机制进行调增或扣减，以杜绝发放违反初衷的激励出现。② 此外，"薪酬追回条款"在瑞银也得到了较早执行——2011年由于盈利未达到预定标准，投资银行的CEO不得不返还50%的高管持股计划下的股票奖励。在2012年德意志银行专门成立了"递延薪酬追回小组"，确保薪酬追回条款能够切实实施。这些都可以引以为鉴。

（六）完善我国资本市场，提高市场的有效性

股权激励计划的实施效果与资本市场是否健全及资本市场的有效性密切相关。在我国，股权激励要实施好，首先必须完善我国的资本市场，使之从政策性工具转

---

① 如曹琳与深圳市富安娜家居用品股份有限公司合同纠纷案中，当事人曹琳一再主张其与公司签订的限制性股票激励计划合同纠纷应适用《劳动法》，而一、二审、再审法院将其定位适用《公司法》《合同法》，驳回曹琳诉求，法院的做法更为正确。参阅广东省高级人民法院民事裁定书（2014）粤高法民二申字第946号。

② 王小伟. 高管薪酬激励制度. http://www.jiangshi99.com/article/content/21064.html，2015年3月16日访问。

化为真正实现资源配置的场所,其股价信号必须能真正反映企业的客观价值,并对资源配置起指示作用,否则,股权激励很难达到预期的效果。2006年我国基本完成证券市场股权分置改革后,股票市场的有效性有所提高,实施股权激励的环境有所改善。但是,我国的资本市场发展与发达国家相比仍不完善,还应该继续加强我国资本市场的法治化建设。具体来说,第一,必须注重市场优化配置资源的功能发挥和资本市场估值体系的重建。一方面要以股票注册制改革为契机,优化一级市场的生态,减少"阿里们"等优质上市资源的流失;另一方面要增强新经济常态下的资本市场价格发现功能,使企业由过去对股价和市值漠不关心到努力提高经营业绩,提升股价和市值。第二,进一步规范市场运作,强化信息披露、严厉打击虚假陈述、内幕交易、操纵股价等违规违法行为,为股权激励的实施提供良好的市场环境。第三,应规范和发展机构投资者,减少过度的短期投机,引导市场理性的长期投资,并规范好机构投资者行为,从而稳定市场,使其成为真正价值投资的场所。

(七) 显性激励为主,慎用隐性激励,培育职业经理人市场

1. 主要运用显性激励手段、慎用隐形激励手段,综合发挥激励效果和作用

显性激励是指授予者可预期获得的公开收入的总和。相对于显性激励而言,隐性激励是在公开的显性收入之外,采用非公开的隐蔽收入进行激励的一种方式,比如隐性的职务消费、非公开化的各种津、补贴等等。最早研究隐性激励方法的法玛(Fama)在1980年提出,经理人的市场竞争也可以作为一种隐性激励机制,与传统的年薪制、股票期权制等显性激励相对应,证明了在完备的市场机制下,隐性激励可以有效补充显性激励在运作中呈现激励成本高,且企业业绩、股价的指标易被操纵的劣势。[1] 由于运用隐性激励不用公开标准、不用公布奖励名单,避免低薪者造成不平衡感和失落感,从而维护了和谐的组织氛围,但是隐形激励也有其局限性,主要在于激励结果不公开导致员工对其公正、公平的质疑等。因此在公司进行激励计划的时候,应当显性激励为主,慎用隐形激励,规范经理人的履职待遇和业务支出,二者相互促进,才能有效地发挥激励作用,促进公司的长远发展。

2. 打破经理人地域性与体制化的传统障碍,建立健全完善的经理人市场

股权激励的有效性取决于职业经理人市场的建立、健全。完善的职业经理人市场能够形成成熟的竞争选聘、考核机制,为企业淘汰不合格的经理人、输送优秀人才提供持续动力。经理人也通过市场竞聘机制努力工作保持自己的良好声誉,并在经理人市场上不断提高自己的人力资本价值,以获得更好的工作机会和更高的报酬。这种竞争机制可以对经营者产生较强的激励和约束作用,在一定程度上可以弥

---

[1] Fama E. Agency Problems and the Theory of the Firm [J]. Journal of Political Economy, 1980, 88 (2): 288-307.

补股权激励机制对经营者激励和约束的不足。

目前我国的职业经理人市场存在地域性与体制化的羁绊。地域经济发展的不平衡性使经理人市场地域分割降低了本地区职业经理人市场的竞争水平,人为排除了来自本地区以外的经理人的竞争,形成圈内循环,没有外部竞争的压力会使经理人丧失持续改进工作的动力,势必会使人力资本无法有效地进行市场配置。而我国特殊国情也造成了我国经理人市场被分割为"体制内"与"体制外"两部分,体制化分割导致职业经理人市场缺乏竞争与流动性。职业经理人自身也存在综合素质较差、业务水平不精、功利性较强且职业价值理念缺失等缺点,在这种环境下,不能形成有效的经理人市场竞争机制,企业实施股权激励的效果也将因此受到影响。因此,培育和完善职业经理人市场机制,为企业搭建高效、便利的高素质人才输送渠道,是亟待解决的公司治理课题,也是2013年11月12日党的十八届三中全会通过的《中共中央关于全面深化改革若干重大问题的决定》明确提出"建立职业经理人制度,更好发挥企业家作用"的时代要求。我认为可以从以下几个方面努力:

（1）打破经理人市场分割,为经理人才充分竞争扫清障碍。一是要打破地域性经理人市场分割,促进人才流动,这就要建立全国统一的社会保障体系,以解决经理人才异地流动的后顾之忧,降低经理人异地迁移的成本。二是要打破体制性经理人市场分割,如对于国有上市公司而言,要压缩经理人由政府来任免的比例,避免过多的行政干预,增加职业经理人市场自由配置的合适经理人,以提高国企市场化的运营效率。

（2）加快经理人人才培养,优化我国经理人人才资本的存量结构。经理人的培养应多渠道化,主要通过三个途径实现:第一,高校系统重点培养高级管理人才的基础知识、学识修养、职业道德素质等,培养宽口径的基础性人才,以适应不同行业的需要;第二,公司内部也要形成一种人才培养机制,善于挖掘人才,结合公司自身实际,从实践中培养锻炼人才;第三,社会也应成为高管人才成长的沃土,优秀人才通过在社会中磨练,积累自己的学识,进军经理人市场。

（3）完善经理人协会制度,健全人力资本的信息公示传导机制。职业经理人的声誉与诚信是职场取得胜利的两大法宝,中国职业经理人协会于2012年6月30日成立,但经理人协会制度的完善和构建经理人的声誉与诚信的成熟机制尚需时日,可以学习较为完善的律师协会和注册会计师协会的运作机制,对经理人建立管理制度,制定行业规则,设立经理人的业绩档案、诚信记录并建立信息公示传递机制,从而规范、监督经理人的行为,在公司和经理人之间起到沟通媒介作用。

参考文献

一、中文（含中译文）著作类（按写作章节参考顺序排列）

1. 上海证券交易所研究中心. 中国公司治理报告（2003）[M]. 上海：复旦大学出版社，2003.
2. 斯道延·坦尼夫，张春霖. 中国的公司治理与企业改革：建立现代市场体制 [M]. 张军扩，等译. 北京：中国财政经济出版社，2002.
3. 刘俊海. 公司法 [M]. 北京：中国法制出版社，2008.
4. 张民安，刘云桂. 商事法学 [M]. 广州：中山大学出版社，2002：160-161.
5. Gerge T Milkovich, Jerry M, Newman. 薪酬管理 [M]. 董克用，等译. 北京：中国人民大学出版社，2002.
6. 肯尼思金，诺夫辛格. 公司治理：中国视角 [M]. 来若森，译. 北京：中国人民大学出版社，2007.
7. 安东尼·奥格斯. 规制：法律形式与经济学理论 [M]. 骆梅英，译. 北京：中国人民大学出版社，2008.
8. 亨德里克斯. 组织的经济学与管理学：协调、激励与策略 [M]. 胡雅美，等译. 北京：中国人民大学出版社，2007.
9. 卢西恩·伯切克，杰西·弗里德. 无功受禄：审视美国高管薪酬制度 [M]. 赵立新，等译. 北京：法律出版社，2009.
10. 波斯纳. 法律的经济分析 [M]. 蒋兆康，林毅夫，译. 北京：中国大百科全书出版社，1997.
11. 张开平. 英美公司董事法律制度研究 [M]. 北京：法律出版社，1998.
12. 郁光华. 公司法的本质——从代理理论的角度观察 [M]. 北京：法律出版社，2006.
13. 托马斯·莱塞尔，等. 德国资合公司法 [M]. 高旭军，等译. 北京：法律出版社，2005.
14. 江山. 中国法理念 [M]. 武汉：中国地质大学出版社，1989.
15. 博登海默. 法理学—法哲学及其方法 [M]. 邓正来，等译. 北京：华夏出版社，1987.
16. 王长城. 薪酬管理 [M]. 深圳：海天出版社，2002.
17. 胡改蓉. 国有公司董事会法律制度研究 [M]. 北京：北京大学出版社，2010.
18. 布莱恩·R柴芬斯. 公司法：理论、结构和运作 [M]. 林华伟，魏旻，译. 北京：法律出版社，2001.
19. 美国法律研究院. 公司治理原则：分析与建议：上卷 [M]. 楼建波，等译. 北京：法律出版社，2006.
20. R C 克拉克. 公司法则 [M]. 胡平，等译. 北京：工商出版社，1999.
21. 王文宇. 公司法论 [M]. 北京：中国政法大学出版社，2004.

22. 末永敏和. 现代日本公司法［M］. 金洪玉，译. 北京：人民法院出版社，2000.
23. 吴建斌. 现代日本商法研究［M］. 北京：人民出版社，2003.
24. 李松哲. 韩国公司法［M］. 吴日焕，译. 北京：中国政法大学出版社，2000.
25. 彭剑锋，崔海鹏. 高管薪酬［M］. 北京：机械工业出版社，2009.
26. 朱义坤. 公司治理论［M］. 广州：广东人民出版社，1999.
27. 季晓南. 国有资产经营管理理论与实践［M］. 北京：中国经济出版社，2003.
28. 王文宇. 新公司与企业法［M］. 北京：中国政法大学出版社，2003.
29. 朱羿锟，等. 高管薪酬：激励与控制［M］. 北京：法律出版社，2014.
30. 理查，米艾莱. 公司治理［M］. 张汉麟，等译. 北京：经济管理出版社，2006.
31. 倪建林. 公司治理结构：法律与实践［M］. 北京：法律出版社，2001.
32. 柯荣浦. 企业集团管理体制研究［M］. 北京：中国经济出版社，2004：277.
33. 李维安. 公司治理原则与国际比较［M］. 北京：中国财政经济出版社，2001.
34. 张涛，王丽萍. 股权结构、激励机制与治理效率研究［M］. 北京：中国财政经济出版社，2008.
35. 段亚林. 股权激励制度、模式和实务操作［M］. 北京：经济管理出版社，2003.
36. 陈清泰，吴敬琏. 股票期权激励制度法规政策研究报告［M］. 北京：中国财政经济出版社，2002.
37. 高明华. 中国上市公司高管薪酬指数报告（2011）［M］. 北京：经济科学出版社，2011.
38. 刘俊海. 新公司法的制度创新：立法争点与解释难点［M］. 北京：法律出版社，2006.
39. 陈文. 股权激励与公司治理法律实务［M］. 北京：法律出版社，2005.

二、中文论文类

1. 王允娟. 国企高管薪酬的困境与出路［J］. 董事会，2012（8）.
2. 曹凤岐，杨军. 上市公司董事会治理研究——九论社会主义条件下的股份制度［J］. 北京大学学报，2004（3）.
3. 童列春，张娜. 论上市公司高管薪酬的法律规制［J］. 行政与法，2011（7）.
4. 吴国基. 中国上市公司高管薪酬的公司法规制［J］. 湖南农业大学学报：社会科学版，2004（5）.
5. 万媛媛，井润田，刘玉焕. 中美两国上市公司高管薪酬决定因素比较研究［J］. 管理科学学报，2008（11）.
6. 彭帆，聂颖. 上市公司高管薪酬制度的法学思考［J］. 法制与社会，2009（10）.
7. 徐晓松. 管制与法律的互动：经济法理论研究的路径和起点［J］. 政法论坛，2006（5）.
8. 徐民，方妙. 论国有企业高管薪酬规制的路径选择［J］. 法商研究，2013（1）.
9. 黄勇斌. 对国企经营者薪酬的规制：权利结构的视角［J］. 企业研究，2012（2）.
10. 蒋建湘. 国企高管薪酬法律规制研究［J］. 中国法学，2012（1）.
11. 张天翼，田贝贝. 上市公司高管薪酬理论综述［J］. 合作经济与科技，2012（11）.
12. 包瑞妮. 高管薪酬的理论研究［J］. 经济视角，2012（3）.

13. 杜晶. 上市公司管理报酬法律制度的理论与现实[J]. 清华法学, 2009 (3).
14. 朱景文. 法学研究的社会学方法: 应用、局限及其克服[J]. 法学研究, 2011 (6).
15. 张荣健. 国有股份公司经营者薪酬的法律规制[J]. 山东理工大学学报: 社会科学版, 2004, 20 (3).
16. 黄国崇, 李博明. 上市公司 CEO 薪酬法律问题浅析[J]. 商场现代化, 2006 (468).
17. 郁光华. 从代理理论看对高管报酬的规范[J]. 现代法学, 2005, 27 (2).
18. 朱羿锟. 论高管"问题薪酬"的董事问责[J]. 现代法学, 2010 (4).
19. 傅穹, 于永宁. 高管薪酬的法律迷思[J]. 法律科学, 2009 (6).
20. 陈南男. 金融危机背景下高管薪酬法律规制新论[J]. 特区经济, 2009 (9).
21. 李华, 童超. "肥猫条款"与公司社会责任——金融危机背景下董事报酬的处理[M]//王保树. 中国商法年刊 (2009): 商法视野中的社会责任. 北京: 知识产权出版社, 2010: 65.
22. 李建伟. 高管薪酬规范与法律的有限干预[J]. 政法论坛, 2008 (3).
23. 罗培新. 公司高管薪酬: 制度积弊及法律应对之限度——以美国经验为分析视角[J]. 法学, 2012 (12).
24. 樊健. 上市公司高管薪酬追回制度之研究: 美国经验与中国借鉴[M]//王保树. 商事法论集. 北京: 法律出版社, 2012, 22: 83 – 99.
25. 樊健. 美国上市公司股东的薪酬建议权初探[J]. 环球法律评论, 2012 (6).
26. 郑观. 上市公司管理层薪酬制定中的股东话语权——股东咨询性投票制度及对我国的借鉴意义[J]. 当代法学, 2012 (4).
27. 丁勇. 高管薪酬法律规制的结构性思考——德国立法及其启示[J]. 证券法苑, 2012 (2).
28. 崔埈璿. 资本主义的变迁与股份有限公司经理的报酬[J]. 周龙杰, 宋国, 译. 当代法学, 2013 (2).
29. 孙汝祥. 薪酬迷局[J]. 上海国资, 2009.
30. 官欣荣. 我国《公司法》引入利益相关者条款的思考[J]. 政治与法律, 2010 (7).
31. 蒋大兴, 金剑锋. 论公司法的私法品格——检视司法的立场[J]. 南京大学学报, 2005 (1).
32. 酒井太郎. 有关董事报酬的日本法律规范和企业惯例[M]//王保树. 商事法论集. 北京: 法律出版社, 2013: 228.
33. 刘桂清. 公司治理的司法保障[J]. 现代法学, 2005 (4).
34. 甘培忠, 雷驰. 司法介入公司自治与公司法解释的政策尺度[J]. 河北学刊, 2009 (1).
35. 高海. 国外董事报酬决定法律制度比较与借鉴[J]. 重庆工商大学学报: 西部论坛, 2008 (3).
36. 李建虎. 试论国有企业经营者薪酬决定主体的法律完善[J]. 商品与质量, 2011 (3).
37. 骆舒晴. 中国上市公司高管薪酬的法律介入[J]. 浙江金融, 2014 (2).
38. 陈焰华, 丁宏娇, 廖凯敏. 薪酬委员会与高管 - 员工薪酬差距的影响研究[J]. 中外企业家, 2014 (20).
39. 杨海兰, 王宏梅. 上市公司董事会专业委员会的设立及其在中国的现状分析[J]. 当代经济管理，2009（4）．

40. 李粟．高管薪酬制度国际比较［J］．财会月刊，2009（3）．
41. 仲继银．薪酬委员会：由来、职责与运作［J］．董事会，2008（6）．
42. 张楚堂，汪钰．美国公司薪酬专业委员会制度及其对我国上市公司的借鉴［J］．理论月刊，2001（9）．
43. 郑颖懋，李秀玲．薪酬委员会之功能及运作模式：评析证券交易法第14条之6［J］．朝阳商管评论，2012（11）．
44. 戴铭升．薪资报酬委员会之组织与职权——兼评我国证券交易法2010年增订之第14条之6［J］．证交资料，2010（585）：31．
45. 许家旺．高管薪酬制度"救赎"［J］．董事会，2010（4）．
46. 谢增毅．董事会委员会与公司治理［J］．法学研究，2005（5）．
47. 吴林祥，何基报，佘坚，等．深交所上市公司高管薪酬分析［J］．证券市场导报，2008（7）．
48. 赵磊．重构国有上市公司薪酬委员会［J］．董事会，2007（4）．
49. 王子成，张建武．西方薪酬委员会制度研究综述［J］．外国经济与管理，2006（9）．
50. 吴建斌，陈林森．上市公司董事会独立专门委员会实证研究［J］．南大商学评论，2005（7）．
51. 田野，熊黎，朱耀．薪酬顾问在我国高管薪酬体系中引进的思考［J］．中国商界，2010（1）．
52. 韩姗．我国国企高管薪酬的程序控制［J］．广西政法管理干部学院学报，2011（6）．
53. 谢朝斌．试论股份公司董事会专业委员会及其独立性规制［J］．甘肃政法学院学报，2004（3）．
54. 史际春，冯辉．问责制研究——兼论问责制在中国经济法中的地位［J］．政治与法律，2009（1）．
55. 王佐发．高管薪酬制度的反思与重构［J］．法学论坛，2009（2）．
56. Jennifer Hill．澳大利亚董事和高级职员的报酬披露制度［M］．史晨霞，译//王保树．商事法论集．北京：法律出版社，2002（6）：279．
57. 邓辉，张怡超．公司高管薪酬信息披露制度功能之辨正［J］．当代法学，2010（6）．
58. 张怡超．上市公司高管报酬信息披露制度的法学与经济学分析［J］．西部法学评论，2010（6）．
59. 姜浩端．对中美高管薪酬监管措施的比较分析［J］．重庆理工大学学报：社会科学版，2012（5）．
60. 彭真明，陆剑．德国公司治理立法的最新发展及其借鉴［J］．法商研究，2007（3）．
61. 福原纪彦．董事的报酬规制与责任的轻减［M］//王保树．商事法论集．北京：法律出版社，2012（21）：452．
62. 查婧．中美高管薪酬披露规则比较［J］．财会通讯·综合（上），2009（4）．
63. 朱弈锟．经营者薪酬：正当性危机与程序控制［J］．法学论坛，2004（6）．

64. 朱伟一. 高管薪酬问题的美国经验［J］. 决策探索, 2009 (5).
65. 李荣, 段莉. 公司高管薪酬合理性审查的新路径［J］. 人民论坛, 2013 (17).
66. 王红领. 决定国企高管薪酬水平的制度分析, 现代经济探讨, 2006 (1).
67. 陈冬华, 陈信元, 万华林. 国有企业中的薪酬管制与在职消费［J］. 经济研究, 2005 (2).
68. 胡滨, 曹顺明. 股东派生诉讼的合理性基础与制度设计［J］. 法学研究, 2004 (4).
69. 郑曙光. 论公司股东代表诉讼制度在我国的完善［J］. 河北法学, 2002 (6).
70. 朱羿锟. 经营者薪酬的正当性与程序公正［M］//梁慧星. 民商法论丛. 北京: 法律出版社, 2006 (34): 176.
71. 夏冬林, 钱苹. "搭便车"与公司治理结构中股东行为的分析［J］. 经济科学, 2000 (4).
72. 范健. 从全球经济危机反思现代商法的制度价值［J］. 河北法学, 2009 (8).
73. 何琼, 史久瑜. 董事违反勤勉义务的判断标准及证明责任分配［J］. 人民司法, 2009 (14).
74. 刘燕. 股票期权的法律与会计约束——伊利事件的启示［J］. 北京大学学报, 2008 (6).
75. 黄辉. 澳大利亚董事义务制度研究［M］//王保树. 商事法论集. 北京: 法律出版社, 2008 (13): 179.
76. 谭群. 股东知情权及其保护［J］. 湘潭大学学报, 2005 (5).
77. 蒋学跃. 股东质询权刍议［J］. 河北法学, 2009 (2).
78. 张凝. 股东大会会议体制下的股东质询权——日本董事等说明义务制度的理论借鉴［J］. 北方法学, 2011 (5).
79. 钱玉林. 论股东的质询权［J］. 比较法研究, 2005 (1).
80. 洪源. 投票权征集的法律问题分析［J］. 中国审计, 2003 (20).
81. 罗培新. 股东会委托书征求制度之比较研究［J］. 法律科学, 1999 (3).
82. 黄再胜. 高管薪酬自愿性披露存在信息操纵吗——来自中国上市公司的经验证据［J］. 南开管理评论, 2013 (4).
83. 张敏, 姜付秀. 企业产权、机构投资者与薪酬契约［J］. 世界经济, 2010 (12).
84. 李善民, 王彩萍. 机构持股与上市公司高级管理层薪酬关系实证研究［J］. 管理评论, 2007 (1).
85. 刘赟. 高管问题薪酬的股东控制——对合理性审查标准的修正［J］. 法学杂志, 2011 (10).
86. 王敏. 美国上市公司股东提案适当议题制度及其启示［J］. 政治与法律, 2011 (4).
87. 黄再胜. 国外经理薪酬治理研究进展与评析——基于股东能动主义视角［J］. 外国经济与管理, 2011 (4).
88. 伊志宏, 李艳丽, 高伟. 异质机构投资者的治理效应: 基于高管薪酬视角［J］. 统计与决策, 2010 (5).
89. 毛磊, 王宗军, 王玲玲. 机构投资者与高管薪酬——中国上市公司研究［J］. 管理科学, 2011 (5).
90. 孙艳军. 上市公司股权激励法律制度研究［J］. 山西经济管理干部学院学报, 2010 (4).
91. 李东燕. 对经理股票期权制几个问题的探讨［J］. 北京工商大学学报: 社会科学版, 2002 (6).

92. 吴育辉，吴世农. 企业高管自利行为及其影响因素研究——基于我国上市公司股权激励草案的证据［J］. 管理世界，2010（5）.

93. 宫玉松. 上市公司股权激励问题探析［J］. 经济理论与经济管理，2012（11）.

94. 官欣荣. 论我国股权激励的本土创新［J］. 法商研究，2008（1）.

95. 朱慧，陈慧颖. 员工股份期权争议的若干法律探讨［J］. 中国人力资源开发，2007（1）.

96. 虎岩. 试论我国上市公司股权激励的外部环境建设——基于两个典型案例的解析［J］. 陕西行政学院学报，2008（3）.

97. 张维迎. 从公司治理结构看中国国有企业改革的成效、问题与出路［J］. 社会科学战线，1997（2）.

98. 黄速建. 国有企业改革三十年：成就、问题与趋势［J］. 首都经济贸易大学学报，2008（6）.

99. 陈政. 美国股权激励的反思及其启示［J］. 国际金融，2013（3）.

100. 于云峰. 浅谈股权激励模式下高管薪酬存在的问题及对策［J］. 中国总会计师，2012（6）.

101. 杜兴强. 股票期权：公司治理的革命抑或财务欺诈的始作俑者［J］. 时代在线，2002（12）.

102. 韩铁. 美国法律史研究领域的"赫斯特革命"［J］. 史学月刊，2003（8）.

103. 刘赟. 上市公司股权激励制度立法浅论［J］. 云南大学学报，2010（1）.

104. 金家宇. 全球领先企业薪酬激励新思维［J］. 董事会，2012.

三、外文类

1. Andrew Lund. Say on Pay's Bundling Problems［J］. Kentucky Law Journal，2011，99.

2. Brian R Cheffins. The Metamorphosis of "Germany Inc.": The Case of Executive Pay［J］. American Journal of Comparative Law，2001，49.

3. Brian R, Cheffins, Randall S Thomas. Should Shareholders Have a Greater Say over Executive Pay?［J］. Learning from the US Experience, Cambridge University Corporate Law，2001，1.

4. Brian R, Cheffins, Randall S Thomas. The Globalization (Americanization) of Executive Pay［J］. Berkeley Business Law Journal，2004，1.

5. Franklin A Gevurtz. A Disney in a Comparative Light［J］. American Journal of Comparative Law，2007，55（3）：469.

6. Guido A Ferrarini, Niamh Moloney. Executive Remuneration and Corporate Governance in the EU: Convergence, Divergence, and Reform Perspectives［J］. European Company and Financial Law Review，2004，1.

7. Guido A Ferrarini, Niamh Moloney, Maria Cristina Ungureanu. Executive Remuneration in Crisis: A Critical Assessment of Reforms in Europe［J］. Journal of Corporate Law Studies，2010，10.

8. John E Core, Wayne R Guay, Randall S Thomas. Is U. S. CEO Compensation Inefficient Pay without Performance?［J］. Michigan Law Review，2005，103.

9. John Murrey. Excessive Compensation in Publicly Held Corporations: Is the Doctrine of Waste Still

Applicable? [J]. Bepress Legal Series, 2005: 726. http://law.bepress.com/expresso/eps/726.

10. Jennifer G Hill. What Reward Have Ye? Disclosure of Director and Executive Remuneration in Australia [J]. Company and Securities Law Journal, 1996, 14.

11. Janice Kay McClendon. Bringing the Bulls to Bear: Regulating Executive Compensation to Realign Management and Shareholders' Interests and Promote Corporate Long-term Productivity [J]. Wake Forest Law Review, 2004, 39.

12. Jesse M, Fried, Nitzan Shilon. Excess-Pay Clawbacks [J]. Journal of Corporation Law, 2011, 36.

13. Jennifer G Hill, Charles M Yablon. Corporate Governance and Executive Remuneration: Rediscovering Managerial Positional Conflict [J]. University of New South Wales Law Journal, 2002, 25 (2): 294.

14. Kym Sheehan. The Regulatory Framework for Executive Remuneration in Australia [J]. Sydney Law Review, 2009, 31.

15. Linda J Barris. The Over Compensation Problem: A Collective Approach to Controlling Executive Pay [J]. Indiana Law Review, 1982 (68): 82.

16. Matthew A Melone. Adding Insult to Injury: The Federal Income Tax Consequences of the Clawback of Executive Compensation [J]. Akron Tax Journal, 2010, 25: 67–68.

17. Nathan Knutt. Executive Compensation Regulation: Corporate America [J]. Heal Thyself: Arizona Law Review, 2005, 47.

18. Randall S Thomas, Kenneth J Martin. Litigating Challenges to Executive Pay: An Exercise in Futility? [M]. 79 Washington University Law Quarterly, 2001: 576.

19. Randall S Thomas. Lessons from the Rapid Evolution of Executive Remuneration Practices in Australia: Hard Law, Soft Law, Boards and Consultants. [2011-10-16]. http://papers.ssrn.com/sol3/papers.cfm? abstract_id = 1777229.

20. Rashid Bahar. Executive Compensation: Is Disclosure Enough? [M] //Luc Thévenoz, Rashid Bahar. Conflicts of Interest: Corporate Governance and Financial Markets. Kluwer Law International, 2008.

21. Randall S Thomas, Kenneth J Martin. The Effect of Shareholder Proposals on Executive Compensation [J]. University of Cincinnati Law Review, 1999, 67.

22. Simone M Sepe. Making Sense of Executive Compensation [J]. Delaware Journal of Corporate Law, 2011, 36.

23. Stephen M Bainbridge. Is 'Say on Pay' Justified? [J]. Regulation, 2009, 32.

24. Sandeep Gopalan. Say on Pay and the SEC Disclosure Rules: Expressive Law and CEO Compensation [J]. Pepperdine Law Review, 2007, 35.

后 记

本书是教育部人文社科项目"上市公司高管薪酬商法规制研究"（编号：09YJA820025）的最终成果，从一个商法学人的视角讨论了上市公司高管薪酬商法规制的基础、理念、原则，上市公司高管薪酬的决定制度、薪酬信息披露、股东控制、司法介入以及高管股权激励问题。可以说这是笔者继2003年出版《独立董事制度与公司治理：法理与实践》以来，对公司治理领域思考的进一步深化。

从2008年金融危机后各国纷纷出台"限薪令"，到2014年8月18日由中央全面深化改革领导小组审议的首批国企改革文件——《中央管理企业主要负责人薪酬制度改革方案》和《关于合理确定并严格规范中央企业负责人履职待遇、业务支出的意见》的出台，要求逐步规范国有企业收入分配秩序，实现薪酬水平适当、结构合理、管理规范、监督有效，对不合理的偏高、过高收入进行调整，高管薪酬问题一直是社会关注热点，也构成中国顶层设计的改革焦点问题之一。

对于上市公司这样的公众公司的高管薪酬如何进行法律规制，其根本上是一个效率与公平问题，既要充分尊重公司自治、激励高管勤勉尽责、积极开拓经营，促进公司利润最大化，又要适当约束高管，完善程序控制，合规、合理制定薪酬计划，防止社会不公。而这正好契合了商法调整的价值目标，既有尊重商人自治的进一步市场化的价值追求，又有商法公法化潮流下加强监管的客观需要。为此，在法学乃至经济学、管理学对高管薪酬的热烈讨论中，重视商法规制的独特价值与功效，是值得拓垦的一块富矿，本书很大程度上即是本此用心的抛砖引玉之作。

本书的写作过程中还凝结了我的几届民商法专业研究生仇荣荣、佘世宽、李璐、王开景、刘嘉颖的辛劳，他们收集了不少资料及数据，为本书增色不少，特此致谢！

尤值一提的是华南理工大学出版社为本书的编辑、出版予以了鼎力支持，在此一并深表敬意与谢意。最后，还要感谢笔者所在单位华南理工大学法学院的领导、同事们，本书的问世也离不开他们的帮助、支持，使我常怀感恩之心继续公司治理的不断探索。

官欣荣
2015年8月